职场沟通实务

主　编　杨丽丹
副主编　郭力嘉　岳晓琪

北京理工大学出版社
BEIJING INSTITUTE OF TECHNOLOGY PRESS

内 容 提 要

本书以提高大学生职场沟通综合素质为编写宗旨，从高等院校实际情况出发，有针对性地阐述了大学生职场沟通的应用技巧与重要性，带领大学生体验职场沟通的实战场景。本书采用项目任务书的形式编写，涵盖职场沟通所涉及的重要内容，依据学生的认知规律，共分为4个学习模块，即基础沟通、技巧沟通、职场沟通、管理沟通。每个模块包括若干个项目，项目下设典型工作任务。本书以生动简洁的语言将职场沟通内容进行重构，重视过程教学和课堂内外的实训。

本书可作为高等院校各类专业的教学用书，也可作为企业管理人员的参考用书。

图书在版编目（CIP）数据

职场沟通实务 / 杨丽丹主编. -- 北京：北京理工
大学出版社，2024.4
　　ISBN 978-7-5763-4015-0

　　Ⅰ. ①职… 　Ⅱ. ①杨… 　Ⅲ. ①人际关系学－高等学校
－教材 Ⅳ. ①C912.1

中国国家版本馆CIP数据核字（2024）第100325号

责任编辑：王梦春　　　　　　**文案编辑**：邓　洁
责任校对：刘亚男　　　　　　**责任印制**：王美丽

出版发行 / 北京理工大学出版社有限责任公司
社　　址 / 北京市丰台区四合庄路 6 号
邮　　编 / 100070
电　　话 / （010）68914026（教材售后服务热线）
　　　　　　　（010）63726648（课件资源服务热线）
网　　址 / http：//www.bitpress.com.cn
版 印 次 / 2024 年 4 月第 1 版第 1 次印刷
印　　刷 / 河北鑫彩博图印刷有限公司
开　　本 / 787 mm×1092 mm　1/16
印　　张 / 16
字　　数 / 349 千字
定　　价 / 88.00 元

FOREWORD 前言

尺寸课本，国之大事。党的二十大报告指出："深入实施科教兴国战略、人才强国战略、创新驱动发展战略，开辟发展新领域新赛道，不断塑造发展新动能新优势。"本书是人才培养的重要支撑，面对当前十分激烈的国际竞争，必须紧密对接国家发展重大战略需求，不断更新升级知识体系，更好地服务于高水平科技自立自强、创新拔尖人才培养。

在社会发展过程中，沟通能力是决胜职场的软实力，信息技术越发达，这种能力就越显其重要性。由于人与人之间的沟通活动是有温度的、因人而异的，因此，沟通能力将是人工智能时代不可替代的重要能力。"要让人人皆可成才，人人尽显其才"，本书从职业沟通的角度，将"立德树人"的育人之魂有机地融入教材编写中，并提供了丰富、实用和由社会主义核心价值观引领的多种课程实训资源，切实将课程思政有效转化为学生的内在能力和自觉德行，力求为个人成长、素质提升、职场成功、组织发展等提供有益的支持和帮助。

本书为新型活页式教材，立足于基本的沟通基础理论，致力于向包括学生和企业管理人员在内的各类对象提供在不断变化的职场环境中进行有效沟通所需要掌握的技能。本书具有生动、翔实、新颖的特点，主要强调职场沟通的策略与技巧，涵盖职场沟通所涉及的重要内容，共分为4个学习模块，即基础沟通、技巧沟通、职场沟通、管理沟通。每个模块又包括若干个项目，项目下设典型的工作任务。本书以生动简洁的语言展示了职场沟通各个环节的技巧和内容，将职场沟通所需要的技巧等有关内容重新进行整合，重视过程教学和课堂内外的实训。本着"易读，好教"的教材写作目的，本书在章节设计上做了如下尝试：

（1）本书采用活页式结构，模块独立完整。书中的模块根据学生的认知规律归类设置，模块中的项目按照职场沟通中典型职业活动来组织，学生既可以系统地学习本书的全部内容，也可以选择某个项目单独学习。

（2）本书用法灵活多样，自助性强。将所有的"课前自学"部分结合在一起，即为职场沟通的理论体系；将所有"课中实训"部分结合在一起，即职场沟通的实训指导手册；将所有的"课后提升"部分结合在一起，即职场沟通的案例集。学生可以按需选取学习和使用。

（3）本书学习目标明确，牵引性强。模块的开头都标明了学习目标。其目的是想告诉学生在学完本模块后应该达到的学习要求，有助于学生在学习过程中有的放矢，提高学习效率。

（4）本书能力习题高度凝练，迁移性强。每个项目都设计了一定数量的思考题、选择题、判断题，它们都是从各项目的内容中提炼出来的，可供学生测试和练习之用。对这些问题的回答，不仅需要学生掌握这一章的概念，而且需要学生能应用这些概念来处理更复杂的问题。

（5）本书强化实训项目，实战性强。每个项目之后都会以典型的工作任务为载体进行项目实训，模拟职场场景，实战训练，做到课堂内外的结合。

（6）本书同步资源，形式丰富。本书有丰富的学习资源，学生可扫描二维码，观看知识点微课、动画视频、案例讲解等，使学生方便、快捷地获取资源。

本书由杨丽丹担任主编，由郭力嘉、岳晓琪担任副主编。具体分工为：杨丽丹编写模块一（职场沟通认知、自我沟通、语言沟通、非语言沟通）、模块三（商务演讲、求职面试、与客户沟通、会议沟通、电子媒介沟通）；郭力嘉编写模块二（倾听）、模块四（与同级沟通）；岳晓琪编写模块二（提问、赞美）、模块四（与上级沟通、与下级沟通）。全书由杨丽丹老师统纂定稿。

由于编者时间和精力有限，书中难免有疏漏之处，希望同行和专家们给予批评指正，真诚期待大家的帮助和支持，欢迎提出宝贵的意见或建议，鞭策我们再接再厉！

编　者

CONTENTS 目录

模块一

基础沟通

【模块导入】

在经济全球化、信息大爆炸的今天，沟通是人们交换信息、获取信息必不可少的环节。沟通行为无论是生活中还是职场上，都是时时有、处处在，这就要求我们掌握一定的沟通技巧。本模块以基础沟通为主要内容，包括职场沟通认知、自我沟通、语言沟通、非语言沟通。

项目一
职场沟通认知

 **教学目标**

知识目标

1. 深入理解沟通的含义、地位和作用；
2. 理解沟通的过程、障碍与对策；
3. 理解沟通的分类体系和各类沟通的特点；
4. 理解有效沟通的特征和任务。

能力目标

1. 能够根据目的和任务，选择适当的沟通方式；
2. 能够根据沟通任务来计划、组织和实施沟通；
3. 能够分析沟通过程所存在的障碍。

素质目标

培养学生自尊自律，以科学的思维方式认识事物、解决问题、传递信息，养成良好的沟通心态。

思维导图

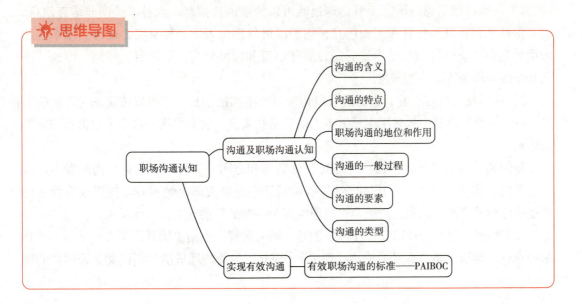

知识任务一　沟通及职场沟通认知

随着社会的发展，国家之间、政府组织之间、个人之间的联系变得越来越紧密，也越来越重要。沟通成为现代社会生活和工作中关系到企业的管理与发展、关系到部门的团队建设、关系到个人的人际关系的重要因素。

1. 沟通的含义

沟通是为了一个设定的目标，将信息、思想和情感在特定个人或群体之间传递，并且达成共同协议的过程。

关于沟通的含义，可谓是众说纷纭。但是，归结起来，最普遍的观点主要有两种：一种观点强调沟通是信息传递的过程，因此将沟通看成是一种程序，依据这种程序，企业中的成员才能成功地将信息和思想传递给其他有关的成员；另一种观点强调沟通是实现信息共享的过程，共享的观点更强调信息传递的双向性。

因此，结合两种观点，即认为沟通既是一个信息传递的过程，也是一个信息共享的过程。所以，将沟通定义为不同个体或企业围绕各种信息所进行的传播、交换、理解和说服工作。

2. 沟通的特点

（1）沟通所传递的是综合性信息。沟通最基本的含义是信息的传递。但是，沟通所传递的信息是包罗万象的。

1）从所传递信息的形态上看，沟通既可以传递语言信息，也可以传递非语言信息。语言信息又包括口头信息和书面信息，它们既可以用来表达某种事实，也可以用来表达态度和观点；非语言信息是沟通者通过肢体语言和辅助语言，如语音、语调、语速、语气和停顿等所表达的情感信息。

2）从信息的内容上看，沟通既可以传递基于事实的信息，也可以传递基于推论的信息。基于推论的信息中包含了沟通者本人的意见和观点，它会受沟通者个人价值观和态度的影响。

除传递一般信息外，沟通往往还传递像情感和意图一类特殊的信息。沟通者不仅能表达赞赏、满意、感激、不快和同情等各种情感，还会流露出希望对方接受或采取某种观点或行动的意图。因此，沟通会直接影响有关各方的行动计划和人际关系。

（2）沟通不仅是传递信息，还需要创造相同的理解。根据美国著名学者斯蒂芬·罗宾斯的观点，沟通就是"意义的传递和理解"。因此，要使沟通成功，不仅要保证信息的顺利传递，而且还需要保证被正确理解。在有效的沟通中，不仅信息接收者所感知到的信息必须与信息发送者所发出的信息完全一致，而且信息接收者对这些信息的理解也必须与发送者完全一致。

因此，沟通就是创造相同理解的过程。只有沟通双方对于沟通的内容有完全相同的理解，沟通才能达到预期的目的。要保证沟通成功，沟通双方应在关系层次、信息层次和行为层次上创造相同的理解。

（3）沟通是一个双向互动的反馈和理解过程。从信息传递的形式上看，沟通可分为单项沟通和双向沟通。但是，人们所研究的人际沟通通常并不是一个纯粹的单向信息的传递过程。成功的沟通都是双向沟通的过程。

有效的沟通都是双向且互动的过程。沟通双方之间的信息传递和反馈远不是一次性的，而是多次主动参与的信息交换活动。这种主动参与性往往更能激发对方作出积极有效的反应，这将极大地有利于建立良好的人际关系和促进双方的紧密合作。

3. 职场沟通的地位和作用

在现代职场活动中，沟通的地位和作用主要体现在以下几个方面：

（1）沟通是实现信息共享的重要手段。沟通最基本的作用也是实现商务活动中的信息共享。任何个人要想在商务活动中取得成功都必须通过沟通，与同事、上级和下级甚至是公司外部的有关人员实现对有关信息的共享。公司要想保证经营活动顺畅、有序地进行，也需要通过沟通来保证内部不同部门之间，甚至与某些外部机构之间实现信息共享。

（2）沟通是新环境中获得竞争优势的重要手段。在现代社会，原料、资本和劳动力已经不再是获得竞争所必需的关键要素了，而沟通正成为新的环境条件下企业和个人谋求生存与发展、提高竞争优势的重要手段。

任何公司的良好业绩都依赖于员工个人之间的良好沟通。沟通良好的员工就能比其他员工更好地建立、维持和改善工作中的人际关系，获得更多的支持和合作机会。而这些也正是员工竞争能力的体现。

（3）沟通能力往往是企业招聘和升迁的重要依据。对于个人而言，无论是对于即将参加工作的大学生，还是工作多年的公司职员，职场沟通能力更是决定其个人能否成功应聘到理想工作和选拔到重要岗位上的主要因素之一。培养和掌握良好的商务沟通技能是实现人生职业生涯目标至关重要的手段。

❯ 见多识广

"交往剥夺"的试验

美国心理学家 S. 沙赫特（S. Schachter）曾经做过一个试验：他以每小时 15 美元的酬金先后聘请了 5 位志愿者进入一个与外界完全隔绝的小屋，屋里除提供必要的物质生活条件外，没有任何社会信息进入，从而观察人在与世隔绝时的反应。结果，其中

1个人在屋里只待了2小时就出来了，有3个人待了2天，时间最长的一个人待了8天。这位待了8天的志愿者出来后说："如果让我再在里面待1分钟，我就要疯了。"也有心理学家曾做过一个"交往剥夺"的试验，结果发现受试者在百米深的洞穴中，单独生活了156天以后，精神面临崩溃状态，神情呆滞、冷漠无情、举止失常。试验证明，没有一个人愿意与其他人隔绝，人们都害怕孤独。可见交往对人是十分重要的。

资料来源：作者根据相关资料整理

4. 沟通的一般过程

在职场活动中，沟通双方的信息传递过程如图1-1-1所示。

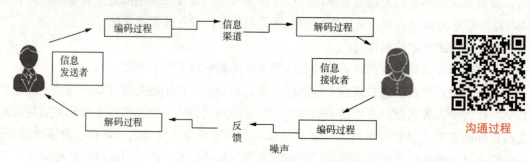

图1-1-1　职场沟通中信息传递过程

在上述沟通过程中，发送者作为沟通活动的主动者，首先将需要发送的信息进行编码，即按照需要表达的意思进行组织，然后选择正确的渠道将其编排发送给接收者，接收者在接收到信息时，不是被动、机械地接受，他们会按照自己的理解，对发送者的信息进行解码，将其还原为融入自己思想的信息，有选择性地接受，并反馈给发送者。

5. 沟通的要素

沟通过程无论环节多复杂，过程多漫长，都必须具备以下几个要素：

（1）发送者。信息发送者是沟通过程的主要要素之一，是沟通信息最初的发出者和沟通活动的最早实施者。发送者可以是个体，也可以是组织。当发送者产生沟通意愿时，在明确的目的驱使下，其对信息进行加工、处理，再选择合适的发送方式将信息向特定的沟通对象发送，沟通过程就此开始。

发送者发出信息时可能会受到周围多种复杂因素的影响，包括发送者的情绪、个人判断标准、文化层次、对专业知识的掌握程度、其他因素等，这些因素会在不同程度上影响沟通的效果。

（2）接收者。接收者是信息发送者的信息传递对象，简而言之就是信息的接收对象。人们通过沟通分享信息和情感，这种分享不是单向的，而是双向互动的。作为沟通活动的接收者，在沟通过程中，会按照自己的理解对接收到的信息进行解码，将信息由符号形式转换成某种确定的含义，然后向发送者反馈自己对信息的理解。当接收者对信息进行反馈时，就变成了新信息的发送者。因此，发送者和接收者的角色在沟通过程中不停地发生着变化。

（3）信息。信息是沟通过程中最重要的要素，是发送者和接收者之间互相传递的思想、情感等。其一般由语言符号和非语言符号组成。信息的价值如何，与筛选和理解有很大的关系，并且对企业的声誉和效益都会产生重大的影响。

（4）渠道。信息经过的路线是信息到达接收者的媒介物。渠道在信息传递的过程中与信息本身密切相连。信息的重要性和迫切性及效果决定了选择何种渠道。

（5）反馈。反馈是发送者、接收者相互之间的反应，沟通活动一定有反馈，否则就会变成单向沟通。

反馈有消极和积极之分。积极反馈是指理解发送信息并积极响应，采取行动；消极反馈是指误解原信息，或者虽理解但不赞成、不予理睬。只有积极反馈才会达到沟通的目的，实现有效沟通。

（6）环境。环境是沟通发生的地方，是对沟通重要的影响因素之一。

（7）噪声。噪声是指任何对沟通产生影响的干扰因素。这里既有自然界中超过一定分贝的声音，还有来自沟通环境中的一些会给双方造成压力的因素，如昏暗的光线、狭小逼仄的空间、沟通主体的心理障碍等。

6. 沟通的类型

沟通的形式丰富，手段多样，因此，沟通的类型根据形式、手段、标准也有所不同。按照不同的分类标准，沟通的类型主要有以下几种：

（1）按沟通的效果分，沟通可分为有效沟通和无效沟通。

1）有效沟通是沟通者追求的目标。在有效沟通中，沟通双方完全理解对方意图，实现了沟通的目的，建立起友好的合作关系。

2）无效沟通则没有达到预定的目的，并且沟通双方对彼此传递的信息没有形成正确的理解。

（2）按沟通的组织关系分，沟通可分为内部沟通和外部沟通。

1）内部沟通主要是指企业内部各部门之间及组织内部上下级、平级之间的沟通。沟通的主要目的是加强各部门之间的联系协调，强化组织的内部管理，形成有效的工作机制，保证日常工作有序开展。

2）外部沟通主要是指企业之间及企业与个体之间的相互交流。在市场经济条件下，企业之间的竞争和合作日益重要，无论是竞争还是合作，都离不开企业之间的信息互通和人员交流。新产品的问世、产品促销宣传、产品的价格调整、危机事件的处理等都需要企业及时做好外部沟通工作，树立良好的形象。

（3）按沟通双方的关系分，沟通可分为上行沟通、下行沟通和平行沟通。

1）上行沟通是指下级向上级反映情况、提出建议的一种沟通形式，一般在组织机构内部进行。上行沟通可以将最基层的声音通过组织内部的系统程序反映给管理层，使管理层了解情况，形成上下互通，增强企业的管理效能。但如果企业的组织系统不完善，则会影响沟通的效果。

2）下行沟通是指组织系统内部的管理人员通过向下级人员传达命令、发出指示和通知等形式进行的沟通。上级需要做的具体工作是发出命令、通知，下级人员及时根据上级的指示，提高行动的自觉性，为实现管理者的决策和集体活动目标而努力工作，并相互探讨、交流。

3）平行沟通是指同一层次的工作人员之间就工作中的各种事项相互探讨、交流。平行沟通是一种横向联系，它可以发生在组织系统内部，也可以发生在组织系统外部。平行沟通对组织内部团队合作和组织外部工作的推进都具有积极的意义。

（4）按沟通的手段分，沟通可分为书面沟通和口头沟通。

1）书面沟通是指主要借助纸、笔、文字传达信息的一种沟通类型，主要有各种信函和报告等。在实际工作中，书面沟通运用非常广泛，工作中重要事务的处理离不开书面沟通，并且书面沟通显得严肃而庄重，正式而礼貌。

2）口头沟通是指借助声音、语调、语气等手段进行的沟通，具体包括开会、交谈、推销、谈判、演讲等。口头沟通在实际工作中使用的频率最高，它传达信息的方式最直接、最迅速，能得到及时反馈，是一种运用较为普遍的沟通手段。

（5）按沟通的方式分，沟通可分为语言沟通（书面沟通、口头沟通）和非语言沟通（副语言沟通、身体语言沟通、环境语言沟通），如图1-1-2所示。

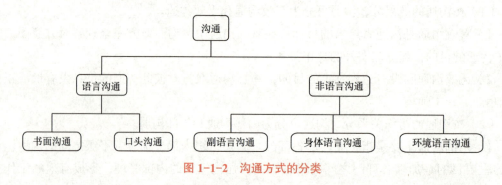

图 1-1-2　沟通方式的分类

1）语言沟通主要是指借助语言符号进行的沟通，有书面沟通和口头沟通两种方式。

2）非语言沟通是指通过面部表情、身体姿势、沟通者的距离等因素进行的沟通。非语言沟通在沟通中所传达的信息有时甚至比语言沟通传达的信息更多、更真实、更可靠。研究发现，在人们进行口头沟通活动的过程中，非语言沟通传达的信息达到了65%，而且非语言沟通是一种自然而然、不加修饰和掩盖的行为，即使信息传递者想掩饰某一方面的行为，而另一方面的行为也会暴露其真实想法。所以，非语言是传递者需要特别注意的沟通方式。

知识任务二　实现有效沟通

一个人的沟通能力与其所代表的企业和自身的形象密切相关。一名沟通意识强、沟通能力突出的人，会在实际工作中灵活运用恰当的沟通方式，取得良好的沟通效果。在具体的商务活动中，衡量个体的沟通能力主要从以下 6 个方面入手。

1. 沟通的目的

沟通要想有效，首先沟通者要清楚沟通的目的（Purpose）是什么，具体要解决什么问题，实现什么目标；只有明确了目标，在目标的引导下运用正确的沟通方式，针对需要解决的问题进行交流，才会实现有效沟通。

2. 沟通的对象

沟通的对象（Audience）有性格、需求、类型等方面的差异，而且沟通对象对信息反应程度的不同直接影响着沟通的效果。从企业管理的角度看，沟通对象是会对企业的目标实现产生影响的任何个人和群体，统称为利益相关者。这些利益相关者的构成如图 1-1-3 所示。

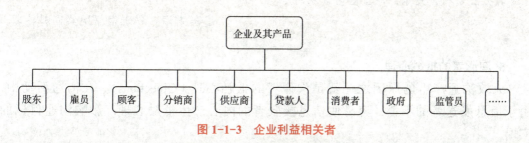

图 1-1-3　企业利益相关者

沟通时要充分考虑这些相关者的利益，做到有针对性。

3. 沟通的信息

在沟通中包含大量的信息（Information），有些信息是显性的，有些信息是隐性的，商务工作中要善于筛选信息，尤其是潜在的、隐性的但有价值的信息，这样才能保障沟通的畅通和有效。

4. 沟通的利益

成功的沟通都会充分考虑沟通对象的利益（Benefit），在文字表达、语言选择、动作表情等方面仔细斟酌，认真思考。沟通中的利益有外在利益和内在利益之分，在具体沟通活动中，要使沟通对象感受到更多的利益，利益越多，其接受的程度越高，行动越积极。

> **见多识广**

罗斯福与原子弹

1943 年，美国科学家上书罗斯福，建议美国政府制造原子弹。罗斯福对这方面并不在意，觉得这么小的东西不可能产生那么大的效果，就把这份报告当作一般性文件放置。于是，这些科学家为了说服总统，就在媒体中找了一位很有名的领袖，一方面因为罗斯福和媒体关系很好，另外，这个人有个本领，5 分钟内就能将一个理念销售给他人。科学家们找到这个人后告诉他这个想法，并说明这件事情能改变战局。于是，这个人就去见了罗斯福 5 分钟，但是这 5 分钟里他绝口不提原子弹的事情，而是用了一种映射的办法，给罗斯福讲了一件拿破仑的事情。这个人就是萨克斯，是罗斯福的好友兼科学顾问。

萨克斯讲，在英法战争的时候，有个叫富尔顿的美国人发明了铁制军舰，他首先找到拿破仑推销他的成果。拿破仑是数学家，也是物理学家，他一听就笑了，他说铁的密度比水高，铁怎么能浮在水的上面呢？于是断然拒绝了。后来富尔顿就去找英国方面，英国就开发出来了铁质军舰，打败了法国军队。

当时的情况下，美国政府制造原子弹需要投入 40 多亿美元。决定 40 多亿美元的投入，对罗斯福来讲是很大的一件事情，但是 5 分钟内，罗斯福听了这个故事之后，立刻明白了利害关系，马上签署了文件。

资料来源：作者根据网络资料整理

5. 沟通者的抵触心理

无效沟通产生的原因之一就是沟通者的抵触心理（Objections）。在沟通活动中，由于信息发送者的不慎，容易使信息接收者的内心产生抵触心理，影响沟通目标的实现。

6. 沟通的内容

沟通的内容（Context）作为一个整体会对沟通对象产生影响。在选择书面沟通方式或口头沟通方式进行沟通时，要充分考虑到这一点。在具体表述时，要考虑：①自身与对方的关系；②组织所处的不同时段，如稳定发展期还是艰难时期；③经济状况，如经济繁荣还是经济萧条；④其他一些特殊情况。根据这些情况有针对性地传递信息，运用清楚、得体的表述内容，有助于实现自己的目的并满足对方和组织者的需要。

☼ **自学自测**

一、单选题

1. 对沟通的作用，下列理解不正确的是（　　　）。

　　A. 良好的沟通可以支持个人的职业生涯持续发展

　　B. 良好的沟通可以促进产品的销售

C. 良好的沟通可以形成有效的团队精神

D. 良好的沟通可以化解一切矛盾，保证企业产品的质量，形成品牌产品

2. 下列属于沟通层次中的理想层次的是（　　　）。

A. 沟通中一方以听为主，一方以说为主

B. 沟通中双方不在同一个企业内或不在同一个层面上

C. 双方有交流，有倾听，并且信息在双方传递和被接受

D. 沟通双方有心理定式，沟通中拒绝接收对方的信息

3. 商务沟通标准中的 P 是指（　　　）。

A.Plan　　　　　　B.Purpose　　　　　　C.Plant　　　　　　D.Play

4. 沟通中应考虑沟通者的利益，下列说法充分体现了考虑沟通对象利益的是（　　　）。

A. 我们经过艰苦的谈判，终于又为员工们争取了一项新的利益

B. 没有身份证不能办理银行卡

C. 你订购的办公桌已经装车，预计 12 月 10 日能运抵你公司

D. 不准随地吐痰，违者罚款 20 元

5. 沟通方式多样，实现书面沟通的手段有（　　　）。

A. 商务信函　　　　B. 报告　　　　　　C. 电子邮件　　　D. PPT

二、多选题

1. 一个完整的沟通过程主要包括（　　　）。

A. 信息发送者　　B. 信息接收者　　　　C. 信息　　　　　D. 渠道

E. 反馈　　　　　F. 环境

2. 沟通按方式可分为（　　　）。

A. 语言沟通　　　B. 非语言沟通　　　　C. 书面沟通　　　D. 副语言沟通

3. 沟通过程的组成要素包括（　　　）。

A. 信息发送者　　B. 信息接收者　　　　C. 信息内容　　　D. 渠道

E. 反馈

三、判断题

1. 沟通有有效和无效之分，如果能预知沟通无效，开始时就不应该进行。　（　　　）

2. 只要沟通双方不在一个层次内就会产生无效沟通。　　　　　　　　　（　　　）

3. 在沟通方式中，书面沟通能力的形成和提高比口头沟通能力更困难，更重要。

（　　　）

4. 沟通的评判标准主要是看沟通对象是否理解了接收到的信息。　　　　（　　　）

5. 沟通者的素质中最重要的是读写能力。　　　　　　　　　　　　　　（　　　）

四、简答题

1. 如何保证沟通的有效性？

2. 结合自身情况，谈一谈作为职场沟通人员应该具备的素质。

📖 课中实训

实训任务一　认识沟通及职场沟通

任务一　探究沟通基本要素

任务描述：要求每位同学准备两张纸，第一次教师发出指令：同学们闭上眼睛，全过程不允许提问，把纸对折，再对折，再对折，把右上角撕下，旋转 180°，把左上角也撕下，睁开眼睛，把纸打开，观察结果；第二次，请一位学生发出指令，但在活动的过程中，全体参与的学生可以提出问题，重复上述行为，最后观察结果。

试比较两次活动，看看两次活动的结果是否一样，并将分析原因填写在表 1-1-1 中。

表 1-1-1　沟通要素分析表

序号＼内容	沟通要素	沟通结果	分析结果
第一次			
第二次			

任务二　分析沟通过程

任务描述：某企业的售后服务中心接到一顾客打来的电话，顾客称 3 天前购买的该企业空调到现在还未安装。接电话的客服小吴耐心地对顾客说："由于最近天气炎热，购买空调的顾客较多，而公司的安装工人有限，实在抱歉。请您再耐心地等待 2 天，我们一定会为您安装好的。"

请问，小吴这样的说法好吗？请同学们以情景模拟的方式分别扮演顾客和小吴，分析沟通过程，并提出你的建议，填写表1-1-2。

表1-1-2 沟通过程分析表

人物＼内容	沟通过程	你的感受	你认为可以改进的地方

任务三　分析沟通类别

任务描述：每组5～6人，每组派2名队员，一名队员演示肢体动作，另一名队员猜，在2分钟内看哪个组猜出的成语最多。比划的队员只能用肢体语言提示让队友猜出大屏幕上所出现的内容，不能说话，由一个主持人负责计时。请同学们以组为单位进行演示，分析沟通类别，填写表1-1-3。

（1）行尸走肉、天上人间、不吐不快、海阔天空、插翅难逃、天下无双、偷天换日、两小无猜、卧虎藏龙、珠光宝气

（2）花花公子、八仙过海、掌上明珠、愚公移山、高山流水、卧薪尝胆、穿针引线、滔滔不绝、万箭穿心、水木清华

（3）窈窕淑女、破釜沉舟、天涯海角、牛郎织女、学富五车、鹰击长空、亡羊补牢、一路顺风、千军万马

（4）一见钟情、喜闻乐见、负荆请罪、河东狮吼、笑逐颜开、千钧一发、纸上谈兵、风和日丽、大器晚成、庖丁解牛

（5）甜言蜜语、雷霆万钧、浮生若梦、大开眼界、难兄难弟、掩耳盗铃、声色犬马、指鹿为马、龙争虎斗、滥竽充数

（6）南辕北辙、婀娜多姿、张牙舞爪、手舞足蹈、抓耳挠腮、鸡飞狗跳、大获全胜、人才出众、手到擒来、画蛇添足

表 1-1-3　沟通类别分析表

沟通分类	主要特点

想一想：

沟通分类时，是否存在交叉分类？

实训任务二　探究有效沟通的技巧

任务描述：请看下面对话。

张：看来工作进展顺利。

王：根据你提供的数据是这样。

张：如果我们按计划进行，工作将顺利完成。

王：除非出现我们力量不足的问题。

张：我们肯定能够完成任务。

王：但愿如此。

张：你这是什么意思？

王：看来你不愿意正视自己在这个项目上的问题。

张：请说下去！

王：你就是这样！

张：我并非如此！

王：我看这是你一贯的作风。

张：我不同意你这样说，我知道自己没错。

王：但事实是我们缺乏足够的力量。

张：我同意。

王：那你为什么说不是！

张：什么？我那样说了吗？我只是说，尽管如此，只要我们努力也能完成任务。

王：如果你早这样说，我就会赞成你了。

请分析：

1. 张、王两人的沟通过程经历了怎样的变化？

2. 为什么产生这样的变化？

📝 实训项目评价

序号	技能点评价	佐　证	评价方式		
			自评（30%）	互评（30%）	师评（40%）
1	探究沟通基本要素	能够准确分析沟通情境中的基本要素			
2	分析沟通过程	能够说出某次沟通的过程			
3	分析沟通种类	能够按不同方式说出沟通的种类			
4	分析有效沟通	能够针对有效沟通表达自己的观点			

序号	素质点评价	佐　证	评价方式		
			自评（30%）	互评（30%）	师评（40%）
1	创新意识	能够在沟通情境中提出自己的新沟通方式			
2	分析问题能力	能够分析有效沟通和失败沟通的原因			
3	自我表现能力	能够主动倾听，尊重他人意见；礼貌待人，表达得体			
4	与他人合作能力	能够与其他组员分工合作；能够提出合理的见解和想法			

◎ 复盘反思

1. 知识盘点：通过对沟通认知项目的学习，你掌握了哪些沟通知识？请画出思维导图。

2. 方法反思：在完成本项目的学习和实训任务的过程中，你学会了哪些分析和解决问题的方法？

3. 行动影响：在完成本项目学习和实训任务的过程中，你认为自己还有哪些地方需要改进？

提升任务一　星巴克的管理沟通

星巴克（图 1-1-4）成立于 1971 年，成立后专营极品咖啡豆。1987 年，星巴克的前高管霍华德·舒尔茨融资 380 万美元收购了星巴克，与他旗下的"每日"咖啡合并。1990 年，星巴克门店超过了 100 家。1991 年，星巴克在美国上市。现在，星巴克已经在全球 50 多个国家开设了 1.7 万家门店。按照星巴克的要求，无论在哪里，每一家门店都要与其他 1.7 万家门店一样，提供统一口味的咖啡，热情的微笑，并拥有共同的价值观。

图 1-1-4　星巴克

在不断的发展过程中，星巴克对不断扩张的门店实行有效管控和支持，始终保持品质和服务的一致性。星巴克是怎样做到这一点的？要使任何一家地级市的星巴克门店与西雅图派克市场店的咖啡品质和服务保持一致，依靠的是强大的组织能力，构建基于星巴克的价值观和管理制度，使产品品质、服务标准进入每个星巴克人的心里。

星巴克一直强调其企业是基于关系的，以各分店店长为核心，展开其由伙伴、区经理、区域经理、公司营运部门、开放论坛、帮助热线为主构成的 360 度店长关系网络，以了解星巴克的价值观、文化、制度、产品品质、服务标准是如何从美国西雅图的总部延伸到全世界的门店，最终通过吧员传递给顾客的。这个路径同样可以用在俄罗斯、南美或西亚任意一家门店。

（1）伙伴。星巴克所有员工互称伙伴，门店的伙伴包括咖啡师（Barista）、值班经理（Shift Supervisor）、店副理（Assistant Manager）。其中，店长、值班经理和店副理又组成门店的管理组。管理组每周开会 2 次，对运营中的问题进行沟通。店长 80% 的工作时间负责和伙伴们沟通，以组织门店运营。

（2）区经理。区经理管理 6 ～ 8 家门店，每天的工作就是不断巡店和稽核，了解门店的经营状况，对物料使用、财务进行稽核。店长20%的时间是和区经理沟通。对门店遇到的问题，区经理会和店长分析原因，制订行动计划，追踪改善的成果。比如，如果牛奶使用过多，则意味着门店可能产生浪费；如果使用量低于平均水平，则可能是店员偷工减料所致。区经理必须对门店出现的诸如此类的问题提出改正意见。如果门店出现紧急事态，店长首先求助的对象也是区经理。区经理从资深店长提拔而来，是店长的导师。

（3）区域经理。星巴克一位区域经理管理10位左右区经理，管理门店多达80～100家，区域经理的上级主管就是中国区营运总监，区域经理大概一年时间能把所有门店巡视一遍。

（4）公司营运部门。财务、稽核、人力资源等部门都会巡店，主要对具体业务进行沟通和了解，营运部门也会召集店长会议。

（5）开放论坛。星巴克总部的高管来中国，或星巴克中国的高管到内地城市，巡店之外的工作之一就是组织开放论坛（Open Forum），类似于中国企业的"座谈会"。开放论坛可以是邀请制，也可以由员工申请，店长往往是被邀请的重点。

（6）帮助热线。热线是店长和公司支持系统沟通的重要途径。店长反映管理问题，不一定通过区经理逐层向上汇报。比如，最近有顾客向店员抱怨说星巴克出售的水果块过硬，口感很差，上海星巴克当天就对该产品作出了下架处理。

在管理链条之外，店长们还必须和外部的顾客及外包供应商产生联系。分店店长每个月要完成至少3个白班、3个晚班的吧台工作，才能确保有足够的时间去倾听顾客的声音。店长也会经常和熟客聊天，倾听他们的意见。包括物流、设备维修等业务，星巴克选择了服务外包，蛋糕甜品的供应也使用本地供应商，门店和供应商之间互动密切，但结算则由支持部门负责。

星巴克还崇尚仆人式沟通和互动，将沟通文化当作是星巴克门店的润滑剂。在星巴克的管理链条上，店长处于整个零售系统管理链条的中间。并且，由于区经理和区域经理并没有独立的管理团队，也没有经理助理，所以中间环节被大大压缩了，避免了官僚主义。同时，除新开辟市场的店长外，绝大部分店长都从店副理中提升，区经理从资深店长中提升，区域经理又从优秀的区经理中提升，管理阶层之间有共同经历，能够积极地沟通。另外，星巴克提倡"仆人式"的领导风格，要求管理者对伙伴态度和蔼可亲，能够支持和体验他们的工作，与伙伴保持畅通的沟通。如果管理者不是实践"仆人式领导"而是"命令式领导"，其他的伙伴可以向区经理或区域经理反馈。上海星巴克曾经有一位非常强势的店长，因为店面位置好，业绩突出，忽视了和员工的沟通，更强调通过命令方式管理门店，其结果是被伙伴投诉给上级经理。幸运的是，这位店长获得了改正的机会，正在努力学习沟通和管理技巧。

除管理者外，星巴克也在不断提升员工的沟通能力。星巴克对新进员工的沟通培训，除公司文化外，更提倡人际关系训练，这被称为星巴克的"星星技巧（Star Skill）"，主要强调3种思维方式：第一，维持并增进伙伴的自尊心；第二，要会聆听赞赏并表示了解；第三，要会寻求他人的协助。星巴克为员工提供一种感谢卡，在收到帮助和支持时，员工

可以通过发送小纸片来表达。在星巴克中国的办公室，我们看到很多员工把这些卡片贴在办公桌上，这既是一种鼓励，也是一种骄傲。看似小巧的沟通工具，为羞于表达的中国员工提供了沟通的媒介。

热情服务是星巴克的价值观之一，有些门店营业到深夜12点，而星巴克年轻的店员们却精神饱满。实际上，星巴克规定，高峰时段2小时后前台必须到办公室休息，或做些整理工作，这样才能保证顾客看到的总是热情而精力充沛的星巴克员工。"我们的伙伴年纪都不大，你不可能让他每时每刻都对客人微笑。"上海金桥碧云店店长徐丽娟说。她的办法是，如果员工真的不开心，如遇到失恋之类的事情，值班经理应该临时调整岗位，让他换岗做桌面清理之类的工作，避免和顾客直接接触。星巴克的店长通常会花大量的时间辅导和培养员工如何与客人沟通，如何在客人进店20秒内有眼神的交流，如何通过小卡片向同事表达谢意等。另外，每位新员工会有资深员工作为师父，培养他（她）在3个月内成为一名合格的咖啡师。

资料来源：腾讯网财经新闻巅峰对话、星巴克官方网站

想一想：

1. 星巴克在日常管理中采用了哪些沟通形式？星巴克采用的是哪种沟通渠道？这种沟通渠道的优点和缺点是什么？

_____

_____

2. 请你在调研星巴克实际情况的基础上，试着对星巴克现有的沟通方式和沟通渠道进行改进，使其更能有效地提高星巴克的沟通管理效果。

_____

_____

_____

提升任务二　小王为何怀才不遇？

小张与小王同时担任公司的项目协调员，两人在项目设计上均思维缜密、考虑周到，业务水平旗鼓相当，但只有小张被提拔为项目经理。

小王想不通，每次讨论他设计的项目，大伙都提不出什么意见，偶尔有人想表达不同意见，小王都据理力争，使对方无言以对。虽然大家都认为他说得有道理，但总觉得有点儿"得理不饶人"的清高自傲。特别是当领导极有风度地点拨其项目中的某些问题时，小王显得不够沉稳，急着抢领导的话，过多辩解，使领导难堪。

小张则相反，讨论他的项目时，所有人尽可以畅所欲言。每个与会的人，无论水平

高低，都愿意献出自己的一家之言。小张谦虚豁达、从善如流，对每个人的话都认真做记录，即使有个别完全相左的意见，他也表现出洗耳恭听、兼听则明的姿态。特别是领导的指示，他十分认真地聆听并给予重视，还非常赞同。最后修改过的项目书，既可海纳百川，又能以领导的指示精神为纲。参加小张的项目讨论会，大家不光都有畅所欲言的机会，也都有展现自己真知灼见的成就感。太出格的建议，小张并不会全盘采纳，但他记着下一次有机会，一定吸收该建议者的一些合理意见。所以，在讨论提拔谁担任项目经理这个职务时，几乎所有的人都推荐小张。

"怀才不遇"的小王愤然跳槽。过了两年，听说小王又跳槽了；而小张则"春风得意马蹄疾"，即将担任主管工程项目的副总经理。

资料来源：范文琼，丰晓流.人际沟通技巧［M］.武汉：华中科技大学出版社，2009.

想一想：

1. 富有才干的小王，为何在职场上总是无法顺利晋升？

2. 小张晋升的秘诀是什么？

3. 这个案例带给你什么启发？

项目二
自我沟通

思维导图

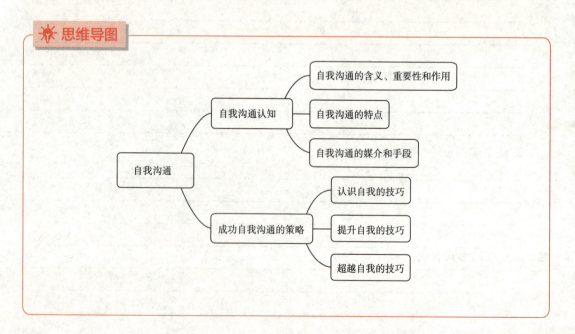

 课前自学

知识任务一　自我沟通认知

1. 自我沟通的含义、重要性和作用

（1）自我沟通的含义。自我沟通，顾名思义是一种沟通主体与本身之间的沟通。但是，自我沟通的真正含义却是一种从内心上准确认识、把握和修正自己的感受、想法、情绪乃至行为，从而达到提升自我、有效地实现与周围环境或对象进行沟通目的的过程。所以，有人也把它定义为认识自我、接纳自我、提升自我和超越自我的过程。

自我沟通是其他任何一切沟通活动的基础。任何其他类型的沟通都必然伴随着自我沟通的过程。研究自我沟通的目的是获得自我内在认识的基础上，更有效率、更有效益地解决现实问题。可见尽管自我沟通的对象是"自我"，但是，沟通的最终目的还是解决外在的问题。

（2）自我沟通的重要性和作用。自我沟通能力是任何一个成功的沟通者所必须具备的基本素质。人们的沟通策略和方式极大地依赖于他们是如何定义和评估自己的，是依靠自我沟通过程来实现的。

自我沟通过程最典型地反映在人们对自我的本来定位与现实需求之间发生冲突和解决冲突的过程中。当他们面对某一外部问题时，会根据他们自己对问题对象（人或事物）的先验判断去制订相应的对策和措施。一旦自身的先验判断与外部需求发生矛盾，冲突就会出现。冲突的出现会使人表现出烦躁、不安、反感、恐惧，甚至是抵触的态度和行为。

为了使自己的心态恢复到正常水平，人们就必须不断地说服自己，调整自己的判断标准、价值观，或者是处理问题的方式。这种对自我的本来定位与现实需求之间的冲突产生、发展、缓解和最终解决的过程，称为自我沟通的反馈。把面对冲突时表现出来的外在形态，称为反应。从沟通过程看，成功的自我沟通就是要求自我在面临问题时，有良性的反馈，并表现为积极的反应。

2. 自我沟通的特点

与一般的人际沟通相比，自我沟通具有以下一些特点：

（1）主体和客体的同一性。在自我沟通中，沟通的主体和客体都是"我"本身，"我"同时承担着信息的编码和解码功能。因此，自我沟通是一个内在的过程，有时并不能明显地通过外在的形式表现出来。

（2）自我沟通的目的是说服自己，而不是说服他人。因此，自我沟通常常是在自我的原来认知和现实的外部需求之间出现冲突时发生的。

（3）自我沟通过程中的反馈仍然来自"我"本身。自我沟通中的信息发送、接收、反应和反馈几乎是同时进行的。因此，这些基本活动之间没有明显的时间差异，几乎是同时进行，也是同时结束的。

（4）沟通中的媒体也是"我"本身。自我沟通中的沟通媒体，既可以是语言（如自言自语）、文字（如日记或随感等），也可以是自我心理暗示，如图1-2-1所示。

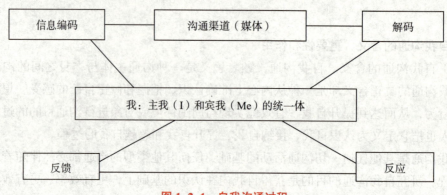

图1-2-1　自我沟通过程

3. 自我沟通的媒介和手段

自我沟通的媒介和手段包括自我暗示、自我激励和自我调控。

（1）自我暗示。自我暗示就是通过自己的认知进行言语、思维和想象等心理活动过程，调节和改善自身的情绪与意志，进而影响行为的一种心理方法。自我暗示能极大地调动人的潜意识的力量，而人的潜意识力量能促使暗示中的情况得以现实地发生。所以，自我暗示可以对自己的心理和行为产生巨大的激励作用。

在进行自我沟通时，就应当用积极的自我暗示鼓励自己，以积极向上的思想和语言提示自己，努力避免消极不良的自我暗示。运用自我暗示来调动自身潜在的力量，并激励自我、改造自我、塑造一个全新的自我，使自己保持最佳的精神状态。

（2）自我激励。自我激励就是努力使自己具有一股内在的动力，向所期望的目标前进的心理活动过程。研究表明，人的内心常常存在着需要激励的欲望。如果没有激励，人们就会缺乏热情，丧失信心。而来自自身内心深处的自我激励的作用往往是持续不断的，能激发出巨大的潜在力量，长期地、不断地激励着人们不断努力，勇往直前，为实现期望的目标而奋斗。实际上，多数成功者的经验也表明，强烈的自我激励是一个人成功的先决条件。因此，在自我沟通中，自觉地运用自我激励来不断获取实现期望目标的动力，是一个人保证自己获得成功的重要手段。

（3）自我调控。自我调控就是指人们调整和控制自己的情绪，以便控制破坏性情感和冲动的发生。在很多场合下，如在下级与上司交换不同的看法、谈判出现僵持或处理危急事件时，要使沟通不受破坏性情绪的干扰，沟通者就需要通过自我调控，来实现成功的自我沟通。

知识任务二　成功自我沟通的策略

成功的自我沟通实际上是一个不断地认识自我、提升自我和超越自我的过程。因此，成功自我沟通的技巧可以分为以下几个方面。

1. 认识自我的技巧

客观、正确地认识自我是成功自我沟通的基础。对自我认识的任何偏差都会导致沟通策略和内容决策中的失误。要客观正确地认识自我，着重注意以下几点：

（1）要敢于和善于通过比较认识自我。通常，人们都只有通过比较才能客观正确地认识自己。首先，要在和他人的比较中认识自己，发现自己的优势和不足。其次，要不断把现在的自己与以前的自己进行比较，认识自己的变化，明确发展方向。

（2）以人为镜，从他人的态度中了解自我。尽管将自我认知分解为物质认知、社会认知和精神认知等方面，但是，要通过对这三个方面的自我评价来进行自我认知不仅主观，而且并不容易。因此，他人的态度和评价是正确认识自我的一条重要途径。当然，很难保证他人的态度和评价始终是积极、有效的。当他人的态度和评价与原先的自我认识不一致时，还可能会引起消极的反应或自我认识的冲突。所以，人们既要积极主动地利用他人的态度和评价来认识自我，也要从中有选择地吸收真实、客观和有积极意义的东西。

2. 提升自我的技巧

（1）以乐观的心态接纳自我。接纳自我是提升自我的前提。一个人只有接纳自我，以乐观的心态客观地认识自己的优点和缺点，才能与周围环境相适应。只有这样，才有可能再进一步提升自我。

正确地对待他人、接纳自我本身就是一种自我提升的行为。

（2）培养积极的自我意识。自我意识是人们认识自己和外界客观事物的基础，也是人们改造和提升自我的依据。积极的自我意识能使人形成丰富的感情世界，在自我体验中表现出合理的情绪，也能使人拥有更坚强的意志和更强的自我控制能力。

> ❯ 见多识广
>
> **半路上的旅馆**
>
> 在意大利威尼斯和维罗纳之间的一个风景如画的山脚下，坐落着一座小旅馆。有一天晚上，一个旅行者走进来，想住下。
>
> "你想去哪里啊？"旅馆老板问。
>
> "我从威尼斯来，想去维罗纳，"旅行者回答说，"请告诉我，维罗纳人是什么样的？"

　　"噢，那你认为威尼斯人是什么样的呢？"旅馆老板问。

　　"他们实在糟糕透了！"旅行者大声叹气说，"他们毫无爱心、冷淡，拒人千里之外。他们根本不愿意动一个指头来帮助人。"

　　"噢，"旅馆老板犹豫了一下，说，"看来你也不会喜欢维罗纳人的。那里的人也完全一样。"

　　听到旅馆老板的这一席话，旅行者很失望，进房休息去了。

　　当晚稍后，另一个旅行者也走进了这家旅馆。

　　"你想去哪里啊？"旅馆老板问。

　　"我从维罗纳来，想去威尼斯，"旅行者回答说，"请告诉我，威尼斯人是什么样的？"

　　"噢，那你认为维罗纳人是什么样的呢？"旅馆老板问。

　　"他们实在好极了！"旅行者兴高采烈地说，"他们充满爱心，热情友好，总是愿意帮助人。我真舍不得离开他们。"

　　"噢，"旅馆老板说，"你一定会喜欢威尼斯人的。那里的人也完全一样。"

　　资料来源：[澳]阿兰·皮斯，芭芭拉·皮斯.真简单——人际关系沟通技巧[M].赖伟雄，译.北京：九州出版社，2009.

　　（3）增强自信心。缺乏自信心的人多半都会比较害羞，在与他人交往中往往觉得难以同他人沟通。而足够的自信心能够增强一个人的自我意识，展现出积极的自我形象。自信心强的人也更愿意开展积极的沟通，能掌握更有效的沟通技能，使用更积极的语言；自信心强也能使人既尊重自己，也尊重他人，会更希望与他人合作，提供双赢的解决方案。自信心强的人非常了解自己的沟通目标，并致力于实现这一目标。

　　增强自信心，首先要坦诚。坦诚就是对自己实事求是，肯定地表达自己的真实看法。当然，要坦诚地对待自我也并非易事。其次，在肢体语言上也要体现足够的自信。充满自信的人站姿挺直，镇定自若，轻松自在，双手自然下垂或放在大腿上；面部比较放松，表现出真诚、自信和共鸣感；动作稳健并轻松自然；手势得体，直接、经常地进行眼神交流，音调得体，与具体场合相适应。

3. 超越自我的技巧

　　超越自我或自我超越是指对自我行为惯性的突破。

　　自我超越是追求个人成长过程中的最高境界。实现自我超越的方法和途径有以下几个方面：

　　（1）建立超越自我的目标和愿景。每个具有自我超越理念的人，在个人成长中都会有一个追求的目标和目标引导下的愿景。自我沟通中所设定的目标是自我发展和自我提升的方向与精神支柱。为了实现所追求的目标，他会愿意接受他人的建议和忠告，他会敞开自己的心扉，接受他人的思想，修正自己的观念和行为；他也会不断审视和调整自己的动机，以达到与外部环境的协调和谐。

因此，一个希望努力实现自我超越的人，首先就要确立自我超越的目标和愿景。目标的确定过程实际上也是一个自我定位过程。为实现这个目标，他就会不断设定具体的、阶段性的愿景。不断设定愿景的过程则是自我不断积累知识和能力的过程。

一个具有高度自我超越意识的人，在其成长和发展的过程中，还具有不断否定原来的目标和愿景的气魄与胆略，以实现真正的自我超越。所以，超越自我的过程也是一个不断超越原先设定的目标和愿景的过程。自我超越并没有终极境界，它是一个过程，也是一种终身的追求和修炼。

（2）拓展社会比较对象。社会心理学研究发现，人的自我比较具有一种自我服务的倾向，会使人在很多情况下将自己有意无意地限制在一个有限的社会领域内。在某一领域内取得成功的人常常会放弃继续努力，原因是他们发现自己与许多人相比已经优秀多了。而遭遇失败的人，如果与更为失败的人进行比较也会找到安慰自己的理由，且从此退缩不前。由此可见，限制社会比较对象也就会限制人们潜力的极大发挥。超越自我就需要拓展社会比较对象。

1）从横向比较看，人们往往习惯于与自己所属的小群体中的人进行比较，在小群体内自认为表现出众就会沾沾自喜。殊不知"山外有山""天外有天"，如果与其他更为优秀的群体相比，就会发现自己的成功实在是微不足道的。所以，想要自我超越的人就应当扩展自己的社交范围，与更多的人进行交往沟通。在一个更广泛的社会交往背景下，通过与更优秀的人进行比较，发现差距，提升自己的发展目标。

2）从纵向发展变化看，一个人还要善于自我比较，在自我比较中不断修正自我超越的目标。自我比较既可以通过把理想中的我与现实中的我进行比较，找出差距，增强动力，也可以把现实中的我与过去的我进行比较，看到进步，得到激励。

（3）挑战自我。每个人身上都会蕴藏巨大的潜能。但是，很多人并未认识到自己身上的这种潜能，从而为自己的发展设置了人为的障碍，在放弃行动前为自己寻找各种借口，结果，自己的好多才能就这样被自己人为地埋没了。

超越自我就需要大胆挑战自己传统的认识。自己到底有没有这方面的才能，能不能胜任某项工作，只有经过实践和努力才知道。尝试过两次没有成功就放弃努力实际上是并没有竭尽全力去拼搏，同样不是超越自我的正确做法。超越自我就需要大胆地敢于向自我挑战，充分地激发自己身上的潜能，努力用自己的行动和实践去创造奇迹。

☼ 自学自测

一、单选题

1. 自我沟通是一种沟通主体与（　　　）之间的沟通。

   A. 本身　　　　　　B. 客体　　　　　　C. 自我激励　　　　D. 自我暗示

2. 沟通的基础首先是（　　　）。

   A. 自我沟通　　　　B. 倾听　　　　　　C. 语言沟通　　　　D. 非语言沟通

3. 自我沟通的目的是说服（　　　）。

    A. 客体　　　　　　B. 他人　　　　　　C. 自己　　　　　　D. 自己和他人

4. 下列不是自我沟通的媒介和手段的是（　　　）。

    A. 自我暗示　　　　B. 自我激励　　　　C. 自我调控　　　　D. 说服他人

二、多选题

1. 自我沟通的特点包括（　　　）。

    A. 主体和客体的同一性

    B. 自我沟通的目的在于说服自己，而不是说服他人

    C. 自我沟通过程中的反馈仍然来自"我"本身

    D. 沟通中的媒体也是"我"本身

2. 自我沟通使用适当的情绪调节技巧有（　　　）。

    A. 倾诉　　　　　　B. 宣泄　　　　　　C. 自我安慰　　　　D. 转换环境

3. 提升自我的技巧包括（　　　）。

    A. 以乐观的态度接纳自我　　　　　　　　B. 培养积极的自我意识

    C. 增强自信心　　　　　　　　　　　　　D. 超越自我

三、判断题

1. 自我沟通的对象是"自我"，但是，沟通的最终目的还在于解决外在的问题。

    （　　　）

2. 自我沟通的目的在于说服自己。（　　　）

3. 成功自我沟通技巧就是不断认识自我、提升自我和超越自我。（　　　）

4. 自我沟通要以人为镜，从别人的态度中了解自我。（　　　）

四、简答题

1. 自我沟通的含义是什么？

2. 自我沟通的媒介和手段有哪些？举例说明每种媒介和手段的作用。

📖 课中实训

实训任务一　初探自我沟通

任务　分析自我认知基本要素

任务描述：

游戏1：你觉得你是个什么样的人？我是谁20问？

连续写出 20 个：

我是（　　）的人

我是（　　）的人

我是（　　）的人

我是（　　）的人

我是（　　）的人……

包括生理我（性别、身高、体重、外貌等）、心理我（性格、爱好、梦想、智力、能力等）、社会我（职业、角色、地位等）。

问题：用 5 个成语概括你是一个什么样的人？

_____

游戏 2：你认为你在他人眼里是怎样的人？（图 1-2-2）

	自己知道	自己不知道
别人 知道	公开我 我们不能隐瞒或者愿意公开 的部分。	盲目我 自己不知道， 别人却知道的盲点 （例如：你的姿态、习惯动作等）
别人 不知 道	隐秘我 自己知道，别人不知道的秘 密。（例如：你的秘密、希望、 心愿以及你的好恶）	未知我

图 1-2-2　乔哈里窗

问题：乔哈里窗出现的盲点内容你认可吗？是你没有察觉到的内容吗？

_____

_____

_____

实训任务二　测试自我沟通能力

任务　分析自我沟通能力

测试游戏：

非常同意 / 非常不同意（1 分）	不同意 / 不符合（2 分）
比较不同意 / 比较不符合（3 分）	比较同意 / 比较符合（4 分）
同意 / 符合（5 分）	非常同意 / 非常符合（6 分）

测试题：

（1）我经常与他人交流以获取关于自己优缺点的信息，以促进自我提高。

（2）当他人给我提反对意见时，我不会感到生气或沮丧。

（3）我非常乐意向他人开放自我，与他人共享我的感受。

（4）我很清楚自己在收集信息和做决定时的个人风格。

（5）在与他人建立人际关系时，我很清楚自己的人际需要。

（6）在处理不明确或不确定的问题时，我有较好的知觉。

（7）我有一套指导和约束自己行为的个人准则与原则。

（8）无论遇到好事还是坏事，我总能很好地对这些事情负责。

（9）在没有弄清楚原因之前，我极少会感到生气、沮丧或焦虑。

（10）我清楚自己与他人交往时最可能出现的冲突和摩擦的原因。

（11）我至少有一个能够与我共享信息、分享情感的亲密朋友。

（12）只有当我自己认为做某件事是有价值的，我才会要求他人这样去做。

（13）我在较全面的分析做某件事可能给自己和他人带来的结果后再做决定。

（14）我坚持一周有一个只属于自己的时间和空间去思考问题。

（15）我定期或不定期的与知心朋友随意就一些问题交流看法。

（16）在每次沟通时，我总在听主要的看法和事实。

（17）我总在把注意力集中在主题上并领悟讲话者所表达的思想。

（18）在听的同时，我努力深入地思考讲话者所说的内容的逻辑和理性。

（19）即使我认为所听到的内容有错误，仍能克制自己继续听下去。

（20）当我在评论、回答或不同意他人观点之前，总是尽量做到用心思考。

评分标准：

100分或者更高：你具有优秀的自我沟通技能。

92～99分：你具有良好的自我沟通技能。

85～91分：你有良好的自我沟通技能，但仍需要提高。

84分或更少：你需要严格的训练自己以提高自我沟通技能。

📝 实训项目评价

序号	技能点评价	佐证	评价方式		
			自评（30%）	互评（30%）	师评（40%）
1	分析自我沟通基本要素	能够准确分析自我沟通情境中的要素			
2	分析自我沟通过程	能够说出自我沟通的过程			
3	分析自我沟通策略	能够针对良好的自我沟通表达自己的观点			

续表

序号	素质点评价	佐 证	评价方式		
			自评（30%）	互评（30%）	师评（40%）
1	创新意识	能够在沟通情境中提出自己的沟通方式			
2	分析问题能力	能够分析有效沟通和失败沟通的原因			
3	自我表现能力	能够主动倾听，尊重他人意见；礼貌待人，表达得体			
4	与他人合作能力	能够与其他组员分工合作；能够提出合理的见解和想法			

◎ 复盘反思

1. 知识盘点：通过对自我沟通认知项目的学习，你掌握了哪些沟通知识？请画出思维导图。

2. 方法反思：在完成本项目的学习和实训的过程中，你学会了哪些分析和解决问题的方法？

3. 行动影响：在完成本项目的学习和实训的过程中，你认为自己还有哪些地方需要改进？

课后提升

提升任务一 踢猫效应

某公司总经理为规范本公司的管理，制定了极为严格的考勤制度。公司上下所有员工，包括总经理本人，1个月之内如果迟到一次，便扣掉当月奖金。令出即行，就在新制度实施的第一天，由于路上堵车，总经理自己就迟到了。这位总经理着实有些不痛快，恰好有位业务主管要汇报工作，总经理极不耐烦地说："这点事自己都解决不了，我要你们干

踢猫效应

吗？"这位主管碰了一鼻子灰悻悻地回到了办公室。这时主管手下的一位办公室主任有事要请示他，主管极不耐烦地说："没看见我正烦着吗？待会儿再说！"这位办公室主任碰了钉子感觉很沮丧。下班回到家刚坐下，儿子想问他数学题，他气呼呼地说："一边去，让我清静会儿！"儿子灰溜溜地走开了。这时儿子看到了家里的小猫，小猫一直在"喵喵"叫。儿子冲着小猫一瞪眼："你这小猫咪，没见我心烦吗？叫什么叫，一边去！"于是，儿子一脚把小猫踢到了一边。

想一想：

1.在生活中你有过踢猫效应的情绪吗？危害是什么？

_____

_____

_____

2.如何避免踢猫效应的产生？

_____

_____

_____

3.说一说你是如何调节情绪的。

_____

_____

_____

提升任务二　唐太宗和魏征

　　公元 643 年，直言敢谏的魏征病死了。唐太宗很难过，他流着眼泪说："一个人用铜镜子，可以照见衣帽是不是穿戴得端正；用历史作镜子，可以看到国家兴亡的原因；用人作镜子，可以发现自己做得对不对。魏征一死，我就少了一面好镜子了。"

　　"人以铜为镜，可以正衣冠；以古为镜，可以知兴替；以人为镜，可以知得失。魏征没，朕亡一镜矣！"

想一想：

1. 结合自我沟通谈一谈唐太宗这句话的含义。

_____

_____

_____

_____

_____

_____

_____

_____

2. 在人际交往中，你是如何进行自我沟通的？还有哪些方面需要改进？

_____

_____

_____

_____

_____

_____

_____

_____

项目三
语言沟通

教学目标

知识目标

1. 了解语言沟通的概念、特点；
2. 了解口头沟通的优缺点及原则；
3. 理解口头沟通技巧。

能力目标

1. 能够分析和选择口头沟通策略；
2. 能够运用口头沟通的技巧。

素质目标

1. 培养学生良好的语言沟通思维、宽以待人的沟通意识，爱岗敬业，文明礼貌，诚信友善；
2. 培养学生熟练使用语言沟通的技巧、尊重事实的求知态度，与他人用心沟通。

思维导图

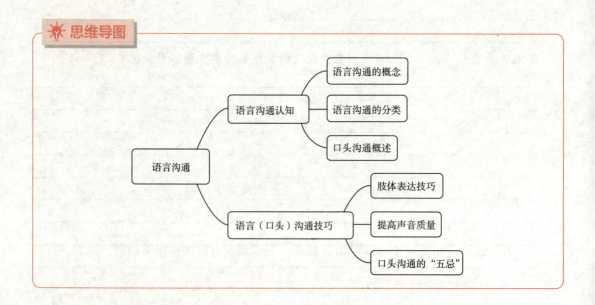

 课前自学

知识任务一　语言沟通认知

1. 语言沟通的概念

语言沟通是利用语言或声音的方式进行沟通活动，以词语符号为载体实现的沟通，在特定的时空情境中以有声语言（不排除无声语言，本项目只涉及有声语言）为主要媒介交流思想、联络感情、沟通信息、商讨问题的一种手段。

2. 语言沟通的分类

语言沟通主要包括口头沟通、书面沟通和电子沟通等。

（1）口头沟通。口头沟通是指借助语言进行的信息传递与交流。口头沟通的形式有很多，如会谈、电话、会议、广播、对话等。

（2）书面沟通。书面沟通是指借助文字进行的信息传递与交流。书面沟通的形式也有很多，如通知、文件、信件、报纸、期刊、备忘录、书面总结、汇报等。

（3）电子沟通。电子沟通是以计算机技术与电子通信技术结合而产生的信息交流技术为基础的沟通。它是随着电子信息技术的兴起而新发展起来的一种沟通形式，包括即时通信、传真、闭路电视、计算机网络、电子邮件等。

本项目重点介绍口头沟通（谈话）能力的培养。

3. 口头沟通概述

口头沟通是日常工作和生活中最常用的沟通方式。在职场沟通中，大部分时间也是花费在口头沟通上，只有经过充分的口头沟通，双方的意思得到了一致性确认，才可能形成书面的形式。因此，口头沟通成了商务活动中不可缺少的一个环节。

因为职场中口头沟通是常态，而且张口说话是正常人的基本技能，一个人的口头沟通能力强弱，决定了他在工作、社交和个人生活中的品质与效率。因此，学习口头沟通方法，使口头沟通产生令人满意的效果是每个职场人士必须掌握的。

（1）口头沟通的概念。口头沟通是指在商务沟通过程中，以声音、空气为传递信息的渠道而进行交流的一种有声语言沟通形式。其主要包括口头汇报、面谈、讨论、演讲、电话交流等。口头沟通可以使人们获得的信息更便捷、更及时、更准确，也为讨论、澄清问题、理解和即刻反馈提供了方便。

（2）口头沟通的特点。

1）有声性。口头沟通主要通过声音传递，人的声音可以传递很多信息，例如，可传递出一个人的健康状况、生存环境、先天禀赋、后天修养等。曾国藩在《冰鉴》中指出："辨声之法，必辨喜怒哀乐。"声音传递着人的情绪状态、反映着人的心性。同时，还可以

通过声音感知节奏、依据声调判断情感及语言的准确含义等。

2）即时性。口头沟通张口就来，速度很快，听到便可即时反馈、回应。但也可能由于考虑不周快速出口，难以收回，导致后悔。

3）情境性。口头沟通总是在一定的情境之中，语言离开情境意思可能完全不同。在情境中沟通，双方可以很好地理解对方当下的思想和情感，有时候尽管只有只言片语，但仍然可以准确理解其真实意思。

4）复合性。复合性是指沟通中语言和非语言方式都会用到。因此，讲话者要在运用语言的同时辅以相应的表情、动作等，倾听者在听到话语的同时也要学会察言观色。

5）多变性。口头语言由于容易受到环境、气氛、场合、心理等诸多因素的影响，因此具有多变性。口头语言要有灵活性，在对话、磋商及演讲中常出现意想不到的情况，这就需要随机应变。

6）失真的可能性。口头语言不仅具有多变性，同时也有失真的可能性。因此，人们可能无法听到对方真实的内心，同时，语言在传递中也会有信息的过滤，因过滤而失真。每个人都以自己的偏好接收和理解信息，并以自己的方式解读信息，当信息传递到终点时其内容往往与初始时有了很大的变化，沟通漏斗如图1-3-1所示。

沟通漏斗

图1-3-1　沟通漏斗

（3）口头沟通的优点、缺点。与任何一种沟通方式一样，口头沟通也有其优点、缺点，具体见表1-3-1。

表1-3-1　口头沟通的优点、缺点比较

优点	缺点
1. 能立刻得到反馈，邮件可能要很长时间	1. 通常口说无凭（除非录音），书面就简单多了，只要不丢掉，就是最好的证据
2. 能观察或判断对方的反应，电话及信件等都无法看见对方	2. 效率较低，很多时候说的都是无关紧要的话语

续表

优点	缺点
3. 能及时做出响应和解释，邮件无法做到	3. 沟通对象有限，除非演讲，否则很难同时与更多的人沟通
4. 可以使用语气、语调等辅助表达	4. 沟通时间要求较高，由于无法预料谈话可能会遇到什么瓶颈
5. 便于调整沟通主题和内容	5. 有时偏题，主动和被动的情况都有
6. 可以互动	—

（4）口头表达的原则。

1）言之得体。言之得体意味着说话要有礼貌，要表达尊重，表示理解。得体、礼貌之言会带给对方愉快和轻松的心情，也为沟通营造和谐的氛围。同时，要使用对方能听懂的话语，如果对方听不懂所说的话，再有效的方法和经验都无济于事。

2）言之有序。做事讲究轻重缓急，说话要求详略得当、主次分明、重点突出且符合一定的逻辑。

3）言之有物。言之有物就是说话要有内容，避免空话、大话、口号。说话的时候要明确主题、突出重点，最忌长篇大论、泛泛而谈。同时，如果能提供一定的数据、事实支持观点，则可以大大增强沟通的说服力。

4）言之简明。语言要简洁明了。首先要保证语言的结构没有问题，同时，尽量用简洁的语言来表达，切忌烦琐、拖拉、闲话、废话、碎话，要将事物中最本质的东西提炼出来，用最简明的语言概括出来，使语言凝重有力、意味深长。

5）言之生动。口头表达要具有活力，能感动人，尽量使语言风趣幽默。威严不可少，但是幽默感同样重要。一个不懂幽默的人很难在沟通中游刃有余。

知识任务二　语言（口头）沟通技巧

1. 肢体表达技巧

（1）保持良好的说话神态。在面对面的口头沟通中，人们不仅会从说话的语言中，而且也会从说话人的神态中来揣度对方的意思。因此，说话神态也是口头表达的重要手段之一。

（2）外表形象应干净整洁和适合环境。在职场沟通中，外表形象会影响对方对你的看法、对你讲话的理解。对方甚至在听你讲话之前就可能会根据外表形象对你形成某种看法。不适当的外表形象很可能会造成误解和偏见。职场沟通对外表形象的要求是保持干净整洁和适合环境，刻意的"追求时尚"或"保持正统"的做法都是不可取的。

（3）良好的姿势。讲话人的姿态会影响对方的情绪，并直接影响讲话的效果。讲话时，斜靠或无精打采的姿态会给人一种疲倦、厌烦和乏味的感觉，坐姿和站姿给对方留下

的印象也会大不相同，特别要注意避免因情绪和心理的原因造成失态，这将严重影响沟通效果。

（4）保持礼貌、友好和自然的态度。口头沟通时的态度容易受当时情绪的影响。无论如何，控制情绪、保持礼貌和友好的态度是必要的。要做到这点，关键是换位思考，站在对方的角度看问题，使自己感受对方的感受。这样，即使面对任何恼怒，也就不难保持礼貌和友好的态度了。无论是面对上级还是下级，态度都应当自然。对于对方来说，态度自然是可信和说服对方的基本条件，态度自然也体现了说话者的真诚；对于讲话者本人而言，不自然的态度也表明讲话者缺乏自信。

（5）保持机敏和愉快的情绪，要富有激情。机敏能使人视野宽阔、反应灵敏；愉快能使人语调动人、富有兴趣。结果都能对对方产生更大的吸引力。说话要充满感情，声音要富有激情，这样做能大大增强说服力。要保持激情，自己就应该对所讲的内容充满兴趣，关心受众的感觉，并做到全身心的投入。

> **见多识广**

商鞅初见秦孝公

《史记·商君列传》记载，商鞅得知秦孝公颁布求贤令，广招天下人才，便自魏国来到秦国，通过秦孝公的宠臣景监见到了孝公。第一次见到孝公时，商鞅不清楚孝公的真实想法，就给孝公讲"帝道治国"，从三皇五帝开始讲起，还没讲完，孝公就已经打起了瞌睡。隔了几天，商鞅第二次见孝公，又讲起了"王道治国"，虽然比第一次稍好，但孝公仍然不满意。第三次见面时，商鞅用"霸道治国"直接问孝公是否希望"开疆拓土，成就霸业?"孝公立刻精神焕发，"不自知膝之前於席也。语数日不厌"。君臣相谈甚欢，并掀开了中国历史上著名的商鞅变法大幕。

资料来源：作者根据网络资料整理

（6）保持目光接触和交流。说话的人与受众之间保持目光接触，就表示了一种友好的愿望和重视对方的行为。说话时从不看对方就表达了对对方"不感兴趣"或"不喜欢"的感觉，也可能反映了对自己"缺乏自信"或"把握不大"的信号。当然，目光接触要适度，既要避免目光不接触，也要避免目不转睛地凝视。

2. 提高声音质量

声音质量主要包括音调、音量、语速和语调四个方面。

（1）音调。音调高给人以细、尖、刺耳的感觉。音调低给人以粗犷、深沉的感觉。选择适当的音调对于保证沟通效果是至关重要的。

（2）音量。音量大小要适合环境。音量的大小主要是由场地大小、受众人数多少及噪声大小三个因素决定的。

（3）语速。语速快给人一种紧迫感，对促使受众的理解是有帮助的，但长时间的语速过快又会影响受众的理解。通常，公共场合的讲话语速要快于平时谈话的语速；应随句子重要性的变化而改变；适当地使用停顿是必要的，也是有用的。

（4）语调。语调是音调、音量和语速的组合变化。语调的变化常常与说话人的兴趣和强调的重点密切相关。因此，撇开说话的内容，语调本身就可能会不自觉地流露出说话人的态度和感情，表现出喜怒哀乐。

3. 口头沟通的"五忌"

（1）忌生疏。这里的生疏：一是使用生疏的词语；二是交流双方生疏，无法进行交流；三是交流的话题双方都不熟悉，交流活动难以进行。

（2）忌紧张。在口头交流活动中，如果面对沟通对象感到紧张，就会出现词不达意、手足无措的情况，这不仅严重影响自己的表达，也会影响听众的注意力。如果发生在演讲活动中，就无法达到感染人、鼓舞人的效果。

要想消除沟通表达的紧张心理，可以多多练习在公众场合进行表达，或者给自己"我能行"的心理暗示，也可采用深呼吸、"目中无人"等方法。

（3）忌枯燥空洞。口头沟通尤其是陈述和演讲时，如果所用语言都是专业术语，所讲内容都是深刻难懂的内容，或者满篇大话、空话而没有实际内容，讲述者也没有声音语调的变化，没有与所讲内容一致的辅助语言，那么听众就会觉得索然无味，昏昏欲睡。

（4）忌唱独角戏。作为一种双向交流活动，口头沟通应是双方有来有往的互动活动，一旦某人将沟通的时间变成自己一个人的独白，不仅难以获取对方的观点和意见，造成信息闭塞，也是对沟通对象一种不礼貌的表现。一个不懂得尊重他人的人，也很难得到他人的尊重。

（5）忌不留余地。俗话说"逢人只说三分话"，看似圆滑封闭的沟通，实则会使自己掌握主动权。例如，与客户谈判，如果不把话说绝，双方都有可协商的空间。不说绝对的话，不会授人以柄，让自己和工作陷入被动。说话留有余地与坦诚并不矛盾。坦诚是不欺骗，留有余地也是在不欺骗的前提下不让自己陷于被动。

☼ 自学自测

一、单选题

1. 下列不是口头沟通的是（　　　）。

 A. 讲座　　　　　　　　B. 信件　　　　　C. 讨论会方能脱颖而出

 D. 演讲重点方能脱颖而出　　　　　E. 打电话

2. 口头沟通的优点是（　　　）。

 A. 准确　　　　　　　　　　　　B. 有充足的时间进行思考应答

 C. 立即反馈　　　　　　　　　　D. 不受噪声干扰

3. 关于口头沟通，下列表述中正确的是（　　　）。

 A. 沟通方式灵活多样，快速传递和及时反馈

B. 沟通内容易于复制、传播，十分有利于大规模传播

C. 逻辑性强条理清楚

D. 具有有形展示，长期保存，法律保护依据等优点

4. 以下属于口头沟通的缺点的是（　　）。

A. 快速传递   B. 传递中层次越多，信息失真越严重

C. 效率低   D. 只能意会、不能言传

二、多选题

1. 口头沟通是指（　　）及电话联系等。

A. 演说   B. 会谈   C. 讨论   D. 会议

2. 口头表达的原则有（　　）。

A. 言之得体   B. 言之有序   C. 言之有物   D. 言之简明

E. 言之生动

3. 口头沟通的特点有（　　）。

A. 言之简明   B. 即时性   C. 情境性   D. 失真的可能性

三、判断题

1. 语言沟通不包括书面沟通。　　　　　　　　　　　　　　　　（　　）

2. 口头沟通是指借助文字进行的信息传递与交流。　　　　　　　（　　）

3. 口头沟通与书面沟通相比更具有可靠性。　　　　　　　　　　（　　）

4. 口头沟通具有多样性的特点。　　　　　　　　　　　　　　　（　　）

5. 口头沟通便于调整沟通主题和内容。　　　　　　　　　　　　（　　）

6. 口头沟通是非正式沟通，所以没有什么效果。　　　　　　　　（　　）

四、简答题

1. 什么是口头沟通？它有什么优点和缺点？

2. 谈谈如何在职场中更好地做到口头沟通。

课中实训

实训任务一 认识语言沟通

任务一 分析口头沟通特点

任务描述：传话游戏。

游戏规则：

（1）五个人一组，每组的第一个同学来抽一张纸条，记住纸条上的话，回到自己的座位上。

（2）第一个同学把纸条上的话传给第二个同学，一个一个传下去。

（3）哪组最先传完，哪组的最后一个同学公布答案，如果答案正确，那组就是优胜小组。注意每人只能说一遍。如果说多遍或忘了，自己主动退出游戏。

通过传话游戏表现了口头语言_____的特点。

任务二 分析口头沟通原则

任务描述：两人一组，说下列三组话，试比较语言沟通效果，并填入表1-3-2。

第一组：A.明天旅游团队到饭店的时间有变化，请相应调整。B.明天30人旅游团队客人提前到下午3点到饭店，请通知楼层全体成员加快做好客房的准备工作。

第二组：A.本周的例会后我要外出，所以会议时间要缩短，比平时稍短一些。B.本周例会缩短10分钟，因为会后我有事要外出，严禁迟到。

第三组：A.中午吃过饭后我们就在之前碰头的地方见面吧。B.今天下午1点在山水大酒店大厅见面。

通过对话我们应遵循口头沟通的_____原则。

表1-3-2 对比分析表

句子A	句子B	分析结果

实训任务二　探究语言沟通的技巧

任务　模拟口头沟通"五忌"

任务描述：以小组为单位，分别扮演秀才和卖柴者，分别以下列语言和白话文进行对话，总结沟通效果。

秀才去买柴，他对卖柴的人说："荷薪者过来！"卖柴的人听不懂"荷薪者"（担柴的人）三个字，但是听得懂"过来"两个字，于是把柴担到秀才前面。秀才问他："其价如何？"卖柴的人听不太懂这句话，但是听得懂"价"这个字，于是就告诉秀才价钱。秀才接着说："外实而内虚，烟多而焰少，请损之（你的木材外表是干的，里头却是湿的，燃烧起来，会浓烟多而火焰小，请减些价钱吧）。"卖柴的人因为听不懂秀才的话，于是担着柴就走了。

这个案例反映了在沟通中的"五忌"中的_____，谈一谈在职场和日常交流中该如何与他人进行交流。

📝 实训项目评价

序号	技能点评价	佐证	评价方式		
			自评（30%）	互评（30%）	师评（40%）
1	分析口头沟通特点	能够准确分析口头沟通的特点			
2	分析口头沟通原则	能够说出某次沟通的过程中坚持的原则			
3	分析口头沟通禁忌	能够按不同方式说出沟通禁忌			

序号	素质点评价	佐证	评价方式		
			自评（30%）	互评（30%）	师评（40%）
1	创新意识	能够在沟通情境中提出自己的新沟通方式			
2	分析问题能力	能够分析有效沟通和失败沟通的原因			
3	自我表现能力	能够主动倾听，尊重他人意见；礼貌待人，表达得体			
4	与他人合作能力	能够与其他组员分工合作；能够提出合理的见解和想法			

◎ 复盘反思

1. 知识盘点：通过对语言沟通认知项目的学习，你掌握了哪些口头沟通知识？请画出思维导图。

2. 方法反思：在完成本项目的学习和实训的过程中，你学会了哪些分析和解决问题的方法？

3. 行动影响：在完成本项目的学习和实训的过程中，你认为自己还有哪些地方需要改进？

📖 课后提升

提升任务一　3F 沟通法

3F 沟通法即"先处理心情再处理事情"的抱怨处理方式，具体如下：

Fell（感觉）：（给对方很好的感觉）"我理解你为什么会有这样的感受"。

Felt（感受）：（告诉对方自己过去也有同样的感受）"我也曾经有过同样的感受"。

Found（发现）：（告知我们最后发现的事实）"经过说明后他们发觉这种规定是保护他们的利益，您也考虑一下好吗？"

3F 沟通法就是对比投诉顾客和其他顾客的感受、差距，应用利益导向的方法取得顾客谅解的一种沟通技巧，是心理学中从众心理的一种应用。因此，在处理客户投诉时要尽量站在客户的立场来考虑问题，尽量把自己放在和客户同一条战线的位置。

案例：

"我买的饮料是假的！但肯定是你们厂的商标，跟你们脱不了干系，我要求赔偿"

分析：

造假者猖狂，消费者迷茫，误购假冒伪劣产品。部分消费者认为市场上假冒产品的销售被仿企业要承担所有社会责任。

解决：

1. Fell（感觉）：（表示理解）这种假冒伪劣太坑人了，他们冒用我们公司的品牌，不仅损害我们公司的形象，喝下去质量也不能保证。

2. Felt（感受）：（感同身受）面对这种假冒产品，我们企业和消费者一样都是受害者。打假工作也不是我们单家企业所能管理和控制的，这可能更需要消费者帮助我们多向工商部门反映，联合政府打假才能共同维护消费者和企业的利益。

3. Found（发现）：（告知事实）以后购买产品的时候可要多长个心眼，遇到这种情况您可以把假冒产品的厂址、电话等信息告诉我们，我们也会积极向公司相关部门反映。

想一想：

1. 3F 沟通法是如何进行有效沟通的？

_____

2. 3F 沟通法的顺序能够改变吗？改变之后会不会获得相同的效果？

_____

3. 请自行设计沟通场景，同桌之间用 3F 沟通法情景模拟解决沟通问题。

_____

提升任务二　FAB 沟通法

一只猫非常饿，想大吃一顿，这时候销售员推过来一摞钱，但这只猫没有任何反应。此时，这一摞钱只是一个属性。

猫躺在地上非常饿，这时候销售员过来说："我这有一摞钱，可以买很多鱼，买鱼就是这些钱的作用。"这只猫仍然没有反应。

猫非常饿，想大吃一顿，这时候销售员第三次过来说："我这有一摞钱，能买很多鱼，你就可以大吃一顿了。"猫听了很开心，就飞快地扑向了那摞钱。

销售员第三次说的就是一个完整的 FAB 顺序（表 1-3-3）。

表 1-3-3　FAB 沟通法

F（Feature）特性	A(Advantage) 优点	B(Benefit) 利益
它是什么	它能做什么	它能为顾客带来什么
（因为……）	（所以……）	（对您而言……）

想一想：

1. FAB 沟通法是如何进行有效沟通的？

_____

_____

_____

_____

_____

_____

_____

_____

_____

2. FAB 沟通法的顺序能够改变吗？改变之后会不会获得相同的效果？

_____

_____

_____

_____

_____

_____

_____

_____

_____

_____

项目四
非语言沟通

✷ 思维导图

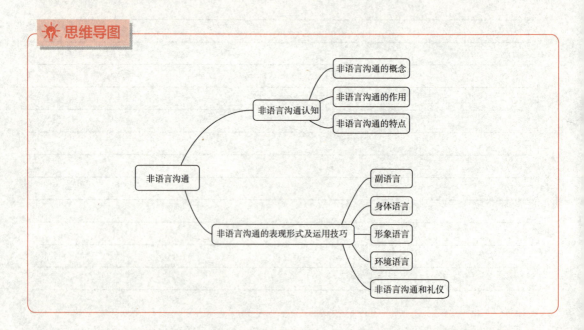

知识任务一　非语言沟通认知

1. 非语言沟通的概念

在日常交流活动中，非语言作为一种沟通方式，在信息的传达、情感的表露和思想的交流方面，往往起着重要的作用。

非语言中的面部表情、肢体动作、声音语调和其他方式能使有声语言更丰富、更直观、更有力、更形象。据研究，在日常的交流活动中，高达 93% 的信息是由非语言沟通来完成的，其中 55% 是通过面部表情、形体姿势和手势动作传递的，38% 是通过声音传递的，用简单的公式表示：0.07 × 语言 + 0.38 × 声音 + 0.55 ×（表情、动作、手势等），如图 1-4-1 所示。与语言符号善于传达信息不同，非语言形式更擅长情感的交流。

非语言沟通是指通过语言符号之外的元素进行信息传递、交流情感的一种沟通方式。其包括沟通主体的副语言沟通、身体语言沟通和环境语言沟通等。这些非语言符号的属性和内容应该是发送者和接收者共同能够理解的，有些甚至是全人类所共知的。

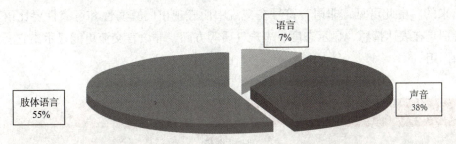

图 1-4-1　美国心理学家艾伯特·梅拉比安信息表达公式

2. 非语言沟通的作用

（1）替代语言的作用。在语言未产生之前，人类为了抵御自然灾害和猛兽的侵袭，会通过表情、呼告、手势或肢体动作的交流，形成群体的力量，增强自己的抗灾害能力。当时，非语言沟通可能是维系人们交流的唯一手段。经过人类社会的历史文化沉淀和传承，非语言沟通已经自成体系，很多有声语言难以传达的信息，通过非语言却可以有效地传达，甚至可以产生有声语言所不能达到的实际效果，正所谓"此时无声胜有声"。例如，教师对回答问题的学生微笑和点头鼓励；领导对下级的俯身询问和握手、轻拍肩膀等，都比语言上的赞美、关注更能给沟通对象以信心和安慰。

（2）辅助语言的作用。非语言总是在人们面对面交流或开头交流时自觉地使用。非语言作为语言的辅助工具和"伴随语言"，能使语言表达更准确、更有力、更具体和更生动，

也更容易被接受对象理解。例如，人们在帮助他人指引方向时，如果只是用单纯的语言表述，很难让他人记住，如果辅以手势语的指引，则询问人理解和记忆起来会更轻松。

（3）表达情感的作用。在沟通中，语言符号擅长传达的是信息；非语言符号则擅长情感的传达。沟通中的主体，无论是发送还是反馈，利用非语言符号表达情感、显示内心感受有时比用语言更显著、也更容易。例如，当人们对自己不理解的信息或对对方的信息有异议时会自然皱起眉头或摇头；在演讲的时候，演讲者表示有力、团结或斗争时，会紧握拳头。所以，在需要准确表达丰富的情感、提供可靠的信息时，都必须运用准确的非语言表达方式。

（4）强化效果的作用。非语言不仅可以在特定的情况下代替有声语言，而且在很多场合还能强化有声语言的传递效果。例如，当领导在会上传递重要的观点之前，往往都会稍作停顿，用目光扫视会场，然后再用有力的声音表达观点；当会议在结束之前，领导为了给全体参会人员以鼓励，会以饱满的精神状态、铿锵有力的讲话结束。这些非语言沟通大大增强了说话的分量，体现出决策者的郑重和决心。

（5）体现真想的作用。有关研究表明，人类语言传达的意思大多数属于理性层面，语言有时会把所要表达意思的大部分甚至是绝大部分隐藏起来；经过理性表达出来的语言往往不能真实地表露一个人的真正意向甚至还会出现"口是心非"的现象。所以，要了解说话人的深层心理，即无意识领域，单凭语言是不够的。正如人们常说的"不仅要听你说什么，更重要的是看你怎么说"。非语言符号在特定的语境中往往是无意识的、不由自主地表现出来的。由此可见，非语言符号在交流中所表现出的真实性和可靠性要比语言强得多，特别是在表达情感、显示态度、表现气质等方面，非语言交流更能显示出它所独有的特性和作用。

> ❯❯ 见多识广

听声查案

传说，春秋时候郑国的著名大夫子产曾经破过这样一个疑案：有一天清晨，他正坐车去上朝，经过一个村庄，听见远远传来一个妇女的哭丧声，他按住赶车人的手要他把车停下，仔细听了一会儿，就通知官府把那个哭丧的妇女抓来审问。那妇女很快就承认了亲手绞死丈夫的罪行。过了几天，那个赶车人问子产怎么会知道那个妇女是罪犯的？子产回答说："人们对于他们所爱的亲人，亲人开始有病的时候就会感到忧愁，知道亲人临死的时候就会感到恐惧，亲人去世了就会感到哀伤。那个妇女在哭他已经死去的丈夫，可是她的哭声却让人感到不是哀伤而是恐惧，因此肯定是内心有鬼。"

资料来源：作者根据网络资料整理

3. 非语言沟通的特点
非语言沟通包含着非常丰富的内容，一次眼神的交流，一个会心的微笑，一个不经意的动作，一眨眼的停顿，都可能蕴含着十分重要的含义，对于沟通双方的交流有着非常重要的作用。与语言沟通相比，非语言沟通有着以下突出的特点：

（1）无意识性。无意识性是非语言沟通的最大特点。在沟通双方的交流活动中，伴随着语言交流活动，一些非语言是一种对外界刺激的直接的、本能的反应，基本都是无意识的反应。

（2）情境性。非语言沟通总是与一定的沟通情境紧密相连，沟通情境会左右着非语言符号的含义。相同的非语言符号，由于所处的沟通情境不同，可能表达的含义也不同。如"拍案"可以理解为"拍案而起"；"脸色涨红"可能是内心紧张所致，也可能是生气愤怒所致。究竟表达的是何种情感，取决于当时的沟通情境。

（3）差异性和统一性。由于各国文化背景的不同，有些非语言符号因沟通所处的文化环境不同而出现不同的理解。例如，在西方国家，窗户多和风景好的办公室都是地位比较高的人的办公场所，而在日本却恰好相反，"坐在窗户旁边"暗示你已经从主要工作中被排除出来了，或者是已经被放在一边了。但是，有些非语言符号又是被世界上绝大多数人所识别和认同的，并被理解为基本一致的含义，呈现出统一性的特点。如握手和微笑就是跨国界的通行语。

（4）可信性。由于语言受理性意识的控制，对表达者的真实意图具有一定的遮掩作用。非语言则不同。非语言是无意识的，是内心深处思想和情感的自然流露，极难压抑和掩盖。而且有研究表明，人体中与大脑中枢神经距离越远的器官所传达的非语言信息越真实。当语言符号与非语言符号所代表的意义出现差异时，毫无疑问非语言更可信。

（5）多样性。由于沟通主体、沟通环境、信息通道等因素的影响，同一非语言符号会有多种含义。

（6）个性化。一个人的非语言与个人的性格、气质紧密相关，从而在沟通活动中呈现出个性化的特征。一个爽朗、乐观、外向的人，其笑声一般响亮，感染力很强，走路的步伐也是大踏步、快频率的；而一个性格内向、文静的人，其笑声的音调是有控制的，并且步伐的频率是慢节奏的。每个人都有自己独特的肢体语言，个性特征形成了个体肢体语言的个性色彩。

知识任务二 非语言沟通的表现形式及运用技巧

非语言沟通的表现形式是多种多样的，有人的表情、动作等态势语言，也有等待时间、空间距离等物体语言，还有与开头语言相伴的副语言；在一些特定的场合和一些特定的领域，还有一些标志性的语言，如交通标志的信号灯、斑马线，航海中的旗语、信号灯，还有比赛场上的手势语等。下面介绍职场中非语言沟通的主要表现类型。

1. 副语言

副语言又称音调语言，是指以音调、语气、声音的高低、强弱变化、停顿等来表示一定含义的辅助语言沟通形式，主要包括语气、语速、语调、音质和停顿。

副语言

（1）语气。语气是在一定思想感情支配下具体语句的声音形式。由于语句的本质不同、运用的语言环境不同，每个语句会呈现出独特的感情色彩和分量，并表现为千差万别的声音形式。在口语表达中，语气能传递出非常丰富的信息，有很重要的作用，有时甚至是决定性的作用。同样的话语，如果用不同的语气说出，其表达的意思可能是完全不同的。例如，在谈判中对谈判对手说"你给我留下了深刻的印象，我要好好向你学习。"如果用不同的语气表达，就可能有不同的效果。有研究表明，沟通中 39% 的含义会受语气的影响。

（2）语速。语速是指说话的速率（速度）。当说话者语速过快时会影响话语的清晰度，并使人产生紧张感，听者难以接收到准确的信息；语速过慢则易使听者分散注意力。一个不能很好地控制语速的人只会给他人留下缺乏耐心或缺乏风度的印象。说话者正常的语速应该控制在每分钟 150 ～ 200 个汉字之间。语速还应该根据话题和现场气氛及听众的反映等情况来掌控，当需要听众重点理解时应该放慢语速；当听众接受没有障碍时可适当加快语速。

（3）语调。语调是指说话时语音高低轻重配置而形成的腔调，能表示一定的语气和情感。语调是语言中抑扬顿挫的旋律模式，是语言的"灵魂"。如果说话者从头至尾的语调都是平面的而没有高低起伏的变化，就会给接收者枯燥无味的印象，只有语调做到了抑扬顿挫，才会有一定的感染力，产生理想的沟通效果。

（4）音质。这里所说的音质主要是指音色，音色是声音质量的一个方面。研究表明，动听的音色更容易吸引人，更容易被他人接受，也更具有权威力；相反，音色较差的人，其沟通时会使人产生距离感或失去耐心。对于天然音色较差的人来说，要注意改变自己的音色，使自己的音色显得更具亲和力。

（5）停顿。停顿是指词句或词语声音上的间歇。对话或演讲中适当的停顿，对于突出演讲的主题，吸引听众的注意，酝酿要抒发的情感都具有重要的作用。

2. 身体语言

在非语言符号中，身体中的每个器官都能传情达意，一举手、一投足都有丰富的含义。所以，身体语言是沟通中最为丰富、最为重要的非语言沟通表现形式。

（1）面部表情。人的面部表情是最为丰富的，体语学的创立者伯德惠斯特尔研究发现，人的脸部可以做出大约 2.5 万种表情。脸部的每个器官都能传达出人的内心情绪。

（2）肢体语言。握手是目前商务交往中最常见的礼仪，握手时的手部力量、姿势和时间长短均能传递不同的信息。

3. 形象语言

（1）服饰语言。郭沫若先生曾说："衣裳是文化的表征，衣裳是思想的形象。"服饰是

"无声的语言"，具有最大的可变性和最多的暗示性。通过服饰，可以判断一个人的性别、年龄、国籍、社会经济地位、职业特点、兴趣、性格等方面的信息。

（2）仪表形象。管理学中有"致命的7秒钟"的说法。这说明对一个人的第一印象通常在7秒钟之内就已决定。研究证明，看上去有魅力的人往往更容易被人接受，其说出的话也更容易被人相信。

周恩来早年读书时对自己的仪表提出了"面必净、发必理、衣必整、纽必结、头宜正、肩宜平、胸宜宽、背宜直"的要求，并且终身践行，给世人留下了深刻的印象。

在仪容仪表上要注意的是，头发要干净、利索，给人以健康和美观的印象；口腔要清洁卫生，没有异味；化妆要适度，女性上班宜化淡妆，以体现出女性的健康和自信；出席晚宴或舞会可适当化浓妆；在香水使用上，注意与体味相融合，形成独有的味道，营造出优雅、时尚的个人形象，使人觉得整洁和职业。

仪表方面还要注意饰物的点缀或佩戴。粗颈的人不宜有短而粗的紧围在脖子上的项链或围巾，适合戴长串珠子的项链。而长颈的人不宜戴长串珠子的项链，适宜系紧围在脖子上的围巾；宜戴宽大的耳环。再则，女性不宜佩戴过多的首饰，黄金项链过于粗大会显得俗气，珍珠项链适用于一切场合。

4. 环境语言

环境是沟通发生的地方，是沟通的必备要素之一，所有的沟通必然都发生在特定的环境中。信息和情感的交流可以通过时间环境、空间环境等来实现。

（1）环境语言的含义。环境语言是指人们利用自身因素之外的环境要素传递信息，实现沟通的过程。环境语言包括沟通的物理环境，如沟通场所的设计、布局、布置、光线等；也包括空间环境，如座位安排、办公场所的布置等；还包括时间环境，如沟通时间的安排、长短、是否守时等。

时间作为非语言表现形式可以反映出沟通主体对于沟通事项及对象的微妙态度，也可以据此来判定沟通者的性格、观念和做事的方式，准确地了解沟通者，作出符合自己利益的决策。

（2）环境设置。环境设置不仅影响人们的心情，而且影响沟通的效率及效果，还能够传达非常重要的信息。在管理沟通中，环境设置主要包括场所的设计、座位的设置、朝向的设置。

1）场所的设计。场所的设计包括房间的格局、房间颜色的搭配、房间内的陈设等。一般的办公室在色彩选择上都是中性偏冷的色调，显示稳定；但是儿童活动场所的色彩则是鲜艳明快的，彰显的是天真活泼。

2）座位的设置。古往今来，人们在社交场合对座位的安排也是颇为讲究的，长幼尊卑在座位安排上一目了然：在室内的座次，最尊的是坐西面东，其次是坐北面南，再次是坐南面北，最卑是坐东面西。在现代沟通理念中，左边的位置比右边的位置显得更有控制力。

3）朝向的设置。交流双方的位置朝向也透露出一定的信息，常见的朝向有以下几种：

①面对面：这种朝向是商务沟通中常见的朝向，表示了希望得到全面充分沟通的愿望，同时也显示了沟通双方或亲密或严肃或敌对的关系。

②背对背：这种朝向要么是完全没有沟通的意愿，要么是非常亲密的人背靠背坐着聊天。

③肩并肩：这种朝向非常亲密，同时也是非常不正式的交流，常见于非正式沟通场合。

④V形：双方在面对可能会引发冲突的问题时，采取这种朝向，可以淡化敌对的情绪，并给双方调整自己情绪的空间。

（3）距离语言。"空间能说话。"不同的空间距离能够表达不同的情感和意义，甚至能够反映出不同的信仰和文化背景。空间距离是非常重要的非语言沟通方式。

人们需要一个保护自己的个体空间，这并非拒绝与人交往，而是希望在个体空间能给自己心理上带来安全感的情况下与人自然地交往，否则就会作出本能的或紧张的或抵抗的反应。

5. 非语言沟通和礼仪

在职场中，非语言沟通方式体现出沟通者的礼仪风范，主要包括以下几项：

（1）服饰礼仪。沟通者的服饰要求是面料好、色彩少、款式雅，不脏、不皱、不破、不乱。

1）男士在商务活动中应着西装。着装要注意的是，颜色以蓝色、黑色、深灰色为宜；拆除衣袖上的商标；熨烫平整，衣袖不卷不挽；慎穿毛衫（寒冷季节，可穿一件"V"字领单色毛衫，不妨碍打领带）；巧配长袖衬衫、内衣、领带；少装东西（上衣内侧口袋可装钢笔、钱夹、名片夹）；不可直接穿长袖衬衫、打着领带，而不穿西装上衣参加正式活动。

2）女士在商务活动中的着装礼仪是职业套裙或套装。要求：上衣衣扣一一系好，不许部分或全部解开；衬衫最上一粒可以不系；衬衫在公众场合不宜直接外穿；不可在外人面前脱掉上衣，以衬衫示人；配饰以少为宜，一般不宜超过三件（耳环、手镯、项链）；不可光脚，应穿单色袜，袜口不可暴露于外。

（2）仪态礼仪。商务活动中的仪态礼仪主要表现在表情、站姿、走姿、坐姿、蹲姿等非语言形式上。

1）表情。微笑要发自内心，适度得体，并且要注意区分场合。在严肃场合、他人做错事说错话或他人心情悲痛时，微笑是失态的表现。掩嘴而笑和咧嘴大笑都不适宜。

2）站姿。男士要身体重心在两脚，头正、颈直、挺胸、收腹、平视，双脚微开，最多与肩同宽；忌两脚交叉、手插在腰间或裤袋中，忌浑身扭动、东张西望。女士应该全身直立，双腿并拢，双脚微分，双手搭在腹前，抬头挺胸收腹，平视前方；忌两脚分开、双腿"分裂"、臀部撅起、双手下垂放在身体两侧。

3）走姿。正确的走姿应是头正，目视前方，表情自然；肩平，臂摆幅度小（30°～40°），手自然弯曲；挺胸收腹，重心前倾；走线直，脚跟先着地；步幅适度，以一脚长度为宜；步速平稳，勿忽快忽慢；忌八字步、低头、驼背、晃肩、大甩手、扭腰摆臀、左顾右盼、脚步擦地、怒目凝眉等。

4）坐姿。就座时的动作要求：不紧不慢、不慌不忙、大大方方；切忌大大咧咧、"扑通"一下跌进座椅。

①男士坐姿：身体重心垂直向上，腰部挺起，上身垂直，大小腿成直角，两膝并拢或微微分开，两脚平放地面，两脚间距与肩同宽，手自然放在双膝或椅子扶手上，不要叠腿。

②女士坐姿：双腿垂直式或双腿叠放式。

5）蹲姿。下蹲的姿势用得不多，但行为不当就很容易出错。下蹲时要注意的是，拾物时，应自然、得体、大方，不遮遮掩掩；两腿合力支撑身体，避免滑倒；应使头、胸、膝关节在一个角度上，使蹲姿优美；女士无论采用哪种蹲姿，都要将腿靠紧、臀部向下。最合乎礼仪的蹲姿行为是上体正直，单腿下蹲。

（3）接待礼仪。接待礼仪主要有介绍、握手、交换名片等行为。

1）介绍礼仪。在商务活动中，介绍的内容一定要长短适中，言简意赅地介绍姓名、单位即可。介绍时眼睛要注视对方，和对方有目光交流，让对方体会到真诚；手掌五指并拢，掌心朝上，拇指微微张开，指向被介绍人，介绍的态度要不卑不亢。介绍的顺序则是：先把自己介绍给众人；介绍他人时要遵从把职位低者、晚辈、男士、未婚者分别介绍给职位高者、长辈、女士和已婚者；先介绍我方人员给客方；先介绍人少的一方，对人多的一方只介绍主要人物。

2）握手礼仪。握手是商务活动中必需的一种行为，其顺序要求是：男女之间，女士先；长幼之间，长者先；上下级之间，上级先，下级屈前迎握；迎接客人，主人先；送走客人，客人先。握手位置：女士握位：食指位；男士握位：整个手掌；一般关系，一握即放。握手的禁忌：握手时，左手拿着东西或插在兜里；不按顺序，争先恐后；男士戴手套（社交场合女士可戴薄手套）、戴墨镜；用左手或用双手与异性握手，交叉握手；拉来推去，上下抖动，用力过度，客套过度。

3）交换名片礼仪。交换名片是商务活动接待中一个常见的环节。名片交换时要注意的是，不可递出污旧或皱褶的名片；避免由裤子的后口袋掏出名片；上级在时不要先递交名片，要等上级递上名片后才能递自己的名片；外出拜访时，经上级介绍后，再递出名片；起身站立走上前，双手或右手递过名片，正面朝向对方。

（4）馈赠礼仪。馈赠作为非语言的一种重要交际方式，是以物的形式出现的，以物表情、礼载与物，起到寄情言意的作用。

1）馈赠的目的。任何馈赠都是有目的的，或为结交友谊，或为祝颂庆贺，或为酬宾谢客，或为其他。在现代人际交往中，有以交际为目的的馈赠；以巩固和维系人际关系为目的的馈赠；以酬谢为目的的馈赠；以公关为目的的馈赠。

2）馈赠的基本原则。馈赠作为社交活动的重要手段之一，为古今中外人士普遍肯定。把握馈赠的基本原则是沟通活动得以顺利进行的重要前提条件。馈赠的基本原则如下：

①轻重原则——轻重得当，以轻礼寓重情。

②时机原则——选时择机，时不我待。

③效用性原则。

④投好避忌原则。

3）赠礼礼仪。馈赠时应注意的礼仪如下：

①注意礼品的包装。

②注意赠礼的场合。

③注意赠礼时的态度、动作和言语表达。

（5）受礼礼仪。

1）受礼者应在赞美和夸奖声中收下礼品，并表示感谢。

2）双手接过礼品。

3）只要不是贿赂性礼品，一般最好不要拒收，那会很驳赠礼人的面子，可以找机会回赠对方礼物。可以作为礼品的物件有很多，如鲜花、书刊、蛋糕、土特产等。在礼品的选择上要根据对方的文化习俗、馈赠的事由等具体情况而定。

☼ 自学自测

一、单选题

1.下列不属于副语言沟通内容的是（　　）。

　　A.语调　　　　　　B.语速　　　　　　C.停顿　　　　　　D.表情

2.目光注视中不包括的是（　　）。

　　A.亲密注视　　　　B.公务注视　　　　C.公众注视　　　　D.社交注视

3.斜视的含义很丰富，下面含义与斜视无关的是（　　）。

　　A.感兴趣　　　　　B.表示敌意　　　　C.表示不确定　　　D.表示兴奋

4.在100%的信息中，约（　　）是通过非语言行为传递的。

　　A.35%　　　　　　B.50%　　　　　　C.70%　　　　　　D.65%

二、多选题

1.中国较典型的身体接触有（　　）。

　　A.握手　　　　　　B.拥抱　　　　　　C.拍肩膀　　　　　D.碰面

2.着装的"三不露"是指（　　）。

　　A.不露肩　　　　　B.不露膝　　　　　C.不露齿　　　　　D.不露脚趾

3.在环境语言中，场所的设计包括（　　）。

　　A.房间的格局　　　　　　　　　　B.房间色彩的搭配

　　C.房间内的陈设　　　　　　　　　D.房间的朝向

4.可以作为馈赠礼品的有（　　）。

　　A.鲜花　　　　　　B.书籍　　　　　　C.购物卡　　　　　D.特产

三、判断题

1.中国与鼻子有关的词语一般都略带有褒义。　　　　　　　　　　　　　（　　）

2.根据研究，每个人的面部表情可以达到1万种。　　　　　　　　　　　（　　）

3. 一个人的走姿、站姿和坐姿能体现出一个人的心理状态和礼仪修养。　　（　　）

4. 圆形脸的人最好穿 V 形领或翻领的衣服，戴耳坠或大耳环。　　（　　）

5. 收到名片为防止丢失应该立即装起名片。　　（　　）

6. 四种空间距离都有远位距离和近位距离之分。　　（　　）

7. 在非语言行为中，腿脚语言最容易被忽视，但反映的信息也最真实。　　（　　）

四、简答题

1. 什么是非语言沟通？非语言沟通有什么作用？

2. 非语言沟通有什么特点？

课中实训

实训任务一　探究非语言沟通

任务一　分析非语言沟通特点

任务描述：非语言沟通自我介绍。

游戏人员：全体学员，2 人一组。

游戏时间：10 分钟。

游戏规则：

（1）学员分成 2 人一组。游戏的目的是向对方介绍自己，但是整个介绍期间不可以说话，必须全部用动作完成。可以通过图片、标志、手势、目光、表情等非口头的手段交流。

（2）2 分钟后，双方替换。然后请大家口头交流刚才通过肢体语言交流时对对方的了解。与对方希望表达的内容进行对照。

相关讨论：

（1）你用肢体语言介绍自己时，表达是否准确？

（2）你读懂了多少对方用肢体语言表达的内容？你的同伴给了你哪些很好的线索使你了解他？

（3）我们怎么才能消除或减轻这些障碍？

任务二　分析非语言特点

任务描述：阅读下文，学生情景模拟扮演角色，回答问题。

《唐祝文周四杰传》中描述，唐寅（唐伯虎）趁机向丫鬟秋香求婚时的情形：

秋香当下笑着说道："解元爷，你要我面许终身，我有一个哑谜儿呢。我的灯谜不写在纸上，只向你做几个手势。你猜破以后，便知道我允许不允许。"

唐寅道："请教请教！"

秋香伸出纤手，向上一指，向下一指，向自己心口一指，又把手儿摇着几摇。

便道："快猜快猜！"。秋香的意思是暗示着上有天下有地。这是邪心，不可不可。但唐寅见了这手势，便道："妙极了，向天一指，在天愿作比翼鸟，向地一指，在地愿做连理枝，向自己心口一指，我和你心心相印。摇手儿便是长相知勿相忘。"秋香皱了皱眉头，暗想其所猜，竟完全和我的念头相反。

（1）上述案例说明了非语言沟通的什么特点？

（2）在职场中怎样沟通才能更加顺畅？

实训任务二　探究非语言沟通技巧

任务　分析非语言沟通类别

完成下面的小测试，然后分析自己在时间观念上是一个怎样的人，并说明理由。

测测你自己：

（1）你认为时间是十分珍贵的吗？

（2）你愿意尽快完成一件事情还是按时完成即可？

（3）你曾经完成的事情大多是尽快完成的还是按时完成的？

（4）你喜欢一鼓作气地完成工作还是慢慢地做事情？

（5）你希望他人在时间观念上总是同你一样吗？

（6）当其他人的时间观念与你不一致时，你感到很恼火吗？

（7）你是否忽视了对方对你的时间观念很恼火？

📝 实训项目评价

序号	技能点评价	佐证	评价方式		
			自评（30%）	互评（30%）	师评（40%）
1	分析非语言沟通特点	能够准确分析非语言沟通的特点			
2	区分非语言沟通的分类	能够说出某次沟通的过程中非语言的类别			

续表

序号	素质点评价	佐　证	评价方式		
			自评（30%）	互评（30%）	师评（40%）
1	创新意识	能够在非语言沟通情境中结合自身特点表达情感			
2	分析问题能力	能够分析有效沟通和失败沟通的原因			
3	自我表现能力	能够主动倾听，尊重他人意见；礼貌待人，表达得体			
4	与他人合作能力	能够与其他组员分工合作；能够提出合理的见解和想法			

复盘反思

1. 知识盘点：通过对非语言沟通认知项目的学习，你掌握了哪些非语言沟通知识？请画出思维导图。

2. 方法反思：在完成本项目的学习和实训的过程中，你学会了哪些分析和解决问题的方法？

3. 行动影响：在完成本项目的学习和实训的过程中，你认为自己还有哪些地方需要改进？

课后提升

提升任务一　周总理的外交

　　中华人民共和国成立初期，西方一国家元首率团访问我国，周总理设宴招待，服务员端上一碗"万福汤"，汤中漂着一个刻成"卐"状的冬笋，这本是我国古代民间特有的装饰字，象征吉祥如意，然而对于曾在第二次世界大战中深受德国法西斯之害的客人来说却

像看见德国法西斯标志，脸色顿变。

周总理马上明白发生了什么，只见他神态自若，先是哈哈一笑，接着拿起筷子，夹起汤中的笋片，对客人们说："这不是法西斯标志，这是我们中国传统中的一种图案，念'万'，象征'福寿绵长'，是对客人的良好祝愿！接着他又风趣地说：就算是法西斯标志也没有关系嘛！来，我们一起消灭法西斯，把它吃掉"总理话音刚落，笑声再起。

在此例中，周总理面对宴会上外宾因民族文化背景不同而产生的误会，感到不便解释且难于解释，他使用了笑声，即巧妙的"哈哈一笑"，犹如一阵轻风，辅助有声语言缓和了僵局，消除了紧张气氛。这笑声胜似语言的解释。

资料来源：作者根据网络资料整理

想一想：

1. 周总理在外交中运用了哪种非语言技巧？

_____

_____

_____

2. 在职场中我们应该如何规范自己的礼仪行为？

_____

_____

_____

提升任务二　职场模拟闯关

第一关

模拟闯关：正确选择座次

场景一：

周一上午九点，外地客商来我公司所在城市进行业务洽谈，我公司派业务经理和公司司机去机场进行迎接。

第一关

A. 专职司机　B. 我方公司业务经理　C. 对方公司总经理　D. 对方公司业务经理

第二关

模拟闯关：正确选择座次

场景二：

汽车开进一家五星级大酒店，下车后我方业务经理引导对方人员进入酒店。

第二关

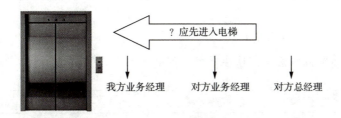

我方业务经理　　对方业务经理　　对方总经理

第三关

模拟闯关：正确选择座次

场景三：

对方公司总经理、对方公司业务经理、我方公司业务经理出电梯后直接进入会议室。

第三关

A. 我方公司总经理　B. 我方公司业务经理　C. 对方公司总经理　D. 对方公司业务经理

第四关

模拟闯关：正确选择座次

场景四：

双方在经过将近一上午的洽谈后，就一系列问题达成了协议。中午十二点双方乘车来

到港发大酒店，我方安排了一顿商务宴会。

第四关

A. 我方总经理　B. 我方业务经理　C. 对方总经理　D. 对方业务经理　E. 我方总经理助理

想一想：

1. 在闯关中你觉得非语言沟通在职场中重要吗？

_____

_____

_____

_____

_____

2. 非语言沟通技巧体现在哪些场景中？都应注意哪些事项？

_____

_____

_____

_____

_____

3. 说一说在职场中我们该如何规范自己的礼仪行为。

_____

_____

_____

_____

_____

_____

_____

模块二

技巧沟通

【模块导入】

良好的沟通技巧可以帮助我们更好地表达自己的想法和情感，以及更好地理解他人的感受和观点。在商业、社交和人际关系中，技巧沟通能够提高沟通效率，增进彼此之间的理解和信任，从而达成更好的合作和效果。因此，技巧沟通就显得非常重要，本模块以技巧沟通为主要内容，包括倾听、提问、赞美。

项目一
倾听

 **教学目标**

知识目标

1. 理解倾听的正确含义；

2. 了解影响倾听的障碍；

3. 掌握有效倾听的方法。

能力目标

1. 能够运用各种倾听技巧；

2. 能够消除倾听的障碍。

素质目标

1. 提高学生尊重他人观点和感受的意识，避免攻击和贬低他人，建立良好的人际关系；

2. 培养学生保持耐心和专注的态度，不轻易打断对方讲话，充分了解对方的观点和情感。

思维导图

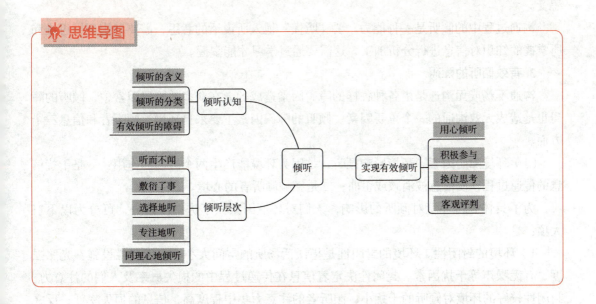

课前自学

知识任务一　倾听认知

1. 倾听的含义

美国国际倾听协会认为："倾听是接受口头和非语言信息，确定其含义和对此做出反应的过程。"

倾听以听为基础，是一种特殊形态的听。第一，倾听是人主动参与的听，人必须对声音有所反应，或者具体地说，在这过程中人必须思考、接收、理解，并做出必要的反馈；第二，倾听必须是有视觉器官参与的听，没有视觉的参与，闭上眼睛、只用耳朵的听不能称为倾听。在倾听的过程中，必须理解他人在语言之外的手势、面部表情，特别是眼神和感情表达方式。

因此，可以把倾听定义为：在对方讲话的过程中，听者通过视觉和听觉的同时作用，接收和理解对方的思想、信息及情感的过程。

2. 倾听的分类

根据人们在倾听时投入程度的不同，倾听可分为随意地倾听、敷衍地倾听、专心地倾听和全神贯注地倾听。随意倾听时人们只关注符合自己意思和口味的东西；敷衍的倾听表面上看是在倾听，偶尔也可能略有反应，但其实听者心不在焉，仅仅敷衍了事而已；专心地倾听不仅确实听到对方的话语，而且还能"听懂"对方的意思，正确理解对方的观点和感受。

沟通过程中的倾听是一种能力。要"听懂"他人所说话的意思，需要利用逻辑思维和所掌握的知识对信息进行分析加工，这需要通过学习才能掌握。

3. 有效倾听的障碍

沟通不畅或无沟通是由各种各样的障碍因素造成的。在众多的障碍因素中，倾听的障碍也是造成无效沟通的一个重要因素。倾听的障碍因素主要来自环境、倾听者和信息三个方面。

（1）环境障碍因素。环境影响倾听，是因为环境能产生两个方面的作用：一是干扰信息的传递过程，使信息被消减或歪曲；二是影响倾听者的心境。

为了具体分析环境对倾听的影响，人们对环境因素做了进一步划分，可分为以下三大项：

1）环境的封闭性。环境的封闭性是指谈话场所的空间大小、有无遮拦设施、光照强度、有无噪声等干扰因素。封闭性决定着信息在传递过程中的损失概率及人们的注意力。封闭性较好的环境对倾听的干扰小，倾听者的注意力集中程度高，信息的损失率低；反之影响倾听效果。所以，正式的沟通活动都选择在封闭性较好的环境中，以保证双方的倾听清晰、真切。

2）环境的氛围。环境的氛围是环境的主观性特征，它影响人的心理接收定式，也就是人的心态是开放的还是排斥的，是否容易接收信息，对接收的信息会如何看待和处置等。环境是温馨、和谐还是火药味浓，是轻松还是紧张，是生机勃勃的野外还是气氛沉闷的房间等，都会直接影响人的情绪，从而作用于心理接收定式。

3）人数对应关系。说话者与倾听者在人数上存在着不同的对应关系，具体可分为一对一、一对多、多对一、多对多四种。人数对应关系的差异会导致不同的心理角色定位、心理压力和注意力集中度。

（2）倾听者障碍因素。尽管在工作中管理层和员工都需要在倾听上投入大量的时间，但在实际工作中，大多数人都不是合格的倾听者。一些人每天听到的信息只有一半被完全理解了，这种情况的出现，是由来自倾听者自身的障碍因素导致的。

1）倾听者的记忆力障碍。每个人都有记忆力，但并非每个人都能将听到的内容完全记下来。艾宾浩斯遗忘曲线表明，遗忘并不是随着时间的推移以同样的比例忘掉，而是呈现出先快后慢的规律。因此，在沟通时，倾听者随着时间的推移，会将前面听到的信息遗忘而导致不能记清楚所有内容。有专家说，人们对于听到的东西平均只能保留25%，75%会被忽略、遗忘或曲解。

2）倾听者的理解力障碍。理解力对于人际交往而言是十分重要的基础，一个人不具备一定的理解力，不明白沟通对象所传达信息的真实意思，那么一些交往能力就无从谈起。而每个人的理解力又与其自身的知识水平、文化素养、文化背景、职业特征及生活阅历等紧密联系，不同理解力的倾听者必然会有不同的倾听效果。

3）倾听者的心理定式。人们在社会化的过程中，不仅获得了知识经验，也养成了一定的思维习惯、行为方式和个性倾向，这些习惯或方式在从事某项活动之前，便构成了一种心理准备状态，即定式。它可以使人们在从事某些活动时相当熟练，甚至达到自动化，从而节省很多时间和精力。但是，心理定式的存在也会束缚人们的思维，使人们只用常规方法去解决问题，而不去用其他"捷径"突破，因而也会给解决问题带来一些消极影响。在认识他人、与人交往过程中，人们也会受到心理定式的影响。由于每个人在与人接触前都有意或无意地存在着一定的心理定式和成见，因此很难以冷静、客观的态度接收说话者的信息，这也会大大影响倾听的效果。如果主观臆断某人愚蠢或无能，就不会对他说的话给予关注。

4）思维快于说话。思维的速度比说话的速度快许多。据统计，当大多数发言者一分钟说125～250个单词时，倾听者却能每分钟想400～600个单词。思维速度和说话速度的差距使倾听者的思维往往会在空闲时"开小差"，从而明显降低倾听的效率。

5）以自我为中心，急于发言。人们习惯于关注自我，总认为自己才是正确的。在倾听过程中，容易过于注意自己的观点，喜欢听与自己观点一致的意见。在交流过程中，对不同的意见要么置若罔闻，要么想着如何反驳，这样往往错过了聆听他人观点的机会。

许多人认为只有说话才是表白自己、说服对方的唯一有效方式，若要掌握主动，便只有说。在双方沟通的过程中，如果总是喜欢喋喋不休地一个人发表意见，不给对方留有发言的机会，那么倾听的效果就会很差。

6）消极的身体语言。一些人有不良的倾听习惯：当其他人发言时，他东张西望，双手交叉抱在胸前，跷起二郎腿，或手里不停地玩着笔、打火机、手机，不耐烦地翻着桌上的文件、笔记本等。这些行为都向对方暗示，自己已经没有耐心听下去了，希望对方尽快结束发言。这些消极的身体语言会大大降低沟通的质量。

（3）信息障碍因素。在沟通中，法律约束、信息遗漏等都会影响倾听者对信息的接收和理解。

1）法律约束。企业和其他组织也存在商业、技术等保密信息。企业的员工应该也必须遵守企业的规定，履行保密协议。由于受法律约束，当双方沟通中涉及保密信息时，说者不宜明确表达，听者也就无从听清。

2）信息遗漏。企业中，自上而下和自下而上的双向交流都存在着"信息过滤漏斗"的情形，当双方的信息经过层层传递到达彼此面前时已经遗漏了很多，最后倾听者也无法了解信息的真实面目。

知识任务二　倾听层次

倾听并不是一件简单的事情。在职场上，倾听是彼此沟通的基础，但在现实中，很多人并没有真正掌握"听"的艺术。"倾听"一般可分为以下5个层次：

（1）"听而不闻"（Ignoring）：如同耳边风，有听但完全没有听进去。

（2）"敷衍了事"（Pretended Listening）：一边听，一边想其他的事情，嘴里说"嗯""哦""好好""哎"之类的话，略有反应但其实心不在焉。

（3）"选择地听"（Selective Listening）：只听符合自己意思的或自己感兴趣的，与自己意思相左的一概"自动消音"过滤掉。

（4）"专注地听"（Attentive Listening）：某些沟通技巧的训练会强调"主动式""回应式"的聆听，以复述对方的话表示确实听到，即使每句话都进入大脑了，但是否都能听出说者的本意、真意，仍然值得怀疑。

（5）"同理心地倾听"（Empathic Listening）：倾听的最高层次也是真正的有效倾听。倾听的目的是要知道对方讲话的动机是什么？他说了什么？他用什么方式说？他有什么感受？倾听要做到耐心、虚心、会心。只有做到有效倾听，才能真正了解、设身处地地站在当事人的角度看问题，沟通起来才能减少障碍或无障碍。一般人聆听的目的是做出最贴切的反应，根本不是想了解对方。所以"同理心地倾听"，其出发点是为了"了解"而不是为了"反应"，也就是通过交流去了解他人的观念、感受。

知识任务三　实现有效倾听

1. 用心倾听

认真地听是一种承诺和肯定。也就是说要放下自己的偏见和信念，放下自己的追求和兴趣，只有这样才能真正走进他人的内心世界，从他人的角度审视事情。听也是一种肯定，使对方知道"我很关心你正在经历的事情，你的生活和经历是很重要的"。人人都会喜欢这种充满积极和肯定的聆听。

有效倾听

真正的听并不只是在他人说话的时候保持安静，真正的听是理解他人，欣赏他人，从对方身上学习他的优点，帮助或安慰他人。

2. 积极参与

倾听是一个需要积极参与的过程，包括解述、澄清和反馈。

（1）解述。解述是将对他人所说的话的理解转化为自己的语言。这对于更好地去听是非常必要的，它能使你始终积极地去理解对方所说的，而不是排斥。可以多用以下的一些引导语来阐述：

"您说的是……"

"您指的是……"

"按我的理解，您的意思是……"

要随时准备解述对方说的任何一句对你重要的话。用这种方法，你能得到以下好处：

1）大家会非常感谢你真诚地倾听。

2）能够阻止不断升级的怒气，化解危机。

3）能消除误解。一些错误的假设、过失和误会都会当场化解。

4）帮助你记住说过的话。

5）当你进行解述时，很难再去争论、建议、走神、幻想等。实际上，解述是针对大多数倾听障碍的一种矫正方法。

（2）澄清。澄清经常与解述一起使用。这意味着你要不断地提出问题以得到更准确的信息。倾听的目的是要完全理解他人说的内容，因此，需要你询问更多的信息和背景，了解更多的细节。澄清还可以帮助你强化倾听的重点，避免听到的只是一些模糊不清的信息，你会因此了解到他人内心的真实想法及相关事件的起因、背景。澄清还会让其他人知道你感兴趣的东西。澄清行为向对方传达了这样一种态度：我非常愿意理解你所说的，为此我对很多细节感兴趣。

（3）反馈。积极地倾听取决于反馈。你对他人所说的话进行解述和澄清，就是希望能理解他的意思，然后说出自己的想法进行反馈。你甚至可以不加任何判断地分享你的感受

和想法，这是一种本能的反应，无须隐瞒和争辩。

反馈也能帮助对方了解其所说的话的效果和影响。这是更正错误和消除误解的一个机会。对于他们来说，也是从你那里获得新的、有价值观点的一个机会。

反馈有及时、诚实和鼓励三个重要的原则。

1）及时意味着一旦你理解了谈话的意思（在解述和澄清后）就要给出反馈，哪怕只滞后半个小时，反馈就会变得没有价值。

2）诚实意味着要给出你最真实的反应。当然不必把你的感受表达到催人泪下的程度，至少不要采用粗暴的方式，因为粗暴的方式很少是真诚的。

3）鼓励意味着充满支持。可以委婉地说出你要说的话，尽可能不引起他人的反感。例如，"我觉得你有一些事没有告诉我"，这种表达比"你骗我"更适合；而"我想你错了"则比"你真是傻瓜"更易于被人接受。

3. 换位思考

换位思考就是站在对方的立场考虑问题，将心比心，这样你才能真正倾听对方，才能更好地理解他人，避免误解与冲突。

换位思考就是要不带偏见地接纳。说话时总喜欢评判和挑错会使你没法真正地去倾听。当你戴着有色眼镜时，就不能客观地面对谈话方传递给你的信息。每个人或多或少都会有一些偏见，自己认为神圣的东西不想被他人说得一文不值，不喜欢他人戳你的痛处，也不认为某个你不喜欢的人的话有什么可取之处。本能地和对方发生争论，去反驳对方的观点，这些都是倾听的大敌。

4. 客观评判

客观评判需要两个步骤：第一步是将他人所说的和你所了解的背景、当事人、事情经过进行比对，先不要作出评判，只需简单地记录就可以了；第二步是要将听和观察结合起来。讲话人的声调、语气、面部表情和姿态是否与所表达的内容一致？如果有人告诉你他有一件很不愉快的事情，但他却面带微笑、双手轻松地交叉在脑后，这就和他所说的内容很不相符，是明显的心口不一。如果说话方肢体动作、面部表情、声音和用词与你所听到的不一致，你要及时反馈给对方并要求对方澄清。如果你忽略这种不一致，得到的就是不完整或偏离事实的信息。

> **见多识广**

专注于尊重——听话的基础

著名的销售大师乔·吉拉德曾向一位客户推销汽车，交易过程十分顺利。可当客户正要付款时，另一位推销员跟吉拉德谈起昨天的篮球赛，吉拉德一边跟同伴津津有味地说笑，一边伸手去接车款，不料客户却突然转头走了，连车也不买了。吉拉德苦思冥想了一天，不明白客户为什么突然放弃了已经挑选好的汽车。后来，他终于忍不住给客户打电话，询问客户突然改变主意的原因。客户不高兴地说："今天下午付款时，我同你谈到了我的小儿子，他刚考上密歇根大学，是我们家的骄傲，可是你一点都没听见，只顾跟你的同伴聊篮球赛。"吉拉德这才恍然大悟，这次销售失败的原因正是他没有认真倾听客户的每一句话。

资料来源：[美]乔·吉拉德，斯坦利·H.布朗·世界上最伟大的销售员[M].贾子达，杜嫦娟，译.重庆：重庆出版社，2015.有删改

☼ 自学自测

一、单选题

1. 倾听可以帮助人们（　　）。

　　A.表达情绪　　　B.发现问题　　　C.提供建议　　　D.主导对话

2. 一个有效的倾听者应该（　　）。

　　A.不打断说话者　　　　　　　B.只关注自己的需求

　　C.忽略非语言信息　　　　　　D.不同意任何观点

3. 在倾听的（　　）层次上，听者会尝试理解对方言语背后的情感。

　　A.全神贯注倾听　　　　　　　B.选择性倾听

　　C.设身处地倾听　　　　　　　D.假装倾听

4. 下列不是有效倾听的障碍的是（　　）。

　　A.注意力分散　　　B.做出评判　　　C.反复确认理解　　　D.缺乏兴趣

5. 下列不是积极倾听的特征的是（　　）。

　　A.体现尊重和关心　　　　　　B.提供帮助和解决问题

　　C.给予评判和批评　　　　　　D.鼓励说话者

二、多选题

1. 有效地倾听是指（　　）。

　　A.倾听问题　　　B.倾听内容　　　C.倾听事实　　　D.倾听情感

2. 有效倾听的技巧有（　　）。

　　A.认真准备，营造良好环境　　　　B.真诚理智，消除主观障碍

　　C.主动倾听，给予正面鼓励　　　　D.及时响应，适时进行反馈

3. 影响有效倾听的因素有（　　）。

　　A.讲话速度与思考速度的差异　　　B.思想不集中

　　C.假装专心　　　D.措辞晦涩　　　E.身体欠佳

三、判断题

1. 一个倾听者不应该留出时间做出反应或提问。　　　　　　　　　　　（　　）

2. 在团队合作中，倾听有助于加快会议进程。　　　　　　　　　　　（　　）

3. 为了打破沉默和尴尬，一个倾听者应该转移话题以减轻压力。　　（　　）

4. 倾听的目标之一是控制对话。 （　　）

5. 倾听可以提高判断力。 （　　）

四、简答题

1. 倾听和听有何不同？

2. 怎样做好倾听中的反馈工作？

📖 课中实训

实训任务一　认识倾听

每个人在倾听他人说话时或多或少都会运用以下反应模式，回忆你与人沟通的生活情境，想一想在什么情况下会出现下列习惯的倾听反应模式，填写以下表格。

倾听反应模式	交谈对话（亲戚、朋友、老师、同学、同事）	生活情境
和谈话者一较高下		
揣测对方心思		
提前准备下一分钟的对话		
只听自己想听的		
带着偏见去听		
注意力很难集中在当下的谈话上		
喜欢扮演专家的角色		
轻易否定他人的观点		
固执己见		
随意转移话题		
无条件地附和		

利用表里的信息，回答以下问题：

1. 哪些人说话你听得最认真？

_____

2. 与哪些人在一起的时候你经常假装在听？

_____

3. 是哪些原因让听变得容易或困难？

_____

4. 图表中有人让你愿意真诚地去听吗？

_____

实训任务二 分析倾听层次

假如你被主管误解后，你向一位朋友倾诉。你的朋友用以下几种方式帮助了你，你的心理感受会如何？

1. 过分强化你的感情

"真是太让人气愤了，我要是你早忍不住了。"

你的心理感受：_____

2. 否定你的感受

"哎，没什么大不了的，主管都是这样，你要是在乎他对你的评价，就别活了。"

你的心理感受：_____

3. 替主管说话

"估计是你们主管被老板批评了，心情不好，找个人发泄一下，互相理解吧。"

你的心理感受：_____

4. 装专家

"依我看，你们主管这是典型的投射心理，一定是他当员工的时候，经常偷懒完不成任务，所以看你完不成任务，就主观认为你在偷懒。这种人，工作压力大，心理不正常。"

你的心理感受：_____

5. 大讲道理

"哎，看开些吧，人生不如意十之八九。你要想不被他骂，只有努力工作，争取爬到他上面的位子，你就解脱了。"

你的心理感受：_____

6. 共情（从你的感受出发）

"受委屈了吧，这事儿搁到谁身上都不好受。回家好好洗个热水澡，睡个好觉，明天醒来时，一切都是新的。努力工作的人迟早都会被大家发现的。"

你的心理感受：_____

回答完上面的问题，你应该知道哪种方式最能让你感到舒心和愉悦了吧！当一个人处于某种不良情绪中，无论是过分同情还是直接否定其感受，都会让其情绪的反应程度加强，一些建议和大道理也听不进去。只有设身处地地从当事人的情绪状况出发，加以合理建议，才可能让对方感受到和你交谈充满温馨、舒适与愉悦。这个过程是要以共情能力为基础。如果你能很好地完成下面的训练，你的共情能力就会有很大地提高。

请你从主管的角度出发，猜测可能会有哪些理由让主管误解你，为他对你的误解找出一些理由。

身体原因：＿＿＿＿＿＿＿＿＿＿＿＿＿＿＿＿＿＿＿＿＿＿＿＿＿＿＿＿

家庭原因：＿＿＿＿＿＿＿＿＿＿＿＿＿＿＿＿＿＿＿＿＿＿＿＿＿＿＿＿
＿＿＿＿＿＿＿＿＿＿＿＿＿＿＿＿＿＿＿＿＿＿＿＿＿＿＿＿＿＿＿＿＿

压力原因：＿＿＿＿＿＿＿＿＿＿＿＿＿＿＿＿＿＿＿＿＿＿＿＿＿＿＿＿
＿＿＿＿＿＿＿＿＿＿＿＿＿＿＿＿＿＿＿＿＿＿＿＿＿＿＿＿＿＿＿＿＿

性格原因：＿＿＿＿＿＿＿＿＿＿＿＿＿＿＿＿＿＿＿＿＿＿＿＿＿＿＿＿
＿＿＿＿＿＿＿＿＿＿＿＿＿＿＿＿＿＿＿＿＿＿＿＿＿＿＿＿＿＿＿＿＿

你的原因：＿＿＿＿＿＿＿＿＿＿＿＿＿＿＿＿＿＿＿＿＿＿＿＿＿＿＿＿
＿＿＿＿＿＿＿＿＿＿＿＿＿＿＿＿＿＿＿＿＿＿＿＿＿＿＿＿＿＿＿＿＿

他人原因：＿＿＿＿＿＿＿＿＿＿＿＿＿＿＿＿＿＿＿＿＿＿＿＿＿＿＿＿
＿＿＿＿＿＿＿＿＿＿＿＿＿＿＿＿＿＿＿＿＿＿＿＿＿＿＿＿＿＿＿＿＿

其他原因：＿＿＿＿＿＿＿＿＿＿＿＿＿＿＿＿＿＿＿＿＿＿＿＿＿＿＿＿
＿＿＿＿＿＿＿＿＿＿＿＿＿＿＿＿＿＿＿＿＿＿＿＿＿＿＿＿＿＿＿＿＿

经过换位与移情，现在你的心理感受怎么样？＿＿＿＿＿＿＿＿＿＿＿＿＿
＿＿＿＿＿＿＿＿＿＿＿＿＿＿＿＿＿＿＿＿＿＿＿＿＿＿＿＿＿＿＿＿＿

实训任务三　探究实现有效倾听

实训目的：

（1）通过倾听训练，调整倾听的心态，掌握倾听的方法。

（2）养成用心倾听的习惯，提高沟通能力，促进自我发展。

实训内容：

（1）两人一组，谈谈自己的见闻和兴趣、爱好。

（2）用心倾听，寻找彼此投缘的话题。

（3）注意倾听的技巧。

实训组织：

（1）两人一组，抽签决定交谈的对象。

（2）各自找到自己的交谈对象，沟通时间6分钟。

（3）彼此上台介绍交谈对象的性格、特点、兴趣、爱好等，介绍是否符合事实，由交谈对象作出回应。

（4）评选出最佳沟通组合。

评价标准：

（1）用心倾听，彼此尊重，相互感觉良好，占40%。

（2）能了解彼此的兴趣爱好、性格特点等，占 40%。

（3）语言简洁、流畅，体态大方，占 20%。

实训手记：

通过训练，我的收获是：_____

_____

_____

_____

_____

📝 实训项目评价

序号	技能点评价	佐　证	评价方式		
			自评（15%）	互评（15%）	师评（70%）
1	分析倾听认知要素	能够准确分析倾听的要素			
2	分析倾听的障碍	能够准确找出倾听的障碍			
3	分析倾听的层次	能够对倾听的层次进行评价			
4	分析有效倾听	能够针对有效倾听表达自己的观点			

序号	素质点评价	佐　证	评价方式		
			自评（15%）	互评（15%）	师评（70%）
1	创新意识	能够在倾听情境中提出自己的新倾听方式			
2	分析问题能力	能够分析有效倾听和失败倾听的原因			

◎ 复盘反思

1.知识盘点：通过对倾听认知项目的学习，你掌握了哪些倾听知识？请画出思维导图。

2.方法反思：在完成本项目的学习和实训的过程中，你学会了哪些分析和解决问题的方法？

3.行动影响：在完成本项目的学习和实训的过程中，你认为自己还有哪些地方需要改进？

🔖 课后提升

提升任务一　3F 倾听法

3F 倾听指的是在全方位直觉式倾听时，要听到对方三个方面的信息：Fact：倾听事实，Feel：倾听感情，Focus：倾听意图，如图 2-1-1 所示。

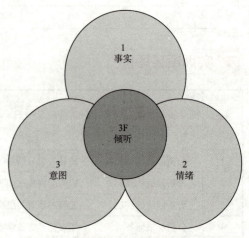

图 2-1-1　3F 倾听

1. Fact：倾听事实

倾听事实是指不用自己的想法和固有观念对对方的话进行评判，客观地接受对方谈话中的信息，努力把握对方话语中的客观事实，不带偏见地看问题。

在日常生活中经常听到的"领导总让我加班""你开会老是迟到"，乍一听好像是在事实陈述，但其实更多的是抱怨、不满情绪的表达。在倾听时一定需要区分观点与事实，事实必须是已经发生、确定的，不以个人意志为转移，可考证的事情，如"领导这个月已经让我加班了 3 次""你这个月开会迟到了 4 次"是事实。

2. Feel：倾听感情

倾听感情是指在倾听事实的同时，通过语音、语调乃至肢体语言感知对方的感情。

倾听对方表达的情绪，就是在与对方讲话时，有意识地感知对方因为事实而产生的情绪。可以通过观察对方的肢体动作、语言声调、表情的变化来帮助我们理解对方的情绪，另外，还可以通过话里行间的一些词语，如总、总是、老是、每次、又、经常等"情绪路标词"帮助我们去感知对方情绪的变化。当"情绪路标词"一出现，我们需要做的是安抚和感知他的情绪，只有把恶劣的情绪降下来，双方才有沟通的基础。

3. Focus：倾听意图

倾听意图是指把握对方真的想要什么，真正的意图是什么。有些人不善于表达自己的意图时，说出来的话与真正的意图会有很大差异。

沟通的核心是为了解决问题，而解决问题的关键是能倾听对方的意图。在了解对方表达的观点与情绪的背后，我们能听懂对方的弦外之音，理解对方的需求。

如"办公室真的太热了"，其背后的需求是"希望你能帮我把空调的温度调低一点"；"你开会老是迟到"背后的需求是"我希望你下次开会不要迟到了"。如果我们能做到换位思考，就能帮助更好地理解对方的意图，把对方的"问题"变为"需求"。

想一想:

好朋友和你说:"这周末,本来和朋友约好去爬山,结果导师让他去实验室完成试验,并撰写试验报告。"根据朋友的陈述,结合你对 3F 倾听法的理解,回答下列问题。

1. 通过朋友的陈述,你听到的事实是什么?

_____

_____

2. 通过朋友的陈述,你听到的朋友表达的情感是什么?

_____

_____

3. 通过朋友的陈述,你听到的朋友表达的意图是什么?

_____

_____

提升任务二 蜡烛

有一位单身女子刚搬了家,她发现隔壁住了一户人家,家里有一个寡妇与两个小孩。有天晚上,这个地方突然停电了,女子只好点起了蜡烛。没一会儿,突然听到有人敲门。原来是隔壁邻居的小孩,只见他紧张地问:"阿姨,请问你家有蜡烛吗?"女子心想,他们家竟穷到连蜡烛都没有吗?千万别借给他们,免得以后总来借东西!于是,对孩子不耐烦地说:"没有!"正当她准备关门时,那个孩子笑了笑说:"我就知道你家一定没有!"说完,竟从怀里拿出两根蜡烛,说:"妈妈和我怕你一个人住又没有蜡烛,所以让我带两根送你。"这一刻,女子自责、感动得热泪盈眶,将那小孩紧紧地拥抱在怀里。

想一想:

1. 试想:如果案例中的单身女子对着孩子不耐烦地回应:"没有!"便重重地关上门,结果会是怎样的?

_____

_____

2. 说一说倾听在我们的生活中起到什么作用。

_____

_____

3. 思考倾听在学习工作中的重要性。

_____

_____

项目二
提问

教学目标

知识目标

1. 了解什么是提问；
2. 掌握提问的障碍；
3. 掌握提问的技巧。

能力目标

能够通过恰当的提问达到有效沟通的目的。

素质目标

1. 培养学生运用科学的思维方式认识事物、解决问题、指导行为；
2. 培养学生积极乐观的学习、工作、生活态度，以及尊重他人的良好品质。

思维导图

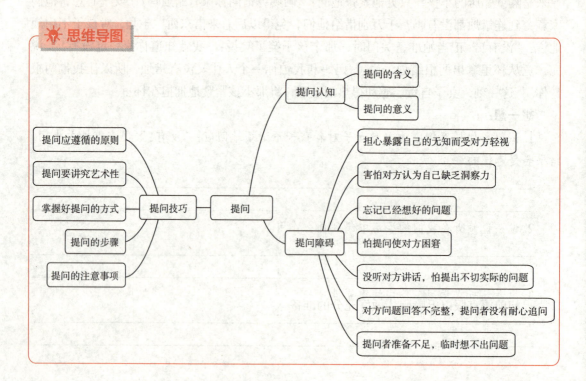

➔ 课前自学

　　沟通者具备良好的提问能力，能更好地达成沟通目的。在沟通过程中，沟通者通过有效提问能快速了解对方的真实想法，弄清楚事情的真相，明白事情发展的前因后果，从而提升沟通的效果。沟通者要想问得巧，就要善于捕捉信息，把握好时机，掌握恰当的提问方式与提问技巧。

提问认知

知识任务一　提问认知

1. 提问的含义

提问的意思是提出问题，出自张居正《请申旧章饬学政以振兴人才疏》。

2. 提问的意义

在沟通中，提问一定要有目的。通过提问，可以收集信息和发现需求；向对方表明谈话的开始和结束；控制谈话方向；制止他人滔滔不绝地谈话；征求意见；表示不明白或不相信；向对方提出建议。因此，在沟通过程中，提问是引导对方有方向地谈论和得到反馈的工具。

知识任务二　提问障碍

　　在沟通中，提问可以帮助了解对方更多的想法和意图，掌握更多的信息。一旦面临提问，很多人的提问能力就会减弱，究其原因，主要有以下几点：

（1）担心提问不当会暴露自己的无知，受到对方的轻视，所以不愿意提问。

（2）害怕对方认为自己缺乏洞察力，或者由于自己分析得不正确而提出不当的问题。

（3）忘记已经想好的问题。

（4）害怕提问会使对方困窘而导致沟通不顺畅。

（5）提问者只顾着自己说话，没有听对方讲话，所以害怕提出不切合实际的问题。

（6）对方问题回答得不完整，提问者又没有耐心继续追问。

（7）提问者准备不足，没有能力临时想出好的问题。

提问前要克服以上障碍，做好充分的准备。

知识任务三　提问技巧

1. 提问应遵循的原则

（1）提出的问题应紧扣主题。提问是为了获得某种信息，问的问题要在倾听者总目标的控制之下，要能通过提问把讲话人的讲话引入自己需要的信息范围。这就要求提出的问题要紧紧围绕谈话内容和主题，不应漫无边际地提出一些随意而不相关的问题，因为这既会浪费双方的时间，又会淡化谈话的主题。

（2）提出的问题要少而精。恰当的提问有助于双方的交流，但太多的提问会打断讲话者的思路，扰乱其情绪。至于提多少问题比较合适，不可一概而论，要根据谈话的内容、交谈双方的个人风格而定。如果你有爱问问题的习惯，在交谈时一定要控制自己提问的数量，最好做到少问或不问问题；如果你从不愿意问问题，在与他人进行交谈时最好预先设计一些问题，到时尽量把它们提出来，以锻炼自己的胆量和勇气。但是，无论你具有什么样的个人风格和特点，交谈时必须牢记一点，那就是多听少问。

（3）问题表达要明确。进行有效提问是沟通双方共同的责任，因为它可以使双方受益，即双方都能从提问和回答中获得对事物更深刻的认识。但无论谁来提问，提出的问题一定要做到明确具体，即在表述问题时词义和内容要明确具体。同时，提问时要语言精练、观点明确、抓住重点，否则会使对方还没有听到问题就对你本人产生了反感。

2. 提问要讲究艺术性

（1）要因人设问。人有男女老幼之分，有千差万别的个性，有不同的知识水平和生活环境等，因此不可"千人一问"。所谓因人设问，主要在于：一是对象不同，提问内容也要不同；二是即使同一个内容，对不同的对象也要有不同的问法。因此，要让他人打开话题，就要"量体裁衣"，看什么对象提什么问题，即所提问题要符合被问人的年龄、身份、文化素养、性格特征等。被问的人有的热情爽快、有的性格内向、有的大大咧咧、有的审慎多疑、有的傲慢自信、有的狡黠刁钻，性格不同，气质迥异，如果不考虑这些特点，仅用一个腔调、一种方式提问，就会碰壁、闹笑话。

（2）要看准时机。沟通者在提出问题时要选择最佳时机，要结合对方的心情和态度来判断时机。当彼此的对话处于一种融洽的氛围时，这个时候就是最佳时机。如果时机过迟，对方已经没有了兴趣，再提问就达不到预期的效果。

亚里士多德说过："思想使人说出当时当地可能说的和应当说的话。"说话的时机是由说话的时境决定的。说话主体所感知的自然环境、社会环境、心理环境和语言环境构成说话的时境。孔子在《论语·季氏》里说："言未及之而言谓之躁，言及之而不言谓之隐，未见颜色而言谓之瞽。"意思是说，不该说话的时候却说了，叫作急躁；应该说话时却不说，叫作隐瞒；不看对方脸色便贸然开口，叫作闭着眼睛瞎说。孔子讲的就是根据时境把握说话时机的问题。一般来说，当对方很忙或正在处理紧急事情时，不宜提琐碎、无聊的问题；当对方伤心或失意时，不宜提太复杂、太生硬、会引起对方不愉快的问题；当对方正专心欣赏音乐、文娱节目时，不宜提与此无关的问题。当对方回答完某个问题后，沟通者最好停顿一下，留出几秒的思考时间，不要急于问下一个问题，同时依然保持在倾听的状态。这段时间既可以让自己思考下一个问题，又可以让对方整理自己的思维，以使接下来的谈话质量更高。当对方遇到困难或麻烦，需要单独冷静思考时，则最好不要提出任何问题。

提问的时机十分重要，交谈中如果遇到某种问题未能理解，应在双方充分表达的基础上再提出问题。过早提问会打断对方思路，而且显得不礼貌；过晚提问会被认为精力不集中或未能理解，也会产生误解。一般情况下，在对方将某个观点阐述完毕后应及时提问。及时提问往往有利于问题的及时解决，但及时提问并不意味着反应越快越好，最佳的时机还需要倾听者灵活地捕捉。如果在不适当的时机提出问题，可能会带来意想不到的损失。

1）在对方发言完毕之后提问。打断他人的发言是非常不礼貌的，很容易引起对方的反感。因此，沟通时在对方发言过程中不要提问，应积极倾听，想到要提的问题时可以先记录下来，待对方发言完毕再提问。这样，不仅可以体现出自己的修养，还可以清晰地记录对方的观点，避免因操之过急而误解对方。

2）在对方发言的停顿和间歇之际提问。如果对方发言冗长，或话语不符合逻辑，在某些细节处纠缠太多，逐渐偏离主题，影响了沟通进程，那么可以在对方讲话停顿时提问，及时将对方的发言引到正确的方向。

3）在自己发言之前或之后提问。当轮到自己发言时，可以在提出自己的观点之前针对对方的发言进行提问，但不是要求对方回答，而是自问自答，以便于争取主动，避免对方接过话题影响自己的发言。例如，"关于供货方面的问题您刚才谈得很清楚了，但售后保修方面的问题是怎样的呢？我先说一下我们的要求，您之后可以做补充。"

当完整阐述完自己的观点之后，为了引导沟通方向和对方的思路，可以通过提出下一步的要求让对方回答。例如，"以上就是我们对产品质量的要求，请问贵公司如何达到我们的要求？"

（3）要讲究得体。所谓得体，一是措辞审慎；二是不唐突，不使人难堪。例如，会议主持人往往如此提问："不知各位有何高见？"这句话可能把想说的人也"唬"住了。倒不如改为："各位有什么想法呢？"质朴无华，效果反倒好一些。

做到提问不唐突，也是不可忽视的。假如在大庭广众之下问对方："你有什么理由可说？""你迟到一个小时，上哪儿混去了？"如此唐突的问法，令人难以下台，对方一定不高兴。相反，巧妙得体的提问，不但不会使人难堪，反而使人明知其难也乐于回答。

（4）要尊重对方。尊重对方，固然不可不注意态度和语气，创造"问者谦谦，言者谆谆"的气氛。然而更重要的是，提问要体谅对方，考虑怎样提出问题才便于对方愉快地给

予答复。一般来说，具体的问题便于回答，抽象的问题难以回答；提出的问题有先后逻辑顺序的易于回答，逻辑顺序混乱的难以回答。

（5）要讲究提问的语言模式。一般来说，提问的最佳语言模式是陈述句加疑问句。比较下面这两种提问：①"你根本没有想出一个主意来，你凭什么认为你能提出一个切实可行的方案呢？"②"我相信你能提出一个切实可行的方案，这很好，能不能先说一说呢？"显然，第一种提问会招来被问人的冷眼，而第二种提问则会激起对方回答的积极性。这样，双方才具备了交谈的前提。

3. 掌握好提问的方式

提问可以帮助沟通者了解更多、更准确的信息。有时说得多不如问得巧，恰到好处的提问有利于推动谈话的进展，促使沟通成功。

沟通者可以使用以下提问方式：

（1）开放式提问和封闭式提问。

1）开放式提问。开放式提问是指提出比较概括、范围较大的问题，对回答的内容限制不严格，给对方自由发挥的余地。开放式提问常用于某些正式、严肃的谈话的开始，为提问对象提供了一个广阔的发挥空间，容易打开谈话局面，拉近双方的心理距离，为谈话创造良好的氛围。

开放式提问有助于沟通者了解对方的态度、信念和动力，判断出对方的思维能力、内容组织能力和语言表达能力。例如，在一些面试场合，面试官常采用开放式提问。一般来说，开放式提问常包含"怎么样""如何""为什么"等词语。

2）封闭式提问。封闭式提问的回答通常比较固定，一般只需做肯定或否定的回答，如"是"或"不是"，"好"或"不好"，不需要经过深入思考就可以给出简单回答。这种提问方式有较强的针对性，例如，在待客时，主人可以向客人提问"您想喝茶还是咖啡"，而不应问"您想喝点什么"。

当沟通者希望从对方的深度思考、自由回答中获取信息时，宜采用开放式提问；当不希望对方多说废话，想让对方直接回答时，宜采用封闭式提问。

例如，"你喜欢这份工作吗？""你觉得这份工作好吗？"提问者是想让对方直接回答。"你为什么喜欢这份工作？""你觉得这份工作好在哪里？"提问者是想了解对方的喜好和追求，想对对方有更深入的认识和了解。

在一些特定情景下，开放式提问可以让沟通更有效，而封闭式提问则容易造成冷场。

（2）直接式提问和委婉式提问。

1）直接式提问。直接式提问是指沟通者从正面直接提问，直截了当地讲明询问的目的，开门见山地提出问题。这种提问方式干脆利落，无须拐弯抹角，一方面能够节约双方的时间，提高沟通效率；另一方面使对方觉得真诚、专业，因此愿意袒露心扉。例如，"您经验丰富，我想请教您对我刚才提到的项目计划有什么意见？"

在向对方直接提问时，沟通者要注意保持谦逊的态度，表现出对对方的尊重，还要做好提问的准备，整理好自己的思路，提出核心问题，避免引出一些细枝末节，影响双方沟通。

2）委婉式提问。委婉式提问是指在没有弄清楚对方虚实的情况下，沟通者先投石问路，进行虚设性的提问。这种提问方式既可以避免因对方拒绝而陷入尴尬境地，又能探出对方的虚实，从而达到提问的目的。例如，"假如事情没有按照我们想象的方向发展，那该怎么办呢？""假如天气变化，我们的产品销售会受到怎样的影响呢？"这种提问方式更能激发对方的创造性思维，使对方畅所欲言，从而达到良好的沟通效果。

（3）明确性提问、相关性提问和选择性提问。

1）明确性提问。明确性提问是指所问的问题已经有了明确的答案，回答者只需要按照事先已经明确规定的内容进行回答即可，例如，"请你介绍一下开放式提问的优点与缺点？"由于明确性提问有规定的参考答案，不需要回答者自由发挥，所以回答这类提问相对来说比较简单。因此，当你需要了解对方对某种知识的了解程度时，可用明确性提问。

2）相关性提问。相关性提问是指对两件事情之间的相互联系进行提问，如"最近发生的几件事情对学生的思想有什么影响？"目的是探究事物之间的内在联系，使人们在思考或处理问题时能够从动态的、联系的观点出发，避免用静止的、孤立的观点看问题。

3）选择性提问。选择性提问是指提问者提出一系列相互关联的问题，供回答者有选择地回答，如"最近班级逃课学生太多，你认为主要原因是什么？听不懂还是老师讲得不好？"回答者可以全部回答，也可以选择某一个问题提出自己的意见和看法。目的是鼓励回答者多方面地考虑问题，通过其选择性的回答来获得更多的信息。

❯ 见多识广

不同的答案

一位信徒问牧师："我在祈祷的时候可以抽烟吗？"

牧师说："不可以。"

另一位信徒问牧师："我抽烟的时候可以祈祷吗？"

牧师说："当然可以。"

资料来源：作者根据网络资料整理

（4）激励性提问和证实性提问。

1）激励性提问。激励性提问是指提问者运用激励性的语言来提出问题，其目的是激励对方或给予对方勇气，有正面激励提问和负面激励提问两种。正面激励提问是通过表扬、鼓励、肯定性的语言进行提问，如"领导认为你的工作能力很强，让你负责这项工作绝对没问题，不知你的意见如何？"负面激励提问是利用批评、惩罚、否定性语言来进行

提问，如"就凭你的能力，领导敢把这么重要的工作交给你吗？"在交谈中，要多用正面激励提问，少用负面激励提问。

2）证实性提问。证实性提问是指提问者对说话者的一些讲话内容进行的提问。如"你的意思是我们应该与顾客加强沟通？"运用证实性提问的目的如下：一是表明自己在认真倾听；二是检验自己获得的信息是否准确、可靠；三是表明自己对说话者提供的信息很感兴趣或非常重视；四是显示自己对说话者的信任。因此，在沟通过程中，恰当地运用证实性提问不仅能够给对方留下好印象，而且能够使交流进一步深入。

（5）协商式提问和激将式提问。

1）协商式提问。协商式提问是指沟通者以征求对方意见的方式进行提问，引导对方进行合作性的回答，或同意接受自己的观点。以这种方式进行提问，对方更容易接受，即使有不同的意见，沟通双方也能保持融洽的关系，继续进行交谈。例如，沟通者可以说"你可以把这个再完善一下吗？"而不是以命令的口吻说"你重新做一次，这次绝对不要出错，知道吗？"

2）激将式提问。激将式提问是指沟通者提出比较尖锐的问题，适当地刺激对方，促使对方的心态由"要我说"转变为"我要说"。这种提问方式的关键是让对方感受到挑战，引发其思考，激发其情绪，从而不得不说。例如，"我们凭什么相信这些数据？""为什么我们不能放弃这个项目？"

运用激将式提问时，沟通者要注意把握好度。恰到好处的刺激可以影响对方的情绪，使其处于一种亢奋状态，提升对方回答问题的主动性，达到事半功倍的效果。但过犹不及，沟通者要根据提问对象的不同把握好提问的尺度。

（6）引导性提问。引导式提问是指在对话或教学过程中，一方提出的特定问题使另一方只能提供特定的回答。这种提问方式主要用于获取明确的信息或征询对方的意向。在教学领域，它是一种通过提问来引导学生思考和探索的教学方法，目的是激发学生的学习兴趣和主动性。而在沟通中，引导式提问是通过一系列的问题来引导对方进行思考和分析，从而产生反思。

例如，"除了24小时随叫随到，很多客户还对实施服务人员的资质提出了要求，如需要 PMP 认证，张部长，您觉得呢？""防火这事，很多公司除了对材料有要求以外，还希望提供现场培训、协助制度建设等措施，不知道领导对这两个方面有要求吗？"

提问除以上方式外还有很多，如声东击西式、借古喻今式、欲擒故纵式等。在不同的场合、情境下，针对不同的沟通目的、沟通对象等，沟通者应采用适宜的提问方式。

4. 提问的步骤

在沟通过程中，若遵循以下提问步骤，就有可能给彼此的谈话带来意想不到的收获。

（1）明确提问目的。在提问前，沟通者应当明确提问的目的，即为什么提出这个问题，自己想要得到什么样的结果。沟通者只有明确目的，逻辑清晰，表达得当，保证问题的有效性，才能提升沟通效果。

提问的目的主要有以下四种：

1）获取信息。获取信息是提问最直接的目的，例如，"你周末有空吗？"

2）试探反应。试探对方对某件事情的看法，试探对方的态度、情绪及彼此的关系。

3）说服他人。说服他人同意自己的观点、意见或请求。

4）掌控谈话。掌握谈话的主动权和谈话的进程，使自己成为谈话中的主导者。

> **见多识广**

五个问题完成的交易

秦晓在一家商场里做计算机销售员，这一天，来了一位顾客想要买计算机。

秦晓问顾客："您想买什么样的计算机？"顾客回答道："计算机的性能要好，不要太贵。"秦晓问道："您说的性能好是指哪方面？"顾客说："保密性要强，计算机的质量要好。"

秦晓又问："您是家用还是办公用？为什么单单要求性能呢？"

顾客说："我是要为我的公司置办几台计算机。我们公司是研发游戏的，所以要求计算机的性能要好。"

秦晓明白了，继续为顾客介绍："公司研发游戏使用，肯定比较看重计算机的性能，价格最好也尽量能节约采购成本。不过款式不能太花哨对不对？最好简洁、大方一些？"

顾客说："对！就是这个要求。"

秦晓早已胸有成竹，为顾客介绍了一款性价比高，质量好，外观简约、大方的计算机，顾客在听完秦晓的介绍之后，立即购买了30台。

名师点拨：

精心设计问题，明确每次提问的目的，才能在最短的时间内抓住潜在顾客的需求和关注点，一旦确定了潜在顾客的真正需求，并抓住了他们的关注点，那么销售将会变得异常简单。

（2）组织提问内容。在沟通过程中，沟通者如果不善于提问，不知道应该问什么，就很难获得需要的信息，也很难达到有效沟通的目的。组织提问内容时，沟通者可以参照"5W1H"进行提问。"5W1H"即 What（何事）、Who（何人）、When（何时）、Where（何地）、Why（为何）、How（如何）。

例如，对想参加研讨会的人可以用"5W1H"进行提问。

What——"你想参加什么主题的研讨会？"

Who——"你想参加谁主讲的研讨会？"

When——"你想什么时候参加研讨会？"

Where——"你希望研讨会在什么地方召开？"

Why——"你为什么想参加研讨会？"

How——"你打算如何运用在研讨会上学到的东西？"

对于"想参加研讨会"这条信息，沟通者只要像这样使用"5W1H"提问，就能获取各种各样的信息。

如果想让对方愿意和自己深入交谈，那么沟通者要注意以下几点：

1）适度地赞美，称赞对方获得的成功、取得的成绩，给对方信心。

2）尊重对方，不要让对方难堪，问题的答案要体现他自己的意愿。

3）换位思考，从对方的立场考虑问题才能问到对方的兴趣点，对方才更愿意交流。

（3）注意提问层次。提问的顺序要由浅入深，循序渐进，呈阶梯状推进。这种提问顺序符合对方认知发展的规律，能促使对方参与到对话中，加深对方对提问者所提问题的理解。

例如，主管与销售员有以下对话。

主管："咱们这个月的销售额怎么样？"

销售员："比上个月低了6个点。"

主管："你觉得造成这个问题的原因是什么？"

销售员："我觉得原因主要有3个方面，首先……"

问题要难易适度，如果这个问题是对方不想回答的，甚至是想回避的，那么就要避免，否则只会让彼此尴尬。提出的问题不能过于浅白，又不能太艰深。太浅白就没有思考的空间，索然无味，提不起对方的兴致；而太艰深只会使对方难以理解，不想回答。提问时还要注意，一次只问一个问题，如果同时提出多个问题，很容易造成对方的思维混乱，让对方记不清楚，容易引起对方的反感。

5. 提问的注意事项

对于如何提问，美国明尼苏达大学拉尔夫尼科尔博士制定了一套提问技术要点，此处再补充几点注意事项供大家借鉴。

（1）忌提明知对方不能或不愿作答的问题。

（2）用对方较适用的"交际传媒"提问，切不可故作高深，卖弄学识。

（3）适当运用幽默语言，刚开始提问时，不要限定对方的回答，不要随意打扰对方的思绪。

（4）力避你的问题引起对方的"对抗性选择"，使对方要么避而不答，要么拂袖而去。

（5）不问涉及对方隐私的问题。

（6）提问时要用简短的语言把问题问清楚，不提过长的问题。

（7）提出的问题要具体，切忌太过宽泛。

（8）避免重复提问，如果对方已经回答过相似或相同的问题，就不要再问了。

（9）尽量规避敏感问题。

（10）不问对方不知道的问题。

（11）有些问题对方不想回答，不宜刨根究底。

见多识广

为什么叫"马路"?

有外国记者问周恩来总理:"在中国,明明是人走的路,为什么要叫'马路'呢?"周总理不假思索地答道:"我们走的是马克思主义道路,简称'马路'"。

资料来源:作者根据网络资料整理

自学自测

一、单选题

1. 提问一定要( )。

　　A. 有目的　　　　　B. 问题多多　　　　　C. 问题详尽　　　　　D. 随机

2. 证实性提问是指提问者对说话者的一些讲话( )进行提问。

　　A. 内容　　　　　　B. 思路　　　　　　　C. 心情　　　　　　　D. 动机

3. 提问时可以给对方一个( ),让对方在可选的几个答案中进行选择。

　　A. 框架　　　　　　B. 心理准备　　　　　C. 机会　　　　　　　D. 眼神

4.( )式提问是指提出比较概括、范围较大的问题,对回答的内容限制不严格,给对方自由发挥的余地。

　　A. 开放　　　　　　B. 封闭　　　　　　　C. 直接　　　　　　　D. 委婉

5. 尊重对方,固然不可不注意( )和语气,创造"问者谦谦,言者谆谆"的气氛。

　　A. 态度　　　　　　B. 姿势　　　　　　　C. 表情　　　　　　　D. 笑容

二、多选题

1. 提问应遵循的原则有( )。

　　A. 应紧扣主题　　　B. 问题要多而精　　　C. 问题表达要明确　　D. 主题多样性

2. 提问的方式包括( )。

　　A. 开放式提问和封闭式提问　　　　　　　B. 明确性提问和相关性提问

　　C. 激励性提问和证实性提问　　　　　　　D. 选择性提问

3. 提问要讲究( )艺术性。

　　A. 要因人设问　　　B. 要看准时机　　　　C. 要讲究得体　　　　D. 要尊重对方

　　E. 要讲究提问的语言模式

4. 提问时要尽量( )。

　　A. 语言精练　　　　B. 观点明确　　　　　C. 抓住重点　　　　　D. 多听少问

5. 提问的目的主要有( )。

　　A. 获取信息　　　　B. 试探反应　　　　　C. 说服他人　　　　　D. 掌控谈话

三、判断题

1. 提出的问题一定要做到明确具体。 （　　）
2. "你想吃火锅还是烤肉？"这句话是开放式提问。 （　　）
3. 人有千差万别的个性，因此不可"千人一问"。 （　　）
4. 提问时忌提明知对方不能或不愿作答的问题。 （　　）
5. 具体的问题便于回答，抽象的问题难以回答。 （　　）
6. 有些问题对方不想回答，必须刨根究底。 （　　）

四、简答题

1. 沟通时为什么要提问？
2. 如何理解提问时要尊重对方？
3. 提问的注意事项有哪些？

📖 课中实训

实训任务一　认知提问

要求：结合同桌最喜欢的一本书、一个人、一辆车、一部电影或一件衣服等，问 5 个以上的封闭式问题。

实训反思：你的问题帮助你对这个人、这本书或这辆车等了解了多少？你提出的问题可不可以更精准一些？

实训任务二　探究提问障碍

实训目的：探究提问可能遇到哪些障碍。

实训道具：眼罩、号码牌。

实训过程：

（1）两人一组，一人提问，一人回答，猜物品。

（2）问题的格式是"是不是……？""是……吗？"，只能回答"是""不是""不一定"。

例如，一人提示，这是一款电器，另一人可以问："是不是家庭用的？""是家庭用的吗？"而不能问："是在哪里用的？"否则为无效问题，不予作答（教师提醒学生注意提问的技巧）。

（3）对于每件物品，每个人只能问五个问题，然后根据对方的回答猜这是什么物品。

（4）在规定的时间内猜对物品数目最多的组获胜。

实训反思：

（1）你作为提问的一方时，在沟通中你们遇到了什么障碍？怎么解决的？

（2）你们用什么方法能排除提问障碍，得到更多的有效信息？

（3）通过完成实训任务，你得到哪些关于提问障碍的启示？

实训任务三　运用提问技巧，提升提问能力

同学们分组演练，3人一组，一人扮演提问者，一个扮演回答者，一人观察并记录。尝试针对某一个话题进行提问，分别使用各种提问方式，3人分别充分对比面对不同提问方式时内心的感受并做好记录。

观察者要记录提问者所使用的提问技巧，并为其打分。

实训反思：提问技巧掌握多少？提问技能是否得到提升？

📝 实训项目评价

序号	技能点评价	佐证	评价方式		
			自评（30%）	互评（30%）	师评（40%）
1	提问的目的要明确	沟通时能根据目的进行提问			
2	分析提问的障碍	提问时能有效避免出现提问障碍			
3	分析提问应遵循的原则	提问时能遵循提问的原则			
4	分析提问的艺术性	提问时能灵活运用提问的艺术			
5	分析提问的方式	能根据不同情况采用不同的提问方式			
6	分析提问的步骤	能按提问的步骤进行提问			
7	分析提问的注意事项	提的问题能恰到好处			

序号	素质点评价	佐证	评价方式		
			自评（30%）	互评（30%）	师评（40%）
1	创新意识	能够在沟通时运用更多的提问方式			
2	提问能力	能够为了沟通目的提出恰当的问题			
3	尊重他人的意识	提的问题要以尊重他人为前提			

职场沟通实务

🎯 **复盘反思**

1. 知识盘点：通过对提问项目的学习，你掌握了哪些知识？请画出思维导图。

2. 方法反思：在完成本项目的学习和实训的过程中，你学会了哪些提问技巧？

3. 行动影响：在完成本项目的学习和实训的过程中，你认为自己在提问方面还有哪些地方需要改进？

📖 **课后提升**

提升任务一　三个小贩卖水果

一天，一位老太太拎着篮子去楼下的菜市场买水果。她来到第一个小贩的水果摊前问道："这李子怎么样？"

"我的李子又大又甜，特别好吃。"小贩回答。

老太太摇了摇头没有买。她向第二个小贩走去，问道："你的李子好吃吗？"

"我这里是李子专卖，各种各样的李子都有。您要什么样的李子？"

"我要买酸一点儿的。"

"我这篮李子酸得咬一口就流口水，您要多少？"

"来一斤吧。"老太太买完李子继续在市场中逛，又看到第三个小贩的摊上也有李子，又大又圆非常抢眼，便问小贩："你的李子多少钱一斤？"

"您好，您问哪种李子？"

"我要酸一点儿的。"

"别人买李子都要又大又甜的，您为什么要酸的李子呢？"

"我儿媳妇怀孕了，想吃酸的。"

"老太太，您对儿媳妇真体贴，她想吃酸的，说明她一定能给您生个大胖孙子。您要多少？"

"我再来一斤吧。"老太太被小贩说得很高兴，便又买了一斤。小贩一边称李子一边继续问："您知道孕妇最需要什么营养吗？"

"不知道。"

"孕妇特别需要补充维生素。您知道哪种水果含维生素最多吗？"

"不清楚。"

"猕猴桃含有多种维生素，特别适合孕妇。您要给您儿媳妇天天吃猕猴桃，她一高兴，说不定能一下给您生出一对双胞胎来。"

"是吗？好啊，那我就再来一斤猕猴桃。"

"您人真好，谁摊上您这样的婆婆，真是有福气。"小贩开始给老太太称猕猴桃，嘴里也不闲着："我每天都在这儿摆摊，水果都是当天从批发市场找的最新鲜的，您儿媳妇要是吃好了，您再来。"

"行。"老太太被小贩说得很高兴，提了水果边付账边应承着。

想一想：

1. 老太太为什么没有在第一个小贩那买李子？

_____

_____

2. 老太太为什么在第三个小贩那不仅买了李子还买了猕猴桃？

_____

_____

3. 三个小贩面对同一个老太太，为什么销售的结果完全不一样呢？

_____

_____

_____

提升任务二　周恩来答记者问

　　西方对于中国的恶意在中华人民共和国初期表现得相当明显，面对西方的恶意刁难，周总理总是能够妙语应对。

　　一位西方记者问周恩来总理："请问总理先生，现在的中国有没有妓女？"不少人纳闷：怎么提这种问题？大家都关注周总理怎样回答。周总理肯定地说："有！"全场哗然，议论纷纷。周总理看出了大家的疑惑，补充说了一句："中国的妓女在我国台湾省。"顿时掌声雷动。

资料来源：作者根据网络资料整理

想一想：

1. 记者为什么提这样一个问题？

_____

_____

2. 周总理的回答妙在哪里？

_____

_____

3. 如果你是周总理，你会怎么回答呢？

_____

_____

提升任务三　找证据

　　有甲、乙、丙、丁四位同学吸烟成瘾，老师知道后，把他们叫到一起，问："你们抽烟吗？"甲、乙、丙、丁齐声回答："不抽！"于是老师让他们分别到办公室去一趟。

　　甲先进去，老师问："抽烟吗？""不抽。""那吃根薯条吧。"甲伸出两根手指夹住了薯条。老师呵呵一乐："不抽？"甲低下了头。

　　甲出去后，将过程告诉了乙、丙、丁，于是乙满怀信心地进了办公室。"抽烟吗？""不抽。""吃根薯条吧。"乙接过去。"蘸点番茄酱吧。""啊，蘸多了。"乙开始像弹烟灰那样弹番茄酱。"不抽？"老师乐呵呵地盯着乙的手指，乙也低下了头。

　　乙出去后，将过程告诉了丙和丁。丙进了办公室，吃完了薯条。老师问："不给同学带根去吗？""哦。"丙把薯条夹在耳朵上。老师盯着丙的耳朵，丙低下了头。

丁听了丙的介绍，忐忑不安地进了办公室。他总算把薯条安心地放到口袋里，老师突然喊："校长来了！"只见丁连忙拿出薯条，使劲往地上踩……

想一想：

1. 老师是通过什么办法让甲同学承认自己抽烟的？

_____

_____

_____

_____

_____

_____

_____

2. 老师是通过什么办法让丁同学承认自己抽烟的？

_____

_____

_____

_____

_____

_____

_____

3. 通过案例中老师让同学承认吸烟的方法，你有什么收获吗？

_____

_____

_____

_____

_____

_____

_____

_____

项目三

赞美

☀ 思维导图

赞美认知
- 赞美的含义
- 赞美的意义

赞美方式
- 直言式赞美
- 对比式赞美
- 间接式赞美
- 推测式赞美

赞美的能力
- 关注他人，欣赏他人
- 提高洞察力，判断对方的需求
- 提炼对方的亮点
- 组织语言
- 采用适当的方式
- 注意赞美的场合

赞美技巧
- 因人而异
- 态度真诚
- 及时赞美
- 适度赞美
- 雪中送炭
- 投其所好
- 赞美独到
- 虚心求教
- 内容具体
- 语言差异

赞美

赞美他人是一门艺术，真诚赞美是一种低成本、高回报的沟通方式。适度地赞美他人会给他人留下富有同情心、善解人意的印象，从而获得他人的真诚相待，有助于双方建立起积极的情感交流，提升沟通的质量。

美国学者戴尔·卡耐基在《人性的弱点》一书中曾有这样的评判："要想不引起憎恨又不伤害感情而达到预期的目的，第一个信条是：从正面称赞着手。"关于赞美的作用，美国著名作家马克·吐温甚至这样说："仅凭一句赞美的话语就可以活上两个月。"

一般来说，赞美的话语人人爱听，或许这可以算作是人性的一个特点。人们得到赞美，都会心情愉快，信心大增，自身受到肯定的同时也容易对称赞者产生好感。在沟通中恰当地运用赞美这一语言表达形式，会缩短彼此的距离，密切彼此的关系，进而为心灵上的沟通打下良好的基础。

知识任务一　赞美认知

1. 赞美的含义

赞美是称赞、称誉的意思，是发自内心地对于美好事物表示肯定的一种表达方式。赞美是现代交际必不可少的，真诚的赞美可以使对方产生亲和心理。赞美他人是对他人的尊重和评价，是与对方搞好关系的润滑剂，它表达的是善心和好意，传达的是信任和好感。每个人都有可赞美之处。在处理人际关系时，学会适当巧妙地赞美他人，才会游刃有余、得心应手。

与谄媚、恭维不同的是，赞美是实事求是、有理有据的，是真诚的、发自内心的，是为天下人所喜欢的。最好的赞美就是选择对方最心爱的、最引以为豪的东西加以称赞。

2. 赞美的意义

真诚的赞美于人于己都有重要的意义。它不但会使被赞美者产生心理上的愉悦，还可以使你善于发现同事、客户的优点，从而使自己对人生持有乐观、欣赏的态度。

（1）赞美是一种人格修养。每个人都不可能做到十全十美，但是每个人都有自己独特的闪光点。学会挖掘对方的优点，并且给予适当的赞美，懂得赞美他人也是自己良好修养的表现。

（2）赞美是一种美德。在人的一生中，谁都不可能一帆风顺。当他人获得荣誉时，真诚的赞美能给人以鼓励，可以形成和谐奋进、彼此激励的环境。

（3）赞美是自己前进的基石。赞美他人可以提高自己的生存能力、合作能力、发展能力，因为赞美他人是建立在发现的基础上，这也是一个学习的过程，他人的优点都尽收眼底。没有人不渴望优秀，当你向他人说出"你真棒"的时候，其实你已经在无形中为自己找到了一条通向成功的奋斗之路。

❯❯ 见多识广

列夫·托尔斯泰与屠格涅夫的故事

　　1852年秋天，屠格涅夫在斯帕斯科耶打猎时，无意间在松林中捡到一本皱巴巴的《现代人》杂志。他随手翻了几页，竟被一篇题为《童年》的小说所吸引，作者是一个初出茅庐的无名小辈，但屠格涅夫却十分欣赏，钟爱有加。

　　他四处打听作者的住处，最后得知作者两岁丧母，七岁丧父，是由姑母一手抚养照顾长大的，为了走出生命征途中的泥泞，作者刚跨出校门便去高加索部队当兵。屠格涅夫更是倾注了极大的同情和关注，几经周折，找到了作者的姑母，表达他对作者的赞赏和肯定。姑母很快就写信告诉自己的侄儿："你的第一篇小说在瓦列里扬引起很大的轰动，连大名鼎鼎、写《猎人笔记》的作家屠格涅夫都逢人就称赞你。他说：'这位青年人如果能坚持继续写下去的话，他的前途一定是不可限量的！'"

　　作者收到姑母的信后，欣喜若狂，他本是因为生活的苦闷而信笔涂鸦打发心中的寂寞的，并无当作家的妄念。由于名家屠格涅夫的欣赏，竟一下子点燃心中的火焰，找回了自信和人生的价值，于是一发不可收地写下去，最终成为享有世界声誉的艺术家和思想家。他就是《战争与和平》《安娜·卡列尼娜》和《复活》的作者列夫·托尔斯泰。

资料来源：作者根据网络资料整理

 课前自学

知识任务二　赞美技巧

1. 因人而异

　　不同的人要根据其具体特点，运用不同的赞美语言。长相有美丑，能力有高低，年龄有长幼，要因人而异，突出对方的个性，独到的赞美更让人欢欣。

　　赞美要根据不同的对象，采用不同的赞美方式和口吻去适应对方。对年轻人，语气上可稍带夸张；对德高望重的长者，语气上应带有尊重；对思维机敏的人要直截了当；对有疑虑心理的人要尽量明示，把话说透。

　　在称赞男士的时候应集中在他的工作能力和个人成就上。对于年轻的男士，可以称赞其"将来一定前途无量""你的能力太强了"等；如果是中年男士，他们一般喜欢他人称赞他的努力过程、社会地位及个人成就等，可以说"不知哪天我可以像您一样这么有成就""能不能向您请教

赞美的技巧

一下，您是怎样才有今天的成就的"等。

女士一般比较注重外在和细节方面的感觉。因此，要从对方的外貌出发，对于年轻的女士，可以夸她的长相、气质、品位等，如"你真漂亮""你很有气质"等；而对于中年女士，可以说"您真有品位""您很显年轻"等。

赞美时要分清楚赞美对象，我们可以采用以下技巧：

（1）陌生的人——观察其特征，找到赞美的切入点。如果赞美者对自己想要称赞的人并不熟悉，一时之间找不到可以赞美的话语，可以先观察他的特征，寻找最闪光的特征加以称赞，可以起到不错的效果。

（2）熟识的人——观察他的变化。对于善于交际的人来说，只要不是第一次见面的人就都是熟识的人。在第二次见面时，他们会寻找对方的变化并说出来，这样的称赞会使对方觉得自己受到了重视，自己的每一点改变都得到了关注，对方会非常感动。

2. 态度真诚

在赞美他人时，要出于诚意、发自内心地称赞，而不可矫揉造作、言不由衷。发自内心、出于诚意是赞美与阿谀奉承的根本区别。

在赞美他人时要依据事实，在事实基础上发现对方值得赞美的东西，这样，赞美的人可以真心诚意地表达赞美之词，而被赞美的人也会被你的真心赞美所打动。有的人却不依据事实，如果对方在某方面的表现并不突出，而你却一味违背事实地夸赞，没有边际地堆砌好听的话语，使稍有自知之明的人都会感觉肉麻，甚至反感，这样，赞美就起不到应有的效果了。

虽然将赞美他人当作沟通的一种策略，但是在运用这种语言技巧时，一定不可以虚情假意、勉强做作，应该诚恳地、认真地、发自内心地热情称赞。只要是真心的，那么即使你的赞美有些不妥或言不及义，也会产生不错的效果。

例如，一位其貌不扬的女士，你见到她时，却说："你真是太美了！"对方会觉得你是在讥讽她的长相，这样会刺激到她的自尊心，甚至令她对你产生不好的印象；相反，如果你从她的内在修养出发，夸她有素质、有修养、举止得体、有气质等，她肯定会欣然接受，并对你的印象很好。因此，赞美要发自肺腑，情真意切，才能发挥积极的作用。

3. 及时赞美

赞美者在沟通过程中要把握好赞美时机，最好是将赞美和具体的事件、场景、缘由联系起来。例如，朋友考了好成绩，同事评上先进、受到奖励等，这些使人们的心情格外舒畅，如果再能听到一句他人真诚的赞美，其欣喜之情可想而知。因此，赞美是存在有效期的，过了有效期，效果就会大打折扣。

如果错过了这个时机，赞美者就要解释为什么当时没有赞美。例如，通常情况下应该是刚见面时赞美对方漂亮，如果在见到对方半个小时之后才说对方漂亮，这时就要解释一句："其实一见你就觉得你很漂亮，但是有点害羞，刚才没好意思说。聊着聊着发现你还是个特别亲切的人，所以现在才跟你说。"又如，对方提供帮助时，我们就应该当时道谢

并称赞对方，如果错过了这个时机，过后再突然称赞对方，会使对方觉得可能又有什么事情要他帮忙。

4. 适度赞美

赞美要讲究适度原则，只有掌握好赞美的尺度才能达到预期的效果。恰如其分地赞美可以使被赞美者内心愉悦，增加自信，有时候适度夸张可能会更充分地表达自己的赞美之情，对方也会乐意接受。但如果过分夸张，赞美脱离了实际，会使人感觉到虚假、不真诚。

例如，朋友唱歌唱得不错，A说："你唱歌真是全世界最动听的。"

B说："你的歌唱得真不错，很有韵味，这种抒情的感觉让人很放松，我很喜欢。"

很显然，A的称赞可能会让对方很难堪，而B的称赞显得更真诚、更自然。过度称赞就像是刻意吹捧、阿谀奉承，只会给对方留下不好的印象。

5. 雪中送炭

俗话说："患难见真情。"最需要赞美的不是那些早已功成名就的人，而是那些因被埋没而产生自卑感或身处逆境的人。他们平时很难听到一声赞美的话语，一旦被人当众真诚地赞美，便有可能振作精神，大展宏图。因此，最有实效的赞美不是"锦上添花"，而是"雪中送炭"。

> **见多识广**

小女孩的成功

有这样一个故事，一个小女孩因为长得又矮又胖而被老师排除在合唱团之外。小女孩躲在公园里面伤心地流泪。她想为什么我不能去唱歌呢？难道我真的唱得很难听吗？想着想着小女孩就低声唱起来，她唱了一支又一支歌，直到唱累为止。"唱得真好听！"这时一个声音传过来。"谢谢你小姑娘，你让我度过了一个愉快的下午。"说话的是一个满头白发的老人，他说完后站起来独自走了。许多年过去了，长大的小女孩变得美丽窈窕，而且是小城有名的歌星。她忘不了公园靠椅上的那位老人。一个冬天的下午，她特意到公园找老人，但她失望了，那里只有一张小小的孤独的靠椅。后来才知道老人早已死了。"他是个聋子，都聋了20年了"一个知情人告诉她。姑娘惊呆了，那位屏声静气听她唱歌并热情赞美她的老人竟是个聋子！

资料来源：作者根据网络资料整理

6. 投其所好

对大多数人来说，最感兴趣的话题就是他自己，或者是自己最喜欢、最引以为豪的事情。如果你想在谈话中引起对方的注意、好感，就必须要谈他们感兴趣的话题。在这样的话题上强化了共同感受，甚至有了知遇之感时，那么沟通和合作就水到渠成了。

沟通对象在谈到他们认为得意的事情时，往往希望得到热烈的回应。此时，不妨给予适当的赞美。最好的赞美就是选择对方最心爱的东西、最引以为豪的事情加以称赞。

> **见多识广**

投其所好

有这样一个案例：布拉格尔电气公司的布朗也用投其所好的办法，使一个拒他于千里之外的老太太十分高兴地与他做成了一笔大生意，顺利完成了推销用电的任务。那天，布朗走到一家整洁的农舍前去叫门。户主布朗肯·布拉德老太太得知是电气公司的推销员之后，便"砰"的一声把门关上了。布朗再次敲门，没有一点回应。经过一番调查，布朗又上门了，他说："布拉德太太，很对不起，打扰您了，我不是向您来推销用电的，只是要向您买一点鸡蛋。"老太太的态度这时比以前温和了许多。布朗接着说："您家的鸡长得真好，看它们的羽毛长得多漂亮。这些鸡大概是德国名种吧！能不能卖一些鸡蛋呢？"布拉德太太反问："您怎么知道是德国的鸡呢？"此时布朗十分

清楚他的投其所好之计已初见成效了，于是更加诚恳而恭敬地说："我家也养了这种鸡，可像您所养的这么好的鸡，我还从来没见过呢！而且我家的鸡，只会生白蛋。您的邻居也都说只有您家的鸡蛋最好。夫人，您知道，做蛋糕得用好鸡蛋。我太太今天要做蛋糕，我只好跑到您这里来……"老太太顿时眉开眼笑，将布朗迎进屋中。

进屋后，布朗发现这里有整套的奶酪设备，断定男主人定是养乳牛的，于是继续说："夫人，我敢打赌，您养鸡的钱一定比您先生养乳牛的钱赚得还多。"老太太心花怒放，乐得几乎要跳起来，因为她丈夫长期不肯承认这件事情，而她则总想告诉大家，养鸡的收入更可观一些，可是没人感兴趣。布拉德太太马上把布朗当作知己，不厌其烦地带他参观鸡舍。布朗知道，他投其所好之计已达到预期的目的了，但他在参观时还是不时发出由衷的赞美。在赞美声中，老太太介绍养鸡方面的经验，布朗听得很认真，他们变得很亲近，几乎无话不谈，也向布朗请教了用电的好处。布朗针对养鸡用电需要详细地予以说明，老太太也听得很认真。两个星期后，布朗收到了布拉德老太太的用电申请。

资料来源：作者根据网络资料整理

7. 赞美独到

在赞美他人时，要找出他与众不同的值得称赞的优点与长处，而不一定是众所周知的东西。每个人都有自己的优点和长处，许多人还取得了令人瞩目的事业上的成功。赞美一些众所周知、显而易见的东西，很难打动对方。如果能够找出那些不为人知，但他本人对此却很有信心的部分加以肯定和赞美，对方一定会喜在心头。他人与众不同的值得赞美的优点和长处，并不一定必须是那些令人瞩目的成就。有时，一个人有些毫不起眼的优秀品质，也许他自己也觉得"微不足道"，或者连他自己都还没有意识到，如果你能挖掘出来并加以说明，往往会令对方更高兴，很容易把你视为知己。所以，永远不要因为对方的长处太微不足道而不去夸奖。

❯见多识广

将军的胡子

一位将军英勇善战，一次他带兵出征，又大获全胜。回国后，人们争相赞美他："您真是位伟大杰出的军事家！"这种话听得多了，他根本无动于衷。有一位官员却与众不同，他只对将军轻轻地说了一句："啊，好美啊，将军，您的胡子好美啊！"这位将军很高兴，立刻把这个人提为幕僚。

资料来源：作者根据网络资料整理

8. 虚心求教

人往往希望自己显得比他人有知识、有涵养，因此，虚心请教是一种高超的赞美方法。如果想与他们结识相交，采取谦虚求教法，让自己显得外行一些，是最有效的切入点。当一个人的爱好变为众所周知的长项时，你的赞美和恭维对他来说会毫无感觉。但是，如果你虚心请教，毕恭毕敬，他一定会耐心地向你传授其中的"秘诀"。

9. 内容具体

赞美他人要挖掘具体的内容实施评价，才能取得好的效果。那些空泛含糊的赞美不仅很难让对方接受，还会让对方怀疑赞美者的辨别力和鉴赏力，甚至可能会怀疑赞赏者怀有某种动机或企图。

内容具体的赞美应做到以下几点：

（1）将赞美事物与赞美本人联系起来。例如，以下两个例子中，A 的赞美就显得比较空洞，B 的赞美将赞美事物与赞美本人联系起来，赞美的话语具体而生动，令人印象深刻。

A 说："你的包包真好看！"

B 说："你的包包真好看，你好有眼光。"

A 说："这张照片真是太美了。"

B 说："这张照片真是太美了，色调好，有意境，构图也很棒，你真不愧是大摄影家，洞察力强，深邃又细腻，你拍摄的照片就像你的第三只眼，透过它呈现出来的世界是那么的动人。"

（2）称呼对方的名字也可以使赞美的内容更具体。称呼对方的名字能引起对方的注意，让对方感觉受到了重视。例如，"韩梅梅，你今天穿的这条红裙子很衬你的肤色，你的脸色看起来更好了，真漂亮！""李然，你刚才的报告对目前的音乐产品分析得非常到位，其中的 3 个案例让人印象深刻。"

（3）称赞他人努力的地方。人们为了达到目标要付出努力，但努力的结果不一定是实现目标。赞美者在赞美对方时，要注意在对方努力但没有成果的情况下不要只夸赞他的努力，否则可能会让对方感觉受到了嘲讽，而要夸赞对方其他有成就感的地方。

例如，王芳努力学习想提高学习成绩，但一个学期过去了，成绩仍然没有提高。这时赞美者可以这样说："王芳，我觉得你做事情很认真，有动力，很厉害，我看你上一次被老师提问，你马上就回答出来了。"

10. 语言差异

赞美要强调语言差异化。强调差异化就是赞美不能大同小异，人云亦云，赞美他人的内容要尽可能与他人不同，这样的赞美才更有新意，让被赞美者感觉耳目一新，从而欣然接受。想要做到差异化赞美，赞美者要注意以下几点。

（1）寻找新颖的赞美点。赞美应符合"言之有物"的原则，千篇一律地胡乱吹捧只会让人厌烦。赞美不一定只针对本人，可以赞美他喜爱或热衷的事物，这也就间接地赞美了他。例如，到朋友家做客，看到书柜上摆满了小说，可以称赞他的文学欣赏能力，还可以夸赞朋友的小孩或他家养的植物、宠物等。

（2）赞美的语言新颖独到。受到赞美能够让人有一种自身价值被人肯定的满足感，同

时，赞美的语言本身也应该能给人带来愉悦的享受。新颖独到的语言有巨大的魅力，妙语连珠既能显示出赞美者的才能，又能给人留下深刻的印象。一句简单的赞美之词，如果多次重复使用，就会显得单调平淡。

知识任务三　赞美方式

赞美他人有很多种方式，可以从大处着手，也可以从小处发挥。别出心裁的赞美更能显示出自己的真诚与细心。

1. 直言式赞美

直言式赞美即直截了当地表达自己对他人的认可，这是日常生活中人们最常用的赞美方式。朋友见面说："你今天气色真好！"一句由衷的赞美会让人一整天充满自信，精神愉悦。

> **▶见多识广**
>
> **卡耐基**
>
> 卡耐基小时候是一个公认的坏男孩。在他 9 岁的时候，父亲把继母娶进家门。当时他们还是居住在乡下的贫苦人家，而继母则来自富有的家庭。父亲一边向继母介绍卡耐基，一边说："亲爱的，希望你注意这个全郡最坏的男孩，他已经让我无可奈何。说不定明天早晨之前，他就会拿石头扔向你，或者做出你完全想不到的坏事。"出乎卡耐基意料的是，继母微笑着走到他面前，托起他的头认真地看着他，接着，她回头对丈夫说："你错了，他不是全郡最坏的男孩，而是全郡最聪明、最有创造力的男孩。只不过，他还没有找到发泄热情的地方。"继母的话说得卡耐基心里热乎乎的，眼泪几乎滚落下来。就是凭着这一句话，他和继母建立了深厚的感情。也就是这一句话，成为激励他一生的动力，使他日后创造了成功的 28 项黄金法则，帮助了千千万万的普通人走上成功和致富的道路。
>
> 资料来源：作者根据网络资料整理

2. 对比式赞美

赞美他人切忌空泛，要让他人觉得真实可信才更有效。对比式赞美包含 3 个元素，分别为感受（Feeling）、事实（Fact）和对比（Compare），这又称为"FFC 法则"。

FFC 法则是一种有效且真诚的赞美方法。

（1）要表达出自己的内心感受，如喜悦、敬佩等，这样可以更好地引起被赞美者的共鸣。

（2）需要详细描述赞美对象的具体特点或成就，这些描述应该是真实的，并具有可验证性。

（3）要进行适当的比较，可以是与自己或与他人进行的比较，从而突出赞美对象的独特之处。

例如，餐厅客人对服务员说："你的服务很好，每次杯里的水剩得不多时，你马上就补上了，其他人通常是等我要求加水了才过来。"这句话包含3个元素，即感受（你的服务很好）；事实（每次杯里的水剩得不多时，你马上就补上了）；对比（其他人通常是等我要求加水了才过来）。这样说内容真实具体，能让对方感受到赞美是出自真心的，而不是胡乱说的。

以上技巧可用"名字＋状态＋感受＋问题"的通用格式来表达，即对方的什么状态让我产生了什么感受，然后我提出开放问题，让对方接受我的称赞，并回答我的问题。

3. 间接式赞美

间接式赞美即赞美的话不是当面表达的，而是通过第三者转述，最终将赞美的话语传到对方的耳朵里，给对方带来更多的惊喜和更深的感动，这是一种常用且非常有效的赞美方式。间接式赞美又包括不同的方法，具体内容如下：

（1）在第三者面前称赞。当事人不在场，而沟通者在第三者面前对其进行赞美，这样的赞美有时会收到出乎意料的效果。例如，张晓是刘思语的主管，有一次她在李经理面前说："刘思语工作认真负责，而且喜爱钻研，业绩非常出色，勤奋努力，具有创新能力，是一个不可多得的人才啊！"这话传到刘思语那里后，她自然会对主管万分感激。

（2）传达第三者的赞美。借用第三者的话来称赞，会让对方感觉受到更多人的重视，也更加令人信服。

在日常生活中，人们经常运用这种方式表达赞美之情，例如，"刘妍，我听宋宁说你上周刚刚成功跑完全程马拉松，是什么样的毅力让你坚持下来的？""张亮，昨天吃饭的时候，我爸爸在谈论你的创业项目，你是怎么确定这个创业方向的？"

（3）赞美与被赞美者有直接关系的第三人。有的人不习惯于当面直接赞美他人，或不习惯于当面被直接赞美，恰如其分的间接赞美，其意义和效果并不亚于直接赞美。例如，"严师出高徒""将门出虎子""名厂无劣品"之类的说法，就道出了间接与直接的关系。直接赞美劳动成果，往往就是间接赞美生产、培植出这硕果的劳动者。

4. 推测式赞美

推测式赞美是一种主观的赞美方式，它未必是事实，未必能够实现，但它是从善意的想象中推测他人的美好，能给人一种美好的感觉。例如，"你太有才华了，以后肯定会有一番作为的！""你动作敏捷，勤奋好学，努力训练，总有一天，你会成为国家足球队的最佳后卫。"这些都是推测式的赞美。这种赞美方式是通过对方表现出的某一方面或某些方面的良好品质，继而推测其未来，并表达赞美、鼓励，从而给对方留下美好的印象。

爱因斯坦的故事

爱因斯坦在科学领域被广泛认为是人类历史上最伟大的物理学家之一。他的相对论颠覆了牛顿力学的观念，为现代物理学打下了基础。然而，他的成功并非一蹴而就，也得到了许多人的赞美和鼓励。

在爱因斯坦年轻的时候，他曾经对科学充满热情，但因为他的想法过于超前，很少有人能理解他的理论。这种情况持续了很长时间，直到他遇到了一位名叫利奥波特·英费尔德的科学家。英费尔德对爱因斯坦的想法表示了极大的赞赏，并鼓励他坚持下去。受到英费尔德的赞美和鼓励后，爱因斯坦更加坚定了自己的信念，最终走向了成功的道路。

可以说，英费尔德的赞美对爱因斯坦的成功起到了积极的作用。这种鼓励使爱因斯坦保持了前行的动力，在科学探索的道路上不断前行，最终获得了伟大的成就。

资料来源：作者根据网络资料整理

知识任务四　赞美的能力

会赞美他人是一种能力，而这种能力通过学习是可以提高的，我们可以从以下几方面练习。

1. 关注他人，欣赏他人

有些人无法赞美他人，最主要的原因就是太关注自己，太自私。因此，要想学会赞美，第一步就是要学会把注意力从自己身上转移到他人身上，否则，你不可能发自内心地去赞美他人的优点，甚至你根本就发现不了他人的优点。

没有欣赏，就没有发现；没有发现，就没有赞美。学会欣赏，是一个成功人士的习惯。学会欣赏一个人的执着，欣赏一个人的优点、缺点，欣赏一个人的文艺才能等。一个不懂欣赏他人的人，绝对不是一个善于赞美他人的人。

2. 提高洞察力，判断对方的需求

每个人都有自己的长处，都有自己的闪光点。要善于从对方身上捕捉可赞美之处。有些人对他人很少赞美，一个重要的原因就是他们看不到他人值得赞美的地方。其实，只要细心观察，就会发现值得赞美的东西实在太多了。

3. 提炼对方的亮点

逢物加价，遇人减岁。赞美对方物品时，适当地提高价钱，表示物超所值，听者会觉得自己有眼光，没有吃亏，而如果一味地贬低对方物品，对方会觉得你不尊重他。对于成年人，适当地把对方讲得年轻一些，听者感觉自己显得年轻，会特别愉悦。赞美对方最得意而他人却不以为然的事情，让对方获得认同感，这一点非常重要。如果对方把你看成知音，表示你的赞美恰到好处。

> 见多识广

莱特兄弟造"神鸟"

莱特兄弟在八九岁时，一天晚上，两人在树下玩耍，抬头一看，透过密密麻麻的树叶，一轮明月正挂在树梢上。两个孩子高兴地跳起来，就爬上树去摘月亮，月亮没摘到，不小心撕破了衣裳，摔伤了腿。父亲知道后，不但没有指责孩子，反而还给予了赞扬："你们爬上树去摘月亮的想法是有趣的、新奇的、伟大的。可是你们想过没有，月亮很高，在树梢上怎么能摘得到呢？我希望你们将来制作一种有神翼的大鸟，骑着它到天上去摘月亮。"小哥俩听了父亲的赞扬和鼓励，就决心去造这种"神鸟"。后来，他们不断设计凌空搏击的"神鸟"，父亲也长期当他们的助手，终于成功地发明了世界上第一架飞机。

资料来源：作者根据网络资料整理

4. 组织语言

（1）要精心地组织语言。赞美要通过组织自己的语言，以一种自然而然的方式表达出来。如果你用非常华丽的辞藻来说明一个生活和工作中经常遇到的事情，就显得太过做作，他人对你的信任程度就会大打折扣。

在组织表达赞美的语言中不仅要讲究方法，而且也要讲究顺序。

一个孩子想不写作业就吃冰激凌、打球。如果你是父母，你应这样对孩子说："我知道你是个好孩子，从小就能安排好自己的事情，先把作业写了，再去吃冰激凌、打球。"这种赞美就是合理地安排顺序。如果平时能这样来赞美鼓励自己，那么我们一定能成为自我约束能力强的人。

（2）不要用模棱两可的语言。在赞美他人时，不要使用模棱两可的表述，像"嗯，有点儿意思""挺好"或"没那么糟"等。含糊的赞美往往比侮辱性的言辞还要糟糕，侮辱至少不会带有怜悯的味道。

一定要知道自己要赞扬什么，并准备好详细描述。有一次，一个人对一位同事上电视的表现赞不绝口。"你真是很棒，"他说，"真的、真的、真的很棒！"事实上，那次预订的电视采访已经取消了。

不要仅仅因为想不出其他可说的话而去赞美他人。也许有人认为，含糊其词的赞美比沉默要好，其实不然。

5. 采用适当的方式

赞美的方式包括语言、欢呼、握手、拥抱、掌声、击掌、鲜花、竖大拇指等。

赞美不一定总使用一些固定的词语，见人便说"好"。有时，投以赞许的目光、做一

个夸奖的手势、送一个友好的微笑，也能收到意想不到的效果。

赞美不一定局限于对个人，也可包括对他所从事的职业，所属的民族、籍贯、国家，以及他工作的单位、就读的学校等。这种对群体的赞美，在现代的集体社交活动中，具有特殊的公共关系效果。

6. 注意赞美的场合

在众人面前公开赞扬下级，对被赞扬的员工而言当然受到的鼓励是最大的，也是一种比较好的赞扬下级的方式。但是，采用这种方式时要特别慎重，因为被赞扬的人如果表现得不能得到大家客观的认同，其他下级难免会有不满意的情绪。如果拿批评和表扬作比较，批评所受影响的仅是被批评的人，而表扬所受影响的则是被表扬及以外的人。试想，一个不该受到表扬或不该受到如此规格表扬的人被表扬了，那么这种表扬的行为将挫伤很多人的情感和自尊，他们会觉得如此轻率地表扬就像一出闹剧一样，让人在觉得可笑的同时也觉得可悲。因此，需要公开表扬的最好是能被大家认同或得到公正评价的人和事项，如公平竞争下产生的业务竞赛的前三名，获得单位全体员工认同的对单位有重大贡献者及获得社会大众认同的义举等，否则，最好是单独、私下赞扬。

☼ 自学自测

一、单选题

1. 赞美是称赞、称誉的意思，它是发自内心地对于美好事物表示（   ）的一种表达方式。

    A. 认同   B. 否定   C. 肯定   D. 欣赏

2. 虚心请教是一种（   ）的赞美方法。

    A. 高超   B. 低级   C. 虚伪   D. 不切实际

3. "间接赞美"是赞美的（   ）。

    A. 方式   B. 法则   C. 意义   D. 含义

二、多选题

1. 赞美的意义包括（   ）。

    A. 赞美是一种人格修养   B. 赞美是一种美德

    C. 赞美是自己前进的基石   D. 画龙点睛

2. 赞美的技巧有（   ）。

    A. 因人而异   B. 投其所好   C. 雪中送炭   D. 借人之口

三、判断题

1. 不同的人要根据其具体特点，运用不同的赞美语言。（　　）

2. 对年轻人，语气上可稍带夸张；对德高望重的长者，语气上应带有尊重。（　　）

3. 赞美他人要基于事实，发自内心。（　　）

4. 赞美别人可以提高自己的生存能力、合作能力、发展能力。（　　）

5.最需要赞美的就是那些早已功成名就的人。　　　　　　　　（　　）

四、简答题

1.赞美都有哪些技巧？

2.赞美的方法有哪些？

3.如何提高赞美能力？

📖 **课中实训**

实训任务一　认知赞美

同学们：请回忆一下，在生活中，你赞美过他人吗？你得到过他人的赞美吗？在赞美中，你收获了什么（可以是得到他人的赞美，也可以是赞美他人的）？

学生关于赞美中的收获进行交流后，教师进行总结。

实训任务二　学会赞美的技巧

[情景]已经一周没有回家了，刚进屋，你就闻到了一股浓浓的香味，好香呀！原来，辛勤工作了一整天的妈妈正在厨房做你最喜欢吃的菜。不一会儿，妈妈把香喷喷的菜端上了餐桌。这时，你想对妈妈说……

学生与同桌进行情景模拟，一位扮演妈妈，一位扮演孩子。注意赞美的技巧，并体会赞美他人与被赞美的感受！

实训任务三　探究赞美的方式

寻找班级一位同学身上的优点，运用恰当的赞美方式，真诚地加以赞美，观察同学的反应，然后分析自己使用的是哪一种赞美方式，反思通过学习后，自己的赞美能力提高了吗？为什么？

实训任务四　提升赞美的能力

分析下面赞美的话语是否合适。

（1）听人说，你是个能干的人。

（2）你真年轻，年轻有为啊！

（3）王部长是最能干的部长，每样工作都做得很好！

（4）你的发言很精彩！

（5）这个问题其他人没有你处理得好！

（6）听人说，你年轻有为，今天一见果不其然，后生可畏啊！

（7）小王，你这一次在电话里和客户谈得很不错。

（8）没关系，你的思路挺好，顺着这个思路干下去，工作肯定有起色。

提示：在课堂演绎上述话语，然后从说话的语气、语调中所体现的态度及赞美的内容等方面进行讨论分析。

实训项目评价

序号	技能点评价	佐　证	评价方式		
			自评（30%）	互评（30%）	师评（40%）
1	理解赞美的含义	能够理解赞美的含义			
2	分析赞美的技巧	能运用赞美的技巧称赞他人			
3	分析赞美的方式	赞美他人时能运用恰当的方式			
4	提高赞美的能力	能有效提高赞美他人的能力			

序号	素质点评价	佐　证	评价方式		
			自评（30%）	互评（30%）	师评（40%）
1	创新意识	在沟通中有自己独特的赞美他人的方式			
2	分析问题、解决问题的能力	能够根据不同的沟通对象采用不同的赞美方式			
3	团队合作	积极与他人沟通，主动赞美他人			

◎ 复盘反思

1. 知识盘点：通过对赞美认知项目的学习，你掌握了哪些赞美知识？请画出思维导图。

2. 方法反思：在完成本项目的学习和实训的过程中，你学会了哪些赞美他人的技巧？

3. 行动影响：在完成本项目的学习和实训的过程中，你认为自己在赞美他人时还有哪些地方需要改进？

📖 课后提升

提升任务一　女高音歌唱家的故事

意大利有一位知名女高音歌唱家，少年时代便表现出唱歌的天赋，被誉为少年之星。家人为她请来一位年轻有为的音乐教师，这位音乐教师对学生的要求非常严格，绝不放过学生的任何一点错误。女歌唱家为音乐教师超凡的才华所倾倒，偷偷爱上了他。从那以后，只要是在教师面前唱歌，她便感觉紧张不安，生怕出现一点错误。渐渐地，她的歌儿唱得越来越生硬，表现也越来越差，直到后来几乎没有音乐厅请她唱歌了。几年后，她虽然与这位音乐教师结了婚，但是也放弃了自己的歌唱理想。

时光流逝，音乐教师因车祸不幸去世。丈夫的不幸去世反而成了女歌唱家的事业转机。一天，在她做家务的时候有个推销员上门推销产品，听着她哼唱的歌曲，推销员夸奖说："您唱得真好，我很少听到这么美妙的声音，您为什么不到音乐厅唱歌呢？"她不好意思地说："没有音乐厅愿意请我。"推销员自告奋勇地说："怎么会呢，我可以推荐您到一

家音乐厅去唱歌。"后来她买了推销员的商品，而推销员也出于感激真帮她联系了一家音乐厅。

女歌唱家去音乐厅演唱的那天，推销员叫了许多朋友坐在前排，她一唱完，他们就拼命鼓掌欢呼，推销员又及时地送上鲜花。她在众人的鼓励下决定继续唱下去。此后，只要是她登台唱歌，推销员就必定坐在第一排，不仅掌声热烈，还会送上一束饱含情意的鲜花祝贺，她在推销员真诚的鼓励下逐渐恢复了原来清新自然的歌喉，歌儿唱得也越来越好，成为意大利知名的女高音歌唱家。

想一想：

1. 少年时代的唱歌天赋为什么不见了？

_____

_____

_____

2. 是什么使这位女士最后成为意大利知名女高音歌唱家？

_____

_____

_____

_____

3. 谈谈你对这个故事的感悟。

_____

_____

_____

_____

_____

提升任务二　赞扬的力量

王先生在儿子 8 岁时给他买了一架钢琴，可是小男孩顽皮好动，不好好学，王太太为此经常训斥他，却丝毫不起作用。于是，王先生开始想办法让孩子喜欢弹钢琴。一天下午，当孩子为应付父母，随便弹了一首曲子准备溜走时，王先生叫住他说："儿子呀，你弹的是什么曲子？怎么这么好听，爸爸从来没有听过这么美妙的音乐，你再给爸爸弹一遍。"孩子听了很高兴，愉快地又弹了一遍，王先生告诉儿子喜欢听他弹的曲子，能不能每天弹几首，儿子高兴地答应了下来。现在，小男孩每天放学回家后，第一件事情就是弹钢琴，雷打不动。

想一想：

1. 小男孩每天放学回家后，为什么第一件事情就是弹钢琴？

_____

_____

_____

_____

_____

2. 王先生是如何通过赞扬培养孩子弹钢琴的兴趣的？

_____

_____

_____

_____

_____

_____

3. 通过此案例总结一下，上级如何在工作中运用赞扬的力量激励下级？

_____

_____

_____

_____

_____

_____

提升任务三　传递赞美

生活中有很多值得赞美的人，请把你的赞美送给父母、同学、朋友、老师，以及那些我们不认识但值得赞美的人，如认真负责的清洁工、有礼貌的汽车司机……

模块三

职场沟通

【模块导入】

在职场工作中，会面对不同的客户，各种沟通场景，如何面对职场的挑战，应该具有哪些应对策略和技巧，是本模块探究学习的内容。本模块以职场沟通技巧为主要内容，包括商务演讲、求职面试、与客户沟通、会议沟通及电子媒介沟通。

项目一
商务演讲

教学目标

知识目标

1. 了解演讲的概念及其特点；
2. 掌握商务演讲的基本知识及基本原理；
3. 掌握商务演讲的相关技巧。

能力目标

1. 能够根据目的和任务，选择适当的商务演讲方式；
2. 能够根据沟通任务来计划、组织和实施商务演讲。

素质目标

1. 培养学生履职尽责、爱岗敬业、精益求精的商务演讲意识；
2. 培养学生熟练使用商务演讲沟通的技巧、尊重事实的求知态度，树立良好的职业品格和行为习惯。

思维导图

商务演讲
- 演讲认知
  - 演讲及其特点
  - 演讲的类型
- 商务演讲认知
  - 商务演讲的常见错误
  - 商务演讲的基本原则
- 商务演讲的基本技巧
  - 演讲组织的技巧
  - 演讲语言的运用技巧
  - 恰当地运用肢体语言的技巧
  - 建立自信的技巧

 课前自学

知识任务一　演讲认知

1. 演讲及其特点

演讲是演讲者在特定背景下，运用声音和姿态语言等表达手段，劝说和鼓动听众的一种沟通方式。演讲既需要语言艺术，也需要鼓动艺术。成功的演讲需要演与讲之间和谐、有机协调的配合。

成功的演讲具有以下几个特点：

（1）目的性明确。每次成功的演讲都会有明确的目的。演讲者会在强烈的演讲动机驱使下，通过演讲来表明自己的观点、唤醒听众的思想、激活听众的情绪、促使听众采取某种行动。

（2）说服力强。成功的演讲必定要能够以理服人、以情感人，具有很强的说服力。以理服人说明成功的演讲必须着眼于说理；以情感人是指对于演讲中所涉及的人物、事件和问题，演讲者都应表明自己的态度，并以带有感情的方式表达出来，使听众引起感情上的共鸣。

（3）富有艺术性。演讲的艺术性主要体现在四个方面：首先，是内容组织上的艺术性。成功的演讲或以具体感人的形象，或以深刻真实的事例说服人、感染人；或歌颂真善美，或鞭挞假丑恶，寓思想教育于其中。其次，是文采上的艺术性。演讲以富有艺术性的口语为听众营造一个美妙的氛围，使听众在美的享受中得到启迪。再次，是演讲讲究音量的轻重强弱、音调的抑扬顿挫、节奏的起伏快慢、语速的停顿连接，语言运用上富有艺术性和技巧性。最后，演讲者在演讲过程中通过自身的气质、装扮、表情和体态等因素来传递艺术与美的信息。

总之，成功的演讲能使人感受到强烈的艺术熏陶，优秀的演讲者本身就是一个艺术家。

（4）高度综合性。每次演讲的目的各有差异，听众各式各样，想要达到预期的效果，演讲者就需要根据演讲目的和听众特点，多角度地收集和组织演讲内容，采用多种演讲手段和表达技巧。

2. 演讲的类型

演讲根据目的和方法不同，可分为7种主要形式，即告知型、交流型、劝导型、比较型、分析型、激励型和娱乐型。

（1）告知型。告知型演讲的目的是向听众传递信息。告知型演讲的主题应是没有争议的，以避免与受众发生争议。为此，演讲者就应以客观方式陈述事实，提供被证实的数据信息。

（2）交流型。交流型演讲以交流信息为目的。为达到信息交流的目的，演讲者要注意营造一种探讨问题的氛围，促使双方之间的交流，并最终找到解决方案。

（3）劝导型。劝导型演讲的目的是说服听众。通过演讲说服那些持有反对意见或态度冷漠的受众，赞同或支持某种观点或主张，或改变现有的行为和态度。

（4）比较型。比较型演讲的目的与告知型演讲一样，也是向听众传递信息，但与告知型演讲不同的是，比较型演讲是通过针对两个或两个以上的产品、概念、政策或活动等进行讨论、解释和比较，向听众提供相关的事实或利弊分析，以有助于听众作出正确的决策。

（5）分析型。分析型演讲的目的是通过传递信息，分析相关形势、文件和政策等，为制订决策或采取某种行动措施等提供参考。

（6）激励型。激励型演讲的目的是激励听众，希望通过演讲来鼓励听众采取行动，更加积极地去实施某项行动计划。

（7）娱乐型。娱乐型演讲是一种以轻松、幽默和趣味为主要特点，旨在带给听众欢乐和娱乐的演讲形式。这种演讲常常在聚会、庆典、综艺活动等场合出现，能够有效地调节气氛，让听众在轻松愉快的氛围中度过美好时光。

知识任务二　商务演讲认知

在商务活动中，人们经常要面对内部或外部的人员进行产品或其他方面的演示、介绍或演讲。只要掌握了一些规律和技巧，成功的演示和演讲是可以做到的。

1. 商务演讲的常见错误

（1）缺乏清楚的要点。听众往往听完了演讲还不知道演讲者要讲的是什么。多少次，当你耐着性子把一场演讲听到底之后，你却还是摸不着头脑："这到底是要说明什么呀？"

（2）没有说出听众的利益所在。演讲未能表明听众如何能够从演讲所传递的信息中获益。多少次，你一边不耐烦地听着演讲，一边心里却在不断地嘀咕："那又怎么样？"

（3）缺少一个清楚、流畅的叙述结构。演讲的结构次序安排不妥，令听众听得如坠云中，无法理清头绪，跟不上演讲者的思路。多少次，你耐着性子听着演讲，却常常被搞得晕头转向，心里不断地犯糊涂："等等，怎么又说到这儿了？"

（4）太过于细节化。演讲中充斥着如此多的事实，而最重要的论点反而模糊了。多少次，你在听演讲时，心里都在嘀咕："他说这个干什么？"

（5）太过于冗长。演讲还没讲完，听众已经听得毫无兴趣，坐立不安了。你听到过有几次演讲是太短的？

如何避免上述这些错误，做一次成功的演讲呢？你必须把握住演讲的基本原则。

2. 商务演讲的基本原则

（1）明确演讲目标。要做一场成功的演讲，就必须从一开始就非常清楚地把演讲目标作为一个焦点，心中始终牢记自己的目标，"以终为始"，否则你就会犯前面所提到的第一种错误。

（2）为听众着想。演讲时要面对的对象无疑是你要达到演讲目标最主要的问题。演讲者应该把听众摆在与演讲者本身的目标同样重要的位置上予以关注。

只有你能够以"为听众着想"指导你在准备演讲时的每个决策，你的演讲才会变得既简明扼要又有说服力，从而避免前面所提到的第二、第四、第五种错误。

知识任务三　商务演讲的基本技巧

1. 演讲组织的技巧

（1）选择合适的叙述结构。演讲者在演讲前如果不把自己的思想组织成一个有结构的体系，听众就可能"只见树木，不见森林"，跟不上演讲者的思路，无法明白演讲者的目标，以至失去对演讲的兴趣。所以，演讲者的责任之一就是成为听众的导航员，把演讲内容各个部分之间的联系清楚地呈现在听众面前。

对于不同类型的演讲，有下面几种不同的叙述结构可供选择：

1）标准组件式。标准组件式叙述结构的演讲由一系列类似的组件单元或元素组成，单元的次序是可以互换的。你可以任意决定各个单元的顺序，然后再逐一展示给听众。这是最松散的叙述结构组织方式，听众要跟上你的叙述结构，难度也最大。

财务类演讲只能采用这种叙述结构，演讲的内容无非就是财务年报、季报、资产负债表、损益表和其他财务数据，这些内容几乎可以用任何一种顺序来安排。

使用标准组件式叙述结构有两个优点：如果需要，你可以轻松地重新安排各个项目的叙述顺序。此外，当你面临时间限制时，甚至可以省略一、两个项目。缺点就是听众难以抓住你的演讲脉络。因此，尽量少用这种叙述结构，如果一定要用，最好把演讲弄得简明扼要一些。

2）编年史式。编年史式叙述结构的演讲是以时间为线索，按照事件发生或可能发生的顺序来安排结构。最适用于以一个变化过程作为演讲主题的那一类演讲。例如，向公司的新员工介绍公司的发展历程。有效组织你的演讲的方法就是根据时间前后顺序讲述公司是如何起步的，今天又是怎样一个发展局面，公司是如何谋求未来发展的。

3）地理分布式。地理分布式叙述结构是按照地点逻辑来组织演讲，即按照地理位置来组织演讲内容。

假设你的公司从事的是配送业务，其分支机构遍布全世界。你就可以采用地理分布式叙述结构来组织演讲。你可以这样开始："卓越全球配送公司在五大洲 11 个战略性区域拥有自己的仓库与货运中心，分布在从美国到澳大利亚，从巴西到法国，从中国到南非的广大区域中。为了帮助您了解为什么卓越公司能够比其他配送公司更好地为您及您的顾客提供服务，请允许我带您去看一看这些货运中心是如何运作并共同构建起我们的全球性配送网络的。"

对于这场演讲来说，这显然是一个容易把握的叙述结构。

4）空间式。空间式叙述结构是按照概念上的空间顺序来组织演讲，它通过一组实体性的比喻或类比，为你的不同主题赋予了一个空间性的次序，如从上到下、从里到外等。例如，在谈到一个产品的市场时可以用同心圆的方式来组织，那些肯定会对产品感兴趣的顾客构成中心市场，是最中心的那个圆，而外面的圆代表更大、更分散的市场，而且越往外越难获得。采用从内到外的空间叙述结构来组织这些概念，就会使听众更易于理解、认同和记忆。还有很多公司运用建造房屋的实体性比喻来说明其业务模型。房基可以用来比喻平台产品或服务；起支撑作用的房梁可用以比喻企业组织和合作伙伴；内部结构中的电线和管道可用来比喻技术；而外面的玻璃、砖、泥浆等可用来比喻营销与品牌。

5）问题/解决方案式。使用这一叙述结构时，你将围绕着一个问题以及你或你的公司提供的解决方案来组织演讲。例如，你的公司是一个制药公司，现在为了筹集资金你要向投资者做演讲。这时，你可以采用这种结构。你可以先提出一个特定的医疗难题，然后给出运用你公司的独特产品解决这一难题的方案。

如果采用问题/解决方案式叙述结构，一定要注意问题点明就可以了，要把演讲重点放在解决方案上。很多人在采用这种结构时，把太多的时间放在问题上，而放在解决方案上的时间却不够。

6）机遇/能力式。采用这一叙述结构，开始时你要描绘一个诱人的业务机遇：巨大的新兴市场、技术的变化、经济周期的变化等。然后，在能力方面，你将介绍优势产品、分销方法、合作伙伴或为抓住机遇所采取的竞争战略。例如，思科公司在其股票上市前的路演演讲中选择了这种叙述结构。因为当时投资者还不理解计算机网络的运作原理，也不知道为什么网络将来会特别重要，所以思科决定其演讲应先说明网络的巨大潜力，也就是机遇；再来解释使网络得以运转的技术，他们谈到了路由器，以及路由器如何提供相关服务，这就是思科抓住机遇的能力。

7）特征/好处式。特征/好处式叙述结构是传统的产品发布方式。在采用特征/好处式叙述结构的演讲中，你将讨论你的产品或服务的一系列特征，对于每个特征你都会说出它能够带给顾客的确凿好处。例如，你作为出版商的销售代表向来自众多书店的采购员发表演讲，向他们推销新书。对于每种书，你都会介绍其特色及它将带给读者的好处。最后告诉他们这本书肯定将成为畅销书。如果你能令人信服地把图书的特色与好处讲清楚，采购员自然要争购你的新书。

8）案例分析式。所谓案例分析，实际上就是一个故事，讲的是你或你的公司如何解决某个特定问题或如何满足某个特定客户的需求，在讲述这个故事的同时，案例研究还将涉及你的业务及其商业环境的方方面面。案例分析式叙述结构提供了一条连接各种不同元

素的主线。这种结构安排的优点是能够把一个技术复杂或相当枯燥的产品或服务变得更加生动、人性化、更好理解。

上面介绍的这些叙述结构并不存在一种比另一种更好的情况，关键是，演讲者要根据个人的演讲风格、观众的兴趣和演讲的内容本身选择一个合适的叙述结构。

（2）设计开场白。"万事开头难"，演讲也是如此。演讲的开场白要迅速抓住听众的注意力，形成一个小的高潮。演讲开场白的典型方式有以下几种：

1）提问法。开始演讲的一个好办法是向听众提出一个问题。一个精心选择、相关性强的问题很快就会得到回应，吸引听众，拉近演讲者与听众之间的距离。

2）摆事实法。讲述一个简单而令人震惊的统计数据或事实，如市场增长数字、听众可能不熟悉的社会发展趋势等。这一事实必须与你演讲的主题及你的演讲目标密切相关。你的这一事实越不寻常、越令人吃惊、越具有震撼力，效果就越好。

3）讲故事法。讲故事法就是把发生在自己或他人身上的一个和主题密切相关的例子作为开场白。因为人们天生就对他人的事情感兴趣，关心他人，所以，一个故事会立即使听众产生认同和共鸣。

> ▶ 见多识广

泰和保险公司的一个业务员在向潜在顾客介绍其公司的保险服务时，是这样开始他的演讲的：

"去年，泰和公司的一位客户家里着火了。他家里几乎所有的东西都烧光了。他遭受了巨大的损失。就像许多人一样，我们的被保险人现在才意识到他离灾难只一步之遥。幸运的是，我们泰和公司给出了一个解决方案。泰和审查了他以前的保险计划，发现了保险范围存在的漏洞。于是，我们提供了多功能、低保费的保险项目，提供了该客户以前的保险计划不曾提供的保险范围。"

资料来源：作者根据网络资料整理

4）引述法。依据演讲主题的需要，选择恰当的成语、名言或行业报纸上对你、你的产品或服务的赞誉或正面评价作为开场白。

5）类比法。所谓类比，就是在两个看上去不相关的事物之间作比较。一个精心设计的类比是解释那些神秘、面目不清或复杂的事物的一个好办法。

你也可以把上述这些开场白的方式组合起来使用。但是，要让你演讲的开场白发挥最大效用，你还应该在你的开场白与你的演讲目标之间建立联系。

（3）圆满结束演讲。演讲的结束语同开场白一样重要。如果演讲的开场白精彩绝伦，正文生动有力，但结尾毫无生气，草草了事，那么你的演讲肯定大打折扣。你的结束语决定了演讲留给听众什么样的记忆和影响。

在演讲接近结束时，听众往往已经有即将结束的预感，一些心急的听众甚至已经准备离开了，在这个时候，如果你告诉听众下面是一个内容总结，这就是你的致命错误。一定要在听众的情绪处于消退状态时，及时、适度地掀起一个小的高潮，以使演讲结束时获得良好的气氛效果。

结束演讲的典型方式有以下几种：

1）鼓励式。如果你的演讲属于劝说性演讲，那么在结尾中就要积极鼓励听众行动。一般要明确让听众做什么、怎样做，这样才能更有效地达到鼓励听众行动的演讲目的。

2）提问式。一些发人深省的问题运用于演讲的结尾中，既可以从侧面概括演讲的主题，又能对听众形成很强的心理冲击，让他们进一步思考、反省，产生意犹未尽的深远效果。

3）递进式。在充分论证后，以充沛的感情表达一些美好的愿望，较容易感染听众。在结尾中充分运用一些排比句，再配合饱满的热情必然会起到更好的效果。

4）总结式。总结式比较保守，适合工作演讲。就是为了进一步加深听众的印象，再次重点地概括主题思想。采用这种方式，一定要言简意赅，做到简短精练。

（4）演讲个性化。商务演讲中的很多信息都是需要向多个听众群反复宣讲的。为了应对这一挑战，你可以采用下面这几种方式，使你的演讲与每个特定的听众群体连接起来，也就是定制出只针对某个特定听众群体的个性化演讲。

1）直接引用。在演讲中提及一位或更多听众的名字或提到听众熟悉的人、公司或组织。

2）提问。直接向一位或更多的听众提问。提问是吸引听众参与的最好方式之一。

3）即时化。引用当天的甚至是几分钟以前的最新事件或进展。采用这种技巧，你传递出这样的信息：你的所有信息都是最新的并且与现实高度相关的。

4）当地化。寻找演讲地点与你的信息相关的一些事实来使你的演讲当地化。

5）个性化的首页幻灯片。你的首页幻灯片上如果写出听众、地点和演讲日期，会对听众发出这样的信息：这个演讲是根据你们的需要和兴趣专门为你们准备的。

2. 演讲语言的运用技巧

语言是演讲的载体，有效的语言能成为一种强有力的沟通手段，它是连接演讲者和听众的桥梁，可以毫不夸张地说，语言的运用是演讲成功的重要影响因素。因此，要做个成功的演讲必须把握好语言的运用技巧。

（1）语言应该简洁、精确。演讲的语言应该能够精确地表达演讲内容的本质和相互关系。语言更应该简洁，应该用最少的字句，表达最丰富的内容。

（2）形象生动。语言应该口语化，鲜明生动，使抽象的事物具体化，深奥的道理浅显化，概念的东西形象化，使听众一听就明白，活跃演讲的气氛。

（3）运用比喻手法。恰当贴切的比喻能够启迪、说服听众。

（4）适当引用。在演讲中，引用一些名人名言、典故、谚语、寓言和幽默笑话更能说明问题。

（5）运用设问和反问两种修辞手法。设问是自问自答；反问是只问不答。这两种方法

可以使演讲戏剧化，增强语言的情感力量，对听众的思想产生深刻的影响。

（6）善用排比手法。排比是一种富于表现力的修辞方法。用于叙事，可使语意畅达，层次清晰，形象生动；用于抒情，可使感情浓烈，节奏鲜明，旋律优美；用于议论，可使阐述透辟，语势峭拔，结构严密。

（7）良好的发音技巧。演讲者应该正确地使用普通话，发音清晰、洪亮。吐字不清楚就会造成演讲者与听众之间的隔阂，导致演讲的失败。受人欢迎的语速应该保持在每分钟150字左右为最佳。

（8）巧用重音。重音是指在演讲过程中有意强调某一个音节。重音的处理方式在于咬字的音量和力度。演讲者应该根据不同的演讲目的、感情等因素来确定不同的重音位置。

（9）停顿的技巧。停顿是演讲过程中语音上的间歇。停顿有语法停顿、逻辑停顿和心理停顿三种。前两种停顿的主要目的是保证语意清楚明确、重点突出。心理停顿是为了服从演讲心理情景的需要。停顿能够更好地表达感情，但是必须设计好，不能乱用。

3. 恰当地运用肢体语言的技巧

（1）仪表。在演讲开始之前，听众最先观察到的是你的仪表。得体的服饰、优雅的仪态，最能博得听众的好感。选择服饰时，首先要合体，可以适当地选择一些能够掩饰自身缺陷的服饰。在正式的演讲场合应该穿西装、套裙等正装。同时，注意在服饰颜色的搭配上避免过于单一，但一般也不应超过三种。

（2）眼神。眼睛是一种能最有效地征服听众的武器，所以你需要用眼睛和听众适时地交流。如果你感觉紧张，可以将目光锁定在一个虚设的东西上，这样就可以避免因为紧张或其他的事情分心。

（3）表情。演讲中所包含的复杂感情都可以通过面部表情来充分体现出来。在演讲时不能把自己的感情隐藏起来，而是让它充分地展露出来，让表情帮助表达你的意思。

（4）手势和姿势。你站在演讲台上时，你的姿势或姿态可以传达关于你的很多信息。所以，当你站在台上时，你至少要保证你的站姿没有表现出你的倦怠；最好你能将自己整个身体当作一种有力的工具，为增强与听众间的友善关系服务。

如何使用手势一直是一个广受讨论的问题。无目的地在空中挥来挥去或不断地玩着钢笔肯定是不行的，至于插在裤子口袋里那就更糟糕了。保持你的手不动是关键，除非你的演讲需要手的动作配合。从一开始就要养成习惯，把它们安静地放在某个你自己觉得舒服的地方，每做完一个手势要放回原处。

4. 建立自信的技巧

恐惧是许多人不能较好地进行演讲的主要心理障碍，那么如何搬掉这一"绊脚石"，充满自信地走上讲台，使我们的演讲才能充分显示出来呢？这就是建立自信的技巧问题，可以试用以下方法：

（1）自我鼓励法。演讲者首先要对自己的演讲充满信心，在精神上鼓励自己成功。

演讲者在演讲前不应过多考虑演讲失败的后果，应努力做到"放下

克服演讲紧张的
技巧

包袱，轻装上阵"。

（2）要点记忆法。初学演讲者在演讲中，以采用提纲要点记忆法为宜。首先，就有关演讲的主题、论点、事例和数据整理成翻阅方便的卡片，整理出一份简略的提纲，并在提纲里注明各段的小标题，最后在各段的小标题下按序补充重要的概念、定义、人名、地名、数据和关键性词语。演讲者应反复思考和熟悉自己的演讲内容，而演讲时仅仅需要将该演讲提纲作为提示记忆的依据即可。

（3）试讲练习法。试讲练习可纠正语音，矫正口型，锻炼遣词造句能力，又可训练形体语言。演讲者可以自选一个演讲题，或模仿名家的演讲，在静僻处独自练习。

试讲练习可以帮助演讲者拥有充分的自信心，避免因准备不充分或不适应演讲环境而引起惊慌失措。

（4）情绪调节法。适度的深呼吸有助于调节紧张、烦闷、焦躁等情绪。当演讲者临场出现怯场反应时，可以运用深呼吸法进行调节，即全身放松，双眼望着远方，做绵长的腹式深呼吸，同时，随呼吸节奏心中默数1、2、3……

（5）目光回避法。正视听众，这既是出于礼貌，又是演讲者与听众全方位交流的需要。拉近演讲者与听众的距离，是演讲成功的必备条件。刚学演讲的人不妨采用虚视方式处理自己的目光，将视线移至演讲场后排上方，以回避听众的目光，使目光在会场上方缓缓流动。这种方式既能避免演讲者与听众目光对视所产生的局促和窘迫，又能给听众留下演讲者稳重大方的印象，使演讲获得成功。

☼ 自学自测

一、单选题

1.演讲是演讲者面对听众，就某一问题以口头语言为主要形式、态势语言为辅助形式，系统地阐述自己观点和主张的（　　　）的社会活动。

　　A.虚拟　　　　　　B.虚假　　　　　　C.真实　　　　　　D.形式化

2.（　　　）是演讲的主导因素。

　　A.信息　　　　　　B.演讲者　　　　　C.听众　　　　　　D.环境

3.演讲具有传递信息示意明理的作用，具有（　　　）的作用，具有社会交际思想交流的作用，具有表现素质塑造形象的作用。

　　A.宣传鼓动激发群情　　　　　　　　B.培养素养谈吐得当

　　C.激发正能量　　　　　　　　　　　D.指引道路明确方向

4.商务演讲中，演讲的目的不仅是传递信息、激励鼓舞或是说服听众，更是希望听众采取切实的行动。此类演讲属于（　　　）。

　　A.告知型演讲　　　　　　　　　　　B.说服型演讲

　　C.激发型演讲　　　　　　　　　　　D.娱乐型演讲

5.在商务演讲中，不宜用（　　　）作为一个演讲的开头。

　　A.赞美　　　　　　B.道歉　　　　　　C.名言警句　　　　D.小故事

二、多选题

1. 商务演讲的叙事结构有（ ）。

    A. 标准组件式   B. 案例分析式

    C. 空间式   D. 编年史式

2. 商务演讲的开头方式有（ ）。

    A. 提问法   B. 摆事实法   C. 道歉法   D. 类比法

3. 商务演讲的原则有（ ）。

    A. 明确演讲目标   B. 为演讲者着想

    C. 为听众着想   D. 获得听众赞誉

4. 商务演讲结尾的方式有（ ）。

    A. 鼓励式   B. 提问式   C. 递进式   D. 总结式

三、判断题

1. 演讲不包括商务演讲。 （　　）

2. 商务演讲不仅是一种推销产品或服务的方式，更是一种营销策略和品牌推广的工具。 （　　）

3. 商务演讲要从听众的需求出发。 （　　）

4. 商务演讲有固定的演讲结构，不能随意更改。 （　　）

5. 商务演讲不能太过于细节化。 （　　）

6. 商务演讲也要激发听众的兴趣。 （　　）

四、简答题

1. 什么是商务演讲？商务演讲的原则有哪些？

2. 商务演讲的叙事结构有哪些？请举例说明某一种叙事结构。

📖 **课中实训**

实训任务一　实践演讲

任务　分析演讲特点

任务描述：演讲。

1. 实训方法和步骤

将班级的学生分成几个小组，每组 8～10 人，由指定小组长主持，由每个学生依次在如下选题中选择一个主题（也可以另外自由选题），在小组内作 2～3 分钟的即兴演讲。

（1）如何才能使每门课的评分更公平，更合理。

（2）对大学生创业的认识。

（3）我的职业生涯设计。

（4）怎样使大学生活更充实。

（5）如何正确对待就业和择业。

每位同学在组内演讲后，小组内其他同学按照表 3-1-1 对其评分。待全组每人演讲完成后，推选出得分最高的同学作为代表到班级演讲，由全班同学对其作出评价。然后，根据得分高低推选出班级演讲冠军。

2. 评价标准

所有听众都要按照表 3-1-1 对演讲者的表现进行评价。

表 3-1-1　评价标准

标　准　＼　分　数	很不满意（1分）	不满意（2分）	一般（3分）	良好（4分）	优秀（5分）
演讲主题和目标明确					
演讲内容充实、条理清晰					
演讲者语言表达技巧好，富有激情					
演讲者充分利用非语言沟通手段					
与听众保持互动沟通					
能有效控制怯场					

把 6 个方面的得分相加，就得到演讲者的综合分（假定 6 个方面的权重相等），将所有听众的评分相加就得到每位演讲者的总分。

3. 反馈和总结

分小组和班级两个层次，把对每位演讲同学的评价反馈给演讲者，肯定演讲者的优点，提出提高演讲总体效果的对策。

实训任务二　认知商务演讲

任务　探究商务演讲的原则

任务描述：赢在题目。

小 A 被邀请在一个大型的健康研讨会上做 10 分钟演讲，他确定的大致方向是自己一

直比较感兴趣的有关婴儿死亡率的问题。通过到图书馆查资料，他觉得题目太大，而且演讲时间只有 10 分钟，因此必须把题目进一步缩小。在查资料的过程中，他发现一些年轻妇女用婴儿配方食品代替母乳喂养，这对婴儿的健康会有一定的影响，从而增加婴儿的死亡率。所以，最终他把题目确定为《婴儿配方食品对婴儿健康和死亡率的影响》。因为他的演讲题目选择恰当，演讲取得了非常好的效果。

实训步骤：

（1）请思考：小 A 在演讲材料的准备过程中，认识上经过了怎样的变化？

（2）在商务演讲活动中，你是如何做好材料的准备工作的？

实训任务三　探究商务演讲技巧

任务　运用商务演讲组织的技巧

全班同学以小组为单位，每组选择一种叙事结构，推介自己的学校进行演讲，每组选出一名代表进行组间 PK 赛，由教师和指定的学生评委进行打分。

实训项目评价

序号	技能点评价	佐　证	评价方式		
			自评（30%）	互评（30%）	师评（40%）
1	分析演讲特点	能够准确分析演讲的特点			
2	分析演讲时坚持的原则	能够分析出演讲时坚持的原则			
3	分析商务演讲的结构	能够分析商务演讲的结构			

序号	素质点评价	佐　证	评价方式		
			自评（30%）	互评（30%）	师评（40%）
1	创新意识	能够在商务演讲中有自己的演讲风格			
2	分析问题能力	能够分析商务演讲成功与否的原因			
3	自我表现能力	能够主动倾听，尊重他人意见；礼貌待人，表达得体			
4	与他人合作能力	能够与其他组员分工合作；能够提出合理的见解和想法			

复盘反思

1. 知识盘点：通过对商务演讲项目的学习，你掌握了哪些演讲知识？请画出思维导图。

2. 方法反思：在完成本项目的学习和实训的过程中，你学会了哪些分析和解决问题的方法？

3. 行动影响：在完成本项目的学习和实训的过程中，你认为自己还有哪些地方需要改进？

课后提升

提升任务一　百家讲坛

《百家讲坛》是中央电视台科教频道 2001 年 7 月 9 日开播的讲座式栏目，栏目宗旨为建构时代常识，享受智慧人生。选择观众感兴趣、前沿、吸引人的选题，追求学术创新，鼓励思想个性，强调雅俗共赏，重视传播互动。栏目选材广泛，曾涉及文化、生物、医学、经济、军事等各个方面，现多以文化题材为主，并较多涉及中国历史、中国文化。具有科普历史知识及深入点评讲解的作用。

《百家讲坛》一贯坚持"让专家、学者为百姓服务"的栏目宗旨，栏目在专家、学者和百姓之间架起"一座让专家通向老百姓的桥梁"，从而达到普及优秀中国传统文化的目的。

想一想：

1.《百家讲坛》节目的特点有哪些？广受欢迎的原因是什么？

_____

_____

_____

2. 请为《百家讲坛》提出进一步改进的建议。

_____

_____

_____

3. 你从《百家讲坛》的栏目宗旨上获得了哪些启示？

_____

_____

_____

提升任务二　史蒂夫·乔布斯毕业演讲

苹果公司创始人史蒂夫·乔布斯于 2005 年在斯坦福大学毕业典礼上发表了一场震撼人心的演讲。他分享了自己的人生经历和对成功的理解，鼓励毕业生追随自己的激情，勇敢面对生活的挑战。

通过网络搜索查询后，认真倾听演讲并回答下列问题。

想一想：

1. 史蒂夫·乔布斯的这场演讲为何能成为经典？

_____

_____

_____

2. 你是否与史蒂夫·乔布斯达到了共情与共振？为什么能产生这样的效果？

_____

_____

_____

项目二
求职面试

教学目标

知识目标

1. 掌握求职沟通的意义和作用；
2. 掌握初入职沟通的作用。

能力目标

1. 掌握求职资料的准备技能；
2. 掌握面试的沟通技巧；
3. 掌握初入职的沟通技巧。

素质目标

1. 培养学生充分的入职准备心态和爱岗敬业的职业素养；
2. 培养学生依据自身个性和潜质选择适合的发展方向，求职面试时文明礼貌，诚信友善，与他人和谐沟通。

思维导图

```
                                    ┌─ 求职前的准备
                    ┌─ 求职面试准备 ─┼─ 求职简历
                    │               └─ 求职信函
        求职面试 ───┤
                    │               ┌─ 面试的类型
                    │               ├─ 面试前的准备
                    └─ 求职面试技巧 ─┼─ 面试时的注意事项
                                    └─ 网上求职
```

课前自学

知识任务一　求职面试准备

1. 求职前的准备

（1）求职的心理准备。

1）做好角色转换的心理准备，并进行合理的角色定位。大学生转变为一个现实的求职者，需要抛开幻想，及时进行角色调整。只有这样，才能有充分的心理准备去应对激烈的就业竞争。

2）正确的自我认知。每个人都有自己特定的气质、性格、兴趣、爱好、能力、特长，全面了解自己的特点是选择职业的重要前提。

3）正确的职业认识和评价。正像不同的人适合不同职业一样，职业对适合从事的人群也有要求。作为一名毕业生，要根据社会需要和自己的特点，选择适合自己的职业，从而拓宽就业渠道。

4）对严峻就业形势的心理准备。作为一名求职者，对就业形势要有充分的认识，做好应对求职道路上可能遇到艰辛和曲折的心理准备。

5）遭遇挫折的心理准备。作为求职者应该对自己和就业形势有清醒的认识，预想到可能出现的障碍和挫折，不怕失败，及时总结经验和教训，越挫越坚强，直到择业成功。

6）就业后现实与期望值有差距的心理准备。大多数毕业生由于职业意识的缺乏和工作经验的不足，可能导致来自领导或同事的批评或冷遇，从而失去心理平衡。对于每个人来说，以往的成败得失只能代表过去，新的起点需要以自己的实际表现来赢得他人的尊重和信任。

（2）求职的信息准备。求职的信息准备需要从以下两个方面入手：

1）就业信息采集的要求。

①早。早就是采集信息要及时，要早做准备。

②广。广就是信息面不能太窄，要广泛采集各个方面、不同层次的就业信息。

③实。实就是采集的信息要具体，用人单位的地点、工作性质、人员规模、环境待遇、发展前景、对新进人员的基本要求、联系电话等信息掌握得越具体越好。

④准。准就是要做到内容准确无误，与实地考察没有出入。

2）就业信息的处理。广泛收集到信息后，要对所拥有的信息进行甄别，筛选出有价值的、自己感兴趣并且适合自己的岗位招聘信息，这样可以做到有的放矢，提高求职成功率。

（3）设定求职目标。

按照 SMART 系统要求来设立个人的求职目标。

S ——明确的（Specific）：有方向性的、清晰的、具体的职业目标。

M ——可量度的（Measurable）：可以量化、有数据衡量该目标。

A ——可达到的（Attainable）：有一定的挑战性，并能够实现一定的职业追求。

R ——相关联的（Relevant）：行动、成果配合职业目标的实现。

T ——有时限的（Time-bound）：有明确的时间检视目标、成果、行动的进度。

职业目标设定的原则如下：

①找出目标与核心。

②保持积极的信念。

③目标必须切合实际，有挑战性。

④目标应是平衡、和谐的。

（4）SWOT 分析法自我评估。SWOT 的 4 个英文字母分别代表优势（Strength）、劣势（Weakness）、机会（Opportunity）、威胁（Threat）。运用 SWOT 分析法，可以对研究对象所处的情境进行全面、系统、准确的研究，从而根据研究结果制订相应的对策、计划和发展战略等。

自我评估就是对自己进行全面分析，通过自我分析，认识自己。只有认识了自己，才能对自己的职业做出正确的选择，才能选定适合自己发展的职业生涯路线，才能对自己的职业生涯目标做出最佳抉择。自我评估包括特长、性格、智慧、情商、管理能力等。

（5）确定自己的职业方向。要找到自己的职业方向，通常会采用 5 个 "W" 的归零思考模式，从提出 "你是谁？" 的问题开始，一路追问下去，一共有 5 个问题：Who are you？ What do you want？ What can you do？ What can support you？ What can you be in the end？

回答了这 5 个问题，就找到了它们的最大共同点，也就有了自己的职业生涯规划。

> **▶ 见多识广**

一位大学生的 SWOT 分析：机遇与挑战并存！

我就读于一所普通高职院校，自身有一些缺点，也有优点。但这些都不重要，重要的是分析自我，认清自我，扬长避短，做好规划，不断完善自我。

（1）缺点：缺乏自信，胆小，与人沟通能力不强，处事能力不强，自制力不好，口才不好，缺少实践经历，不够风趣。

（2）优点：上进，态度认真，积极主动，兴趣广泛，善于思考，聪明，追求独立，洒脱，比较有危机感，能够不断完善自我。

我要采用的是 WO 策略和 SO 策略。

（1）WO 策略：使劣势降到最少，使机会增加到最大。针对存在弱点的领域，或者从内部发展，或者从外界获得所需要的能力，从而利用环境中存在的良机。

　　大学几年里，我要克服这些缺点：胆小，那就去推销，这是一个锻炼胆量的好方法，同时，也可以锻炼我的口才！在与人交往的过程中逐渐建立自信，多与他人沟通！处事能力不强，可以利用暑假到外面去实习！多一些实践，多一些锻炼！至于不够风趣，这是性格原因，不必刻意改变，多一些微笑就好！按计划进行，加强自我监督机制，在克服以上缺点的同时提高自制力！

　　（2）SO策略：运用自身的优势去利用环境中的机会。我也有很多优点可以好好利用一下。

　　第一，上进，态度认真，积极主动。这至少说明我的心态不错，态度端正。这点很重要！有一句话：一个人的态度决定其高度！利用这些来克服缺点。

　　第二，我也很聪明的，只是我的聪明总要经过初期的适应才体现得出来。

　　第三，追求独立，我们是新时代的大学生，对社会是有责任的，而承担责任的基础是独立。

　　第四，比较洒脱，总是很会自我调节，也算有点阿Q精神吧！

　　第五，我性格上还有其他一些优点，也许称不上优点，不过自己很喜欢：童心犹存，崇尚自然，矛盾明显。这其中，矛盾表现得最为明显，我有时很活泼，有时又很文静。

资料来源：作者根据网络资料整理

2. 求职简历

　　求职时，第一个步骤就是向招聘单位递交自己的求职材料。求职材料包括封面、个人简历、求职信（自荐信）、学校的推荐信、获奖证书、资格证书和必要的证明材料等。

　　（1）准备求职材料时应遵循的原则。

　　1）真实性。求职材料在内容上必须真实，切忌为了赢得用人单位的好感而弄虚作假。

　　2）规范性。求职材料不仅格式要规范，而且填写术语也要规范。简历、自荐信等都有各自相应的格式，应该规范写作。

　　3）富有个性。个性原则主要要求求职材料体现求职者的个性，不能"千人一面"，更不能"张冠李戴"，要体现求职者的独特性。

　　4）突出重点。求职材料必须简明扼要，突出重点，使想了解你的人能很快地、明确地看到你的基本情况。

　　5）全面展示。一份好的求职材料是在突出重点的同时全面展示自己。一份全面的材料至少应包括封面（写有姓名和联系电话）、照片、个人简历、求职信、推荐表、成绩单、外语等级证书复印件、技能证书复印件、获奖证书复印件等内容。其中，个人简历、成绩单、资格证书复印件是必需的材料。

　　6）设计美观。一般来说，求职材料，无论是文字的还是表格的，都应采用A4纸打印或复印，并进行必要的版面设计。

7）杜绝错误。所有材料要杜绝任何错误，无论是语法错误、错别字、标点符号或印刷错误，都要避免。

（2）制作个人简历。

1）撰写简历应注意的事项。

①有的放矢，量身定做。在应聘不同单位、不同职位和不同职业时要根据各自的特点与要求，突出相应的重点，有针对性地突出个人特长，不能用相同的一份简历去应聘，要根据不同的单位、不同的职位和不同的职业制作多份不同的简历。

②扬长避短，突出优势。在撰写简历时，切记要突出与所申请职位相关的知识、经验与技能。对于应届毕业生而言，由于没有工作经验，简历的重点应放在学习成绩，以及参加过的社会活动、实习经历上。

③措辞得体，适度表意。简历属于应用文体，不仅措辞表意有习惯要求，而且应得体适度。简历用词应尽可能精练，使用短语表达，以使简历短小精悍，通俗易懂。

④格式恰当，篇幅适宜。简历篇幅以一页 A4 纸为宜，即使经历丰富，也不能超过两页。行文时要字斟句酌，惜墨如金，使整个简历的篇幅精简，达到适宜的程度。

⑤精心编排、打印。简历的排版打印要精心设计，四周必须留出足够的空白，显得有空间美。每行之间要有一定的间距便于阅读。

2）简历的主要内容。

①个人基本信息。个人基本信息包括姓名、性别、出生日期（或年龄）、出生地点、身高、体重、健康状况、兴趣爱好、联系方式（常用电话、邮箱）和照片，以及求职目标。个人基本信息要写在开头的醒目处，要做到让招聘单位过目不忘。

②个人能力。个人能力主要包括学历和本人经历。学历一般只需写比较突出的几项，列出所获得的最高学历和学位及获得的时间，然后回溯到高中阶段即可。在学校名称后面要写出专业的名称和主修的课程，如果有些辅修的课程与应聘的职位相关，也要列出来。学历部分还应包括学习期间发表的著作、论文和研究成果，以及参加的业务培训等。

个人经历是用人单位最关注的部分，它反映了毕业生的工作经历、实习经历和参加社会实践的情况。在描述工作经验时一般采用逆时写作，即先写近期的，然后按时间自后向前倒序写出来。如果没有实际工作经验，这部分应写出本人的实习经历和参加的社会实践情况。

③相关证明材料。相关证明材料内容是对第一、第二部分内容进行补充和佐证，可以将自己的学历证书、获奖证明、相关资格证书及实习单位评价等情况进行说明。在简历后面可附上学历证书、获奖证书、英语等级证书、计算机等级证书、职业资格证书等的复印件。

获得的荣誉主要包括三好学生、优秀学生干部、优秀团员和奖学金等，同时要列出获得荣誉的时间。相关证书包括职业资格证书和其他能证明自己能力的证书。自我评价应该用精练的语言描述自己与求职岗位相匹配的特点、能力、经历等。

3）个人简历封面的设计。封面设计既要美观、有个性，又要突出主要内容，不可过

于花哨。封面设计要有一个主题或标题。一个好的主题，往往能够引起用人单位的注意，促使招聘者想进一步了解自荐材料的具体内容。而且，封面的设计风格与自荐材料内部主体风格要一致，具有统一性、整体性，同时，封面设计中最好体现出求职者的姓名、专业、年级、学校等基本信息。在自荐材料的装订中最好采用 A4 标准纸，用计算机打印，不要用繁体字（有特殊要求除外），装帧不要太华丽，保持整洁、明快是最重要的。

为了不显得单调，可以在封面上设计一些简单的图案，但切不可将图案当成封面的主体，否则就会喧宾夺主。

3. 求职信函

简历是向用人单位介绍求职者的基本信息、经验和特长，求职信则是向用人单位推介自己过去的经验和技能，说服用人单位考虑自己的申请，两者发挥各自不同的作用。写好求职信是敲开就业大门的又一个重要步骤。

求职信的写法

（1）求职信的内容。一封好的求职信要突出自己的特点，将自己的长处展示给用人单位，以增加获得面试的机会。求职信的主要内容一般包括开头、正文与结尾、附件。

1）开头。开头部分主要是称呼。称呼要写明收信人的姓名、称谓或职务，如 ××× 先生、××× 女士或 ××× 经理等。求职信如果知道具体的收信人，称呼可以写得具体一些，一般是姓加职衔或官衔；如果收信人既有职衔又有官衔，一般以其高者、尊者称呼；当求职方向不太明确时，可以用泛称，如"尊敬的领导"来称呼。

2）正文。正文是求职信的重点，具体内容可以概括为以下 3 个方面：

①说明个人的基本情况和用人消息的来源。首先说明用人消息的来源，这样用人单位看后是比较愉快的，因为其广告费没有白花。其次要介绍个人的基本情况，为使对方加深印象，最好附有近期照片。

②说明胜任某项工作的条件。这是自荐信的核心部分，主要是向对方说明你的知识、经验、专业技能、与工作相符合的特长、性格和能力。总之，无论从哪个角度，都要突出适合所求职业的特长和个性。

③介绍自己的潜能。通过向对方介绍自己曾经担任过的各种社会工作及取得的成绩，表示自己有管理方面的才能，有发展和培养的前途。

3）结尾。求职信的结尾要令人回味而记忆深刻。内容要具体简明、语气要热情、诚恳、有礼貌，并向对方表达感谢。要写清楚自己的详细通信地址、邮政编码和联系方式，必要时还应该注明何时打电话较合适等，以便互相联络。最后不要忘记加上"此致""敬礼"，并在右下角写上自己的姓名和日期。

4）附件。求职信上可说明会附有关资料文件，如各种证书的复印件、学校的推荐信、履历表、近照及有关证明等，给对方以办事认真、考虑周全的印象。

（2）求职信写作的注意事项。

1）言简意赅，引人入胜。通常，招聘人员对与其企业有关的信息最敏感，所以要把你与企业、职位之间最重要的信息表达清楚。

2）不宜有文字上的错误。一封好的求职信一定要注意措辞和语言，精雕细琢，切忌有错字、别字、病句及逻辑欠通顺的现象发生。否则，就很可能使求职信"黯然无光"甚至带来负面的影响。

3）切忌过分吹嘘。招聘者从求职信中看到的不只是求职者的经历，还有求职者的品格。

4）针对性和个性化会让你的求职信脱颖而出。

知识任务二　求职面试技巧

1. 面试的类型

（1）根据面试的结构化、标准化程度，面试可分为结构化面试、半结构化面试和非结构化面试三种。

所谓结构化面试，是指面试题目、面试实施程序、面试评价、考官构成等方面都有统一、明确、规范的面试；半结构化面试是指只对面试的部分因素有统一要求的面试；非结构化面试类似于人们日常非正式的交谈。非结构化可以将面试者放在一种放松的状态下，考察面试者的个人品德和能力。

（2）根据面试对象的多少，面试可分为单独面试和集体面试。

所谓单独面试，是指主考官与应试者单独面谈；集体面试又称小组面试，是指多位应试者同时面对面试考官的情况。

（3）根据面试目的的不同，面试可分为压力性面试和非压力性面试。

压力性面试是将应试者置于一种人为的紧张气氛中，面试官以穷究不舍的方式连续就某事向应试者发问，逼迫应试者充分表现出对待难题的机智灵活性、应变能力、思考判断能力、气质性格和修养等方面的素质；非压力性面试是在没有压力的情景下视察应试者有关方面的素质。

（4）根据面试的进程，面试可分为一次性面试和分阶段面试。

所谓一次性面试，是指用人单位对应试者的面试集中于一次进行，分阶段面试又可分为依序面试和逐步面试两种类型。

（5）根据面试内容设计的重点不同，面试可分为常规面试、情景面试和综合性面试三类。

所谓常规面试，就是主考官和应试者面对面以问答形式为主的面试；情景面试突破了常规面试一问一答的模式，引入了无领导小组讨论、公文处理、角色扮演、演讲、答辩、案例分析等人员甄选中的情景模拟方法；综合性面试兼有前两种面试的特点，而且是结构化的，内容主要集中在与工作职位相关的知识技能和其他素质上。

2. 面试前的准备

（1）心理准备。要成功面试，首先要充满信心。"天高任鸟飞，海阔凭鱼跃"。保持良好的状态、快乐的心情，会大有好处。其次要抓住招聘者的心理，面带微笑，给自己积极的心理暗示，是消除面试紧张的最好方法。

（2）充分了解应聘单位。对用人单位的性质、地址、业务范围、经营业绩、企业文化、发展前景、应聘岗位职务及其所需的专业知识和技能等要有一个全面的了解。

（3）业务知识准备。求职者要熟知与应聘岗位相关的专业知识、业务技能等。多备几份求职材料，供招聘者参考。参加面试时，通过展示对知识的掌握和理解来表达希望获得这一职位的愿望。

（4）对可能遇到的问题进行准备。这项准备是指对面试时可能被问的问题作事先的预判，有助于认清自己真正的想法和在面试的现场能够沉着应答。

（5）准备一系列问题，向面试者请教。向面试者请教是对组织面试的招聘单位情况进行了解，或对你不太熟悉的情况及求职机会进行了解。

（6）面试情况的准备。一旦被约定面试，就应该马上进行准备。可以询问一些情况，如面试当天的时间安排、面试流程、面试要求等。除此之外，还有面试的确切地点、面试的方式等。

（7）仪表准备。面试前，应注意修饰自己的仪表，使穿着打扮等与年龄、身份、个性等相协调，与应聘的职业岗位相一致。正装是面试着装永恒不变的主题，穿正装更能传递对他人的一种尊重。

3. 面试时的注意事项

面试是整个求职过程中最重要的阶段，求职的成败取决于面试时一瞬间的表现。

在面试时如何表现自己，这与是否能够得到这份工作有很大的关系。

（1）面试前。面试前的注意事项包括以下几项：

1）提前到达。至少应在面试开始前10分钟到达，尽一切可能准时。

2）把所有的证明材料带上，如推荐信、毕业证书、出版物和完成的课题等。多带几份简历分发给与面试有关的人员，面试你的人可能不止一个，预先料到这一点并做好准备会显得你做事正规、细致。

3）用缓解紧张的技巧来减少你的不安，舒缓你的压力。例如，放慢语速，深呼吸以使自己冷静下来。

4）准备好问题及答案，清楚潜在雇主的一般情况等。

（2）面试中。面试中的注意事项包括以下几项：

1）充满自信，富于热情。人们都喜欢聘请容易相处且为公司自豪的人，既要沉着稳重，也要表现出你的精力和兴趣。

2）留心自己的身体语言，对主考人全神贯注，注意用眼神交流；握手要表现得自然；面试过程中不要东张西望，不要随便地打断他人，要耐心地聆听对方的意见。

3）沉着回答所问问题。不要对面试人员提出的问题表现出难以接受的样子，即使对方提出的问题比较尖锐，也不要针锋相对。

4）切忌喋喋不休，口若悬河。不要让双方谈论的话题成为自己演讲的题目而使双方的角色转换。

5）清楚自己的交际用语。不要只用"是的""不是"来回答问题；在交谈过程中，也不要使用一些类似"啊""哇""嘿"等语气词，以免给人一种大惊小怪的感觉。

6）要充分展示自己的能力。例如，你勤奋工作追求团体目标的能力、你的组织协调能力、你的创造能力等。

（3）面试后。面试后的注意事项包括以下几项：

1）尽量把你参加面试的所有细节记下。一定要记下面试时与你交谈的人的名字和职位。

2）起身表示告辞时要轻声起立并将坐椅轻轻推至原位置。如果有必要或场合合适，可以用"同您谈话我感到很荣幸""感谢您给我这次面试机会""谢谢各位考官"等话语礼貌地与面试人员告别。

3）离开面试现场时，可以一并向面试辅助人员表示感谢。

4）一周之内，向面试者或其他有关人员写封感谢信。感谢信是整个面试过程的最后一步，它会给大多数用人单位留下很深刻的印象。

5）面试结束，你应该对你在面试时遇到的难题进行回顾。

4. 网上求职

网上求职与其说是一种求职方式，不如说是一种获得面试机会的求职途径。网上求职要注意的事项有以下三点：

（1）要明确自己的求职目标。

（2）要有一个稳定的通信方式。

（3）通过合适的网站收集招聘信息。

☼ 自学自测

一、单选题

1. 求职准备中不包括（　　）。

　A. 心理准备　　　　　B. 信息准备　　　　C. 目标准备　　　D. 场地准备

2. 下列关于求职简历理解正确的是（　　）。

　A. 写好求职简历，求职一定会成功　　　　B. 求职简历重在突出自己各方面的能力

　C. 求职简历的制作可以个性化　　　　　　D. 求职简历与求职信是一回事

3. 求职简历的内容不包括（　　）。

　A. 求职者的知识和技能　　　　　　B. 对所求职位的认知

　C. 求职者的社会实践　　　　　　　D. 求职者的兴趣爱好

4. 求职面试时需要注意的地方不包括（　　　）。

   A. 对自己知道的问题可以多回答，对不知道的少回答

   B. 开门、出门都要轻手轻脚

   C. 面试时回答问题声音要清晰

   D. 要注意自己的言行举止

5. 下面关于求职理解不正确的是（　　　）。

   A. 求职面试时要注意礼仪规范　　　　B. 求职时可以适当夸大自己的能力

   C. 求职目标一定要明确　　　　　　　D. 做好个人的 SWOT 分析

二、多选题

1. 无论是传统招聘还是新兴的招聘方式，作为应聘人员需要做好的准备有（　　　）。

   A. 就业信息的采集准备　　　　　　　B. 心理准备

   C. 个人资料的准备　　　　　　　　　D. 求职信写作的准备

2. 求职者个人 SWOT 分析是指（　　　）。

   A. 个人优势分析　　　　　　　　　　B. 个人劣势分析

   C. 个人品德分析　　　　　　　　　　D. 个人机会分析

3. 求职材料中包括（　　　）。

   A. 求职简历　　　　B. 个人文凭　　　　C. 相关证书　　　　D. 感谢信

4. 求职面试时，需要注意的行为礼仪主要包含（　　　）等方面。

   A. 服饰礼仪　　　　B. 见面礼仪　　　　C. 交谈礼仪　　　　D. 结束礼仪

三、判断题

1. 由于网络的虚拟性，因此网络招聘信息是不可信的。　　　　　　　　　　　（　　　）

2. 为了保证求职成功，求职简历和求职信中可以只讲自己的能力。　　　　　　（　　　）

3. 求职信息越多越有利于求职成功。　　　　　　　　　　　　　　　　　　　（　　　）

4. 为了保证面试时不惊慌，应提前 30 分钟以上到达面试现场。　　　　　　　（　　　）

四、简答题

1. 求职前要做哪些准备？

2. 面试时遵循的原则和技巧有哪些？

3. 求职信函如何写作？

4. 求职面试时应注意的礼仪要求具体内容有哪些？

课中实训

实训任务一　准备求职面试

任务一　撰写求职简历

任务描述：初步了解求职简历的撰写内容、格式及文字表达方式，每位同学应学会如何总结自己的优点、缺点，如何表达自己的特长和求职意愿，并按要求撰写一份自己的简历。

（1）优秀简历的标准和评价方法（表 3-2-1）。

表 3-2-1　简历的标准和评分等级

一级指标	二级指标	评分等级		
		优秀	良好	及格
内容结构（60分）	内容完整	10	8	6
	格式规范	10	8	6
	求职目标表述的一致性	10	8	6
	文字表达流畅	10	8	6
	自我优势展示突出	10	8	6
	内容真实	10	8	6
制作包装（15分）	简历设计有创意	5	4	3
	简历包装精致	5	4	3
	简历具有欣赏性	5	4	3
写作技巧（25分）	有感染力	5	4	3
	简洁	5	4	3
	实用	5	4	3
	创新	10	8	6

（2）教师根据班级人数，将学生按每组 5～8 人，分成若干小组并推选出各组组长。

（3）以小组为单位相互传阅各自求职简历，组长记录同学对简历的评价意见，每个小

组推选 2～4 份较好的简历。

（4）教师和各小组组长一起评选出班级优秀简历 10 份后公开展示，并总结求职简历撰写技巧，布置班级第二次求职简历撰写任务。

（5）教师逐一对每位学生的求职简历进行指导。

任务二　分析求职面试 SWOT

任务描述：1 分钟自我介绍。

活动内容：1 分钟自我介绍的内容。

（1）问候。

（2）我是谁（包括姓名、地址、个人兴趣特长、对面试的理解和求职就业的认识与期望，或介绍家乡特产，或旅游风景名胜等）。

活动步骤及要求：

（1）根据内容要求，每位同学精心写一份 1 分钟自我介绍词，利用课余时间反复演练，达到内容熟练、神情自然。

（2）时间、地点、参加人员：利用口语训练时间或班会时间，本班教室，全班同学参加。

（3）具体步骤：

1）上台问候，站稳后向所有人问好，然后简单介绍。注意展现热情，面带微笑。

2）正式内容演练，自我介绍，注意音量、站姿、介绍顺序、肢体动作等。

3）致谢，回座。

评分基本标准：

（1）由班委组成评委，对每个同学进行评分，最后取各评委的平均分。

（2）评分具体要求：

1）上讲台时自我介绍神态、举止大方得体（55 分），其中，声音大小 10 分，热情展现 7 分，面带微笑 10 分，站姿 8 分，肢体语言 5 分，语言表达 10 分，服装得体 5 分。

2）自我介绍内容新颖、独特、顺序自然（35 分）。

3）时间掌控有度（10 分），每位同学介绍时间控制在 60～90 秒，少于 45 秒或超过 100 秒，此项不得分。

注意事项如下：

（1）每位同学要精心准备，反复演练。

（2）上台演练按班级考号顺序，一个接一个进行。第一位同学上台后，后一位同学在指定位置等候。

（3）注意课堂纪律，控制笑声，确保自我介绍能自然顺利地进行。一位同学介绍完毕致谢后，其他同学应有掌声回应。

实训任务二　探究求职面试技巧

任务　模拟求职面试场景

任务描述：班级学生分成若干小组，每组 8 ～ 10 人，分别扮演求职者和企业招聘人员，模拟组织企业招聘活动。

要求如下：

（1）确定企业性质和经营产品的类型。

（2）确定要招聘的人数、岗位及条件要求。

（3）招聘人员要确定角色身份及工作任务。

（4）招聘活动最后要宣布结果并说明理由。

实训项目评价

序号	技能点评价	佐　证	评价方式		
			自评（30%）	互评（30%）	师评（40%）
1	分析求职面试准备要素	能够准确分析求职面试准备的要素			
2	分析自我 SWOT	能够准确分析自己的 SWOT			
3	分析求职面试技巧	能够说出如何在求职面试中运用技巧			

序号	素质点评价	佐　证	评价方式		
			自评（30%）	互评（30%）	师评（40%）
1	创新意识	能够在求职面试情境中有自己的沟通方式			
2	分析问题能力	能够分析求职面试成功与否的原因			
3	自我表现能力	能够主动倾听，尊重他人意见；礼貌待人，表达得体			
4	与他人合作能力	能够与其他组员分工合作；能够提出合理的见解和想法			

🎯 **复盘反思**

1. 知识盘点：通过对求职面试沟通项目的学习，你掌握了哪些求职面试知识？请画出思维导图。

2. 方法反思：在完成本项目的学习和实训的过程中，你学会了哪些分析和解决问题的方法？

3. 行动影响：在完成本项目的学习和实训的过程中，你认为自己还有哪些地方需要改进？

📖 **课后提升**

提升任务一　一封求职信

尊敬的 ×× 经理：

　　您好！

　　特写此信应聘贵公司的经理助理职位。我很幸运地在招聘网站得知贵公司的招聘信息，因为我一直期望能有机会加盟贵公司。

　　两年前我毕业于 ×× 财贸职业学院国际贸易专业，在校期间学习了多门专业课程，如国际贸易、国际贸易实务、国际商务谈判、海商法、外贸英语等，掌握了相关的专业知识。毕业后，我就职于一家外贸公司，从事市场助理工作，主要是协助经理制订工作计划，负责一些外联工作和文件、档案的管理工作。我认为自身具备一定的管理和策划能力，熟悉各种办公软件的操作，英语熟练，掌握初级日语。我相信自己可以胜任贵公司经理助理之职。

　　个人简历及相关材料一并附上，希望您认为我是该职位的有力竞争者，同时希望能尽快收到面试通知，联系电话：139×××××××××。

感谢您阅读此信并考虑我的应聘要求！

此致

敬礼
　　　　　　　　　　　　　　　　　　　　　×××

　　　　　　　　　　　　　　　　　　　××××年××月××日

想一想：

1.这封求职信提供了哪些求职信息？

_____

_____

_____

_____

2.这封求职信的特点是什么？在撰写求职信时应注意哪些事项？

_____

_____

_____

_____

_____

提升任务二　一位资深人力资源部门专家的感言
——面试过程步步是考场

　　三年前，我在一家大型知名企业担任人力资源部门的负责人。公司当时处于快速发展时期，需要大量的人才。我们在《深圳商报》打了一次广告，求职信和简历雪片般飞来。我得承认，我们都挑花眼了。

　　其中一个职位是董事长秘书。秘书是一个司空见惯的职位，本来没有什么太特别的。但我们的董事长是国内一位非常知名的企业家，做他的秘书就是一件令人期待的事，不少人挖空心思地修饰简历，有人寄来了自己美丽的照片，有人打电话来用英语、日语等多种语言介绍自己，甚至有人告诉我们他懂武术和射击，并且酒量特别大！而我们的董事长对性别、相貌甚至外语都没有特别的要求，他只要求秘书做人和做事都能够令人信赖。

　　在对简历进行了初步筛选之后，我们通知了15位候选人来面试。面试约定在上午10点开始，其实在面试前我们还安排了笔试，但我们并没有在电话中提醒应聘者。笔试也没有设监考人员，由应聘者自行答题。结果，有5位没有带笔的应聘者首先被淘汰出局，因为秘书要为他人提供服务，意想不到的情况会经常发生，而不习惯于做多种准备的

人绝不会是个好秘书。

我们在笔试考场入口处准备了签到表，由各位候选人签上自己的名字和到达的时间，旁边仍然无人监督。结果有 4 人因签了与实际情况不符的虚假到达时间而被淘汰，2 人因迟到被淘汰，还有 2 人因在考试期间与外界通电话被淘汰。余下的 3 人，我仔细阅读了他们的试卷和求职的资料。第一个人试卷答得不错，但字体棱角分明，卷面不够干净；第二个人试卷答得不理想，但所带来的以前写的作品不错；最后一个人试卷答得中规中矩但字体俊秀，虽然没有带来以前发表的作品，但在答题时十分有条理。

秘书不应该是个棱角太过分明的人，条理比文采更重要，而且要看现场的作品而不是以前的。因此，我们最终选择了最后的那位应聘者。后来的事实表明我们没有看错人，他的工作得到了董事长的好评，而我与他也成了私下里聊得来的好朋友。

想一想：

1. 说一说读了这个案例你的感想是什么。

_____

_____

_____

_____

_____

2. 职场中该如何应用求职面试技巧？

_____

_____

_____

_____

3. 求职面试时应注意哪些礼仪？

_____

_____

_____

_____

_____

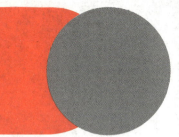

项目三
与客户沟通

教学目标

知识目标

1. 了解与客户沟通的意义、形式及原则；
2. 了解与客户沟通的礼仪；
3. 掌握与客户沟通的技巧。

能力目标

1. 能够分析和运用与客户沟通技巧；
2. 能够在与客户沟通中提高与人交际能力。

素质目标

1. 培养学生建立与客户沟通的基本思维，爱岗敬业，以得体和谐的方式与客户沟通；
2. 熟练使用与客户沟通技巧，培养诚实守信、客户至上的职业素养。

思维导图

- 与客户沟通
  - 与客户沟通认知
    - 与客户沟通的意义和形式
    - 不同客户的沟通需求
    - 沟通立体化
    - 与客户沟通的原则
  - 与客户沟通技巧
    - 与客户沟通的礼仪
    - 与客户接近的技巧
    - 说服客户的技巧
    - 提问客户的技巧
    - 客户沟通中的十大禁忌

⇨ 课前自学

知识任务一　与客户沟通认知

1. 客户沟通的意义和形式

（1）客户沟通的意义。客户沟通的意义主要体现在以下几个方面：

1）沟通是为了销售或促进销售。

2）沟通是为了更好地了解客户需求。

3）沟通是为了更好地化解与客户之间的矛盾。

4）沟通是为了更好地巩固客户及开发客户。

5）沟通是为了更好地与客户建立永久性合作关系。

（2）客户沟通的形式。

1）电话沟通。

2）上门回访沟通。

3）活动沟通。

4）QQ 或微信沟通。

5）电子邮件沟通。

6）礼物沟通。

2. 不同客户的沟通需求

（1）领导和高管。

1）领导一般比较务实。他与你沟通纯粹是工作上的沟通，除身份对等或个人工作魅力外，一般他不想在你身上花费太多的时间。

2）高管往往是企业中实力派的代表，所以，一定要做到让他觉得"物超所值"。这在企业管理中称为三赢或三得利，即企业双方得利，还有他个人得利。

（2）事业单位与私营企业。从性质上客户可分为事业单位客户与私营企业客户。

1）事业单位客户：重人际。他在乎你的身份和地位，一旦认为你是个不起眼的角色，他就不想和你交往，不想再和你沟通。

2）私营企业客户：重实务。因为他们工作的临时性，所以他们一般看重眼前。如果你让他们觉得除眼前的工作外，没有其他的利益，他们的工作积极性就会下降，沟通就变得困难。

客户不同，客户的需求就不同，沟通的导向也就不同，沟通的方式自然也就不同。

3. 沟通立体化

由于不同的人有不同的时间安排，不同的人有不同的生活习惯，以正确而有效的方式与客户进行沟通，多渠道、变方式、立体化地与客户进行沟通。

4. 与客户沟通的原则

（1）语言表达简明得体。与客户交流时，语言简明会使对方有兴趣和耐心听你讲话，说话得体也很重要，不得体的语言会使对方不高兴，甚至造成尴尬的局面。

（2）制造轻松和谐的谈话气氛。在与客户交谈的时候，可以用一些周围的事物作为话题，也可以说与日常生活有关的普通话题，如孩子上学等。家常话并不都是一般的寒暄，它更能引起人与人之间心灵上的共鸣，进而使双方达到心灵上的沟通。

（3）在客户面前要不卑不亢。

1）切忌过分的恭维。

2）巧用幽默破解僵局。

3）显得稳重而有风度。

4）时刻不忘自己的身份。

知识任务二　与客户沟通技巧

1. 与客户沟通的礼仪

（1）称谓上的礼仪。

1）熟记客户姓名。

2）了解清楚客户的职务、身份。

（2）握手时向客户传达敬意。

1）握手时的态度。与客户握手时，必须保持热情和自信。

2）握手时的装扮。与客户握手时千万不要戴手套，这是必须引起注意的一个重要问题。

3）握手的先后顺序。在社交场合中一般都应遵循以下原则：地位较高的人通常先伸出手，但是地位较低的人必须主动走到对方面前；年龄较大的人通常先伸出手；女士通常先伸出手。无论客户年长与否、职务高低或性别如何，都要等客户先伸出手。

4）握手时间与力度。原则上，握手的时间不要超过 30 秒。如果面对的是异性客户，握手的时间要相对缩短；如果面对的是同性客户，为了表示热情，可以紧握对方双手较长时间，但是时间不要太长，同时握手的力度也要适中。

（3）名片使用讲究多。

1）善待客户名片。最好事先准备一个体面的名片夹，在接到客户名片后慎重地把名片上的内容看一遍，然后再认真放入名片夹中。

2）巧识名片信息。通常，客户的名片上不会印有住宅电话，如果上面有住宅电话，不妨用心记住，这将有助于今后更密切地展开联系。

3）对名片进行分类。这主要包括以下两个方面：

①对自己的名片进行分类。这主要是针对身兼数职的人而言的。如果由于工作关系头衔较多，不妨多印几种名片，面对不同的客户选择不同的名片。

②对客户的名片根据自身需要进行分门别类。这样，既可以在你需要时方便查找，也会使你的名片夹更加整齐、有效。

（4）不可忽视地方风俗和民族习惯。如果你要去拜访外地的客户，或知道客户不是本地人，那就需要了解清楚客户所在地是否具有某种特别的礼仪要求，或客户所在地的风俗习惯，或所属民族的特殊习惯等。

接近客户的技巧

（5）以客户为谈话的中心。时刻以客户为中心，摆正自己及客户之间服务及被服务的关系。不要以你或你的产品为谈话的中心，除非客户愿意这么做。

2. 与客户接近的技巧

"接近客户的30秒，决定了销售的成败"，这是成功销售人共同的体验，那么接近客户到底是什么意思呢？在专业销售技巧上，我们将接近客户定义为"由接触潜在客户，到切入主题的阶段"。

（1）明确主题。每次接近客户都有不同的主题，例如，你的主题是想和未曾碰过面的潜在客户约时间见面，或想约客户参观演示。

（2）选择接近客户的方式。接近客户有电话、直接拜访、信函三种方式。

（3）使用恰当的接近话语。在专业销售技巧中，对于初次面对客户时的话语，称为接近话语。接近话语的步骤如下：

1）称呼对方的名字。叫出对方的姓名及职称——每个人都喜欢自己的名字从他人的口中说出。

2）自我介绍。清晰地说出自己的名字和企业名称。

3）感谢对方的接见。诚恳地感谢对方能抽出时间接见你。

4）寒暄。根据事前对客户的准备资料，表达对客户的赞美或能配合客户的状况，选择一些对方能容易谈论及感兴趣的话题。

5）表达拜访的理由。以自信的态度，清晰地表达出拜访的理由，让客户感觉你的专业及可信赖。

6）赞美及询问。每个人都希望被赞美，可在赞美后，接着以询问的方式，引导客户的注意、兴趣及需求。

（4）接近注意点。从接触客户到切入主题的这段时间，需要注意以下两点：

1）打开潜在客户的"心防"。当客户第一次接触你时，他是"主观的""防卫的"。因为大部分客户认为销售人员都要强行说服或对客户施压以促使他们购买产品。因此，只有在你迅速地打开潜在客户的"心防"后，才能敞开客户的心胸，客户才可能用心听你谈话。打开客户心防的基本途径是先让客户产生信任感，接着引起客户的注意，然后是引起客户的兴趣。

→ **见多识广**

一次成功的销售

一位乡下来的小伙子去应聘城里"应有尽有"百货公司的销售员。

老板问他："你以前做过销售员吗？"

他回答说："我以前是村子里挨家挨户推销的商贩。"老板很喜欢小伙子的机灵，对他说："你明天可以来上班了。等下班的时候，我会来看一下。"

第二天下班的时候老板真的来了，问他："你今天做了几笔生意？"

"一笔。"小伙子回答道。

"只有一笔？"老板非常吃惊，并说"这儿的销售员一天基本上可以完成 20 ～ 30 笔生意呢。那你卖了多少钱呢？"

"300 000 美元。"小伙子回答道。

"你怎么卖到那么多钱的？"老板目瞪口呆，半晌才回过神来问道。

"是这样的。"小伙子说，"一位男士进来买东西，我先卖给他一个小号的鱼钩，然后卖给他一个中号的鱼钩，最后卖给他一个大号的鱼钩。接着我卖给他小号的渔线，中号的渔线，最后是大号的渔线。我问他上哪去钓鱼，他说海边，我建议他买条船，然后我带他到卖船的专柜，卖给他 20 英尺有 2 个发动机的帆船。他说他的大众牌汽车可能拖不动这么大的船。于是我带他去汽车销售区，卖给他一辆丰田新款豪华型巡洋舰。"

老板后退两步，几乎难以置信地问道："一位顾客仅仅是来买鱼钩，你就能卖给他这么多东西？"

"不是的，"小伙子答道，"他是给他妻子买发卡的。我就问他，你这个周末算是毁了，干嘛不去钓鱼呢？"

资料来源：作者根据网络资料整理

2）销售商品前，先销售自己。接近客户技巧的第一个目标就是先将自己销售出去。"客户不是购买商品，而是购买销售商品的人"，这句话，流传已久，说服力不是靠强有力的说辞，而是仰仗销售人员言谈举止散发出来的人性与风格。

3. 说服客户的技巧

营销专家通过对大量销售人员的实际销售行为的观察，总结出了一个说服客户的模式（图 3-3-1）。这一模式被宝洁、联合利华、百事可乐、可口可乐等许多跨国公司所采用，是被广泛证明能够提高成功机会的模式，几乎所有的销售培训专家都会建议销售人员按照这一模式进行。

（1）介绍情况。

1）要对客户的情况做简要的说明，以使客户清楚地知道销售人员在提建议时已经了解和考虑了他们的具体情况。

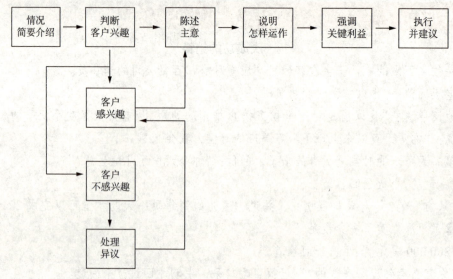

图 3-3-1　说服客户模型

2）在陈述情况时，销售人员必须通过有效的方式引起客户的兴趣。如果实际情况与此相反，就要运用沟通技巧，询问客户的真正需要。只有当客户表现出兴趣时，才可以进行下一步。

要引起客户的兴趣，就要从分析客户的情况和观点入手。摸清楚情况的最好办法就是提出有价值的问题。通过提问，帮助客户明确具体的需求，如减少成本、提高产品质量或加快服务速度等，并且让客户知道你的产品如何能满足这些需求。这时，你就可以将客户掌控在手中了。

（2）陈述计划。销售人员在陈述经营主张的时候，必须简明扼要、表述清楚，表述方式要符合客户的需要和兴趣，并且要告诉客户关于具体行动的建议。

一定在见面前计划好要求客户做什么，然后在见面时提出要求他采取的具体行动。

（3）制定详细程序。何时、何地进行？由谁总负责，各项事项又由谁负责？如何进行？这个计划对客户的利益点在哪里？客户的异议和问题在哪里？要结合每个客户的实际情况进行评估，并帮助他们做出决定。

可以采取下面的做法来解决：

1）第一步，通过提问找出客户的具体疑虑、担心或忧虑。

2）第二步：使客户确信他的担心是有必要的。

3）第三步：对客户的疑虑进行解释，并提供事实依据。

4）第四步：询问客户你是否消除了他们的疑虑。如果没有消除，你还要继续进行解释。

5）第五步：请客户实施购买行为。

（4）强调关键利益。这一步尽管已经在以前的步骤中有所提及，但是仍应将最关键的部分重复，并且说明你的经营主张是怎样符合他的机会和需要的。

（5）执行。预先准备好所需要的各种材料，使客户明了计划的全部内容，务求计划的可执行性，同时提出下一步的建议。成功地说服客户需要做到以下几点：

1）积极而自信的态度。

2）对所要完成的任务有一个明确的目的。

3）了解一些不同的达成协议的技巧。

4）善于捕捉客户语言之外的信号。

4. 提问客户的技巧

在销售中无可争辩的一个事实就是：提问的能力与销售的能力成正比。在销售中，提问有两个目的，即探询客户需求、发展销售机会。

提问问题时的技巧主要包括以下几项：

（1）前奏。前奏就是先表明在客户回答完问题以后，对他的利益在哪里。例如，"为了帮助您找到最适合的解决方案，可否请问您今年在计算机系统方面的预算大概有多少呢？"有这个前奏"为了帮助您找到最适合您的解决方案"和没有这句话，对客户的影响是不同的，它毕竟让客户看到了价值所在。

（2）反问。反问适用于当客户问到一个我们并不太清楚的问题时，例如，"你如何看待今年计算机行业的发展？"如果我们知道，则可以很专业地与他交流；但如果我们不知道，我们是不是就说："真对不起，这一点我不知道。"这样，我们的专业形象将会受到影响。所以，遇到这类情况，我们不妨反问对方："陈经理，这一方面肯定有很深的研究，您认为会是什么呢？"

（3）纵深提问。纵深提问告诉我们可利用客户提到的问题，来往深处问，深挖他的需求和内心真正的想法。例如，客户说："我喜欢国际管理咨询公司。"销售人员可以问："我知道您喜欢国际管理咨询公司，他们确实不错，那您喜欢他们的什么方面呢？""您喜欢它的什么方面"这句话就是纵深问句，这句话的前面一段"我知道您喜欢……"，其实也是一个前奏，目的是使沟通更顺畅，让客户更配合。

（4）不要关闭自己的开放式问题。例如，"陈总，您今年的重点工作在哪里？"但在这个时候，客户还没有回答，销售人员紧接着又问："是生产还是销售？"这就像是本来我们已经把门打开，而客户也准备进来了，结果我们又把门给关上了。

（5）多问为什么。在销售中，对我们很重要的一点，就是我们不仅应知道客户的需求，更重要的是客户为什么会有这样一个需求，这其实是推动客户采取行动的一个内在驱动力。把握好了这个内在驱动力，将对进一步去引导客户及在其后的竞争中保持竞争优势，都很有帮助。

（6）同一时间问一个问题。沟通的原则是最好一个问题一个问题地提问。一方面的原因是客户可能记不住你的第二个问题；另一个原因是即使客户记住了，也可能忘记回答你的第二个问题。

（7）避免自己回答自己的问题。例如，"王总，销售额持续下滑，对您的工作会造成什么影响？"这是一个很好的暗示性问题，目的是激发客户的需求，但销售人员接着讲：

"肯定会造成不好的影响。"这种行为阻止了客户自己去发现自己的问题。

（8）当客户提出问题时，销售人员经常会无法回答客户提出来的问题。知之为知之，不知为不知，坦诚相告，或利用我们前面所提到的技巧——反问。例如，客户问道："你们如何来帮助我们提升国际竞争力？"当你不知道如何回答时你可以讲："王总，谢谢您提了这么个高难度而且又极有专业水准的问题，我回头安排我们的一个顾问与您对接，想必能提供更多的专业建议，您看这样可以吗？"

5. 客户沟通中的十大禁忌

（1）忌争辩。在与客户沟通时，要记住，你不是来参加辩论会的，要知道与客户争辩解决不了任何问题，只会招致客户的反感。

（2）忌质问。用质问或审讯的口气与客户谈话，是不懂礼貌、不尊重人的表现，会伤害客户的感情和自尊心。如果你想赢得客户的青睐与赞赏，切忌质问。

（3）忌命令。在与客户交谈时，微笑要多展露一点，态度要和蔼一点，说话要轻声点，语气要柔和点，要采取征询、协商或请教的口气与客户交流，切不可采取命令或批示的口吻与人交谈。

（4）忌炫耀。与客户沟通谈到自己时，要实事求是地介绍自己，稍加赞美即可，万万不可忘乎所以，得意忘形地自吹自擂，自我炫耀自己的出身、学识、财富、地位，以及业绩和收入等。这样就会人为地造成双方的隔阂和距离。

（5）忌直白。与客户打交道，要掌握与人沟通的艺术，如果发现他在认识上有不妥的地方，也不要直截了当地指出。

（6）忌批评。在与客户沟通时，如果发现他身上有些缺点，我们也不要当面批评和教育他，更不要大声地指责他。与人交谈要多用感谢词、赞美语；要多言赞美，少说批评，还要掌握赞美的尺度和批评的分寸，要巧妙批评，旁敲侧击。

（7）忌独白。与客户谈话，就是与客户沟通思想的过程，这种沟通是双向的。双向沟通是了解对方的有效工具，切忌营销员一个人唱独角戏，个人独白。

（8）忌冷淡。与客户谈话时，态度一定要热情，语言一定要真诚，言谈举止都要流露出真情实感，要热情奔放、情真意切。

（9）忌生硬。在与客户说话时，声音要洪亮，语言要优美，要抑扬顿挫、节奏鲜明。要切忌说话语调没有高低之分，语速没有快慢之分，没有节奏与停顿，生硬呆板，缺少朝气与活力。

（10）忌轻易发问。一般情况下不要轻易发问。

☼ **自学自测**

一、单选题

1. 在与客户沟通过程中运用得当的沟通技巧，就可以使沟通顺畅，取得理想的沟通效果。以下不属于有效的沟通技巧的是（　　）。

　A. 选择性倾听　　　　　　　　　　B. 及时给出反馈

　　C.理解客户提问的潜台词　　　　　　D.运用肢体语言

2.与客户沟通时，聆听的技巧是（　　　）。

　　A.不要与客户的目光接触

　　B.不要用点头或微笑表示赞同

　　C.不要做笔记

　　D.不要插话，要让客户把话说完，表明对客户的尊重

3.为了给客户留下良好的印象，我们不应该有（　　　）行为。

　　A.仪表整洁　　　　B.衣着大方　　　　C.言谈得体　　　　D.插嘴询问

4.接近客户时称呼对方的姓，是为了（　　　）。

　　A.自我暗示　　　　B.自我激励　　　　C.自我调控　　　　D.拉近距离

二、多选题

1.客户沟通的意义主要体现在（　　　）。

　　A.沟通是为了销售和促进销售

　　B.沟通是为了更好地了解客户的需求

　　C.沟通是为了化解与客户之间的矛盾

　　D.沟通是为了与客户建立永久性合作关系

2.接近客户的注意点主要包括（　　　）。

　　A.打开潜在客户的"心防"　　　　　　B.单刀直入，直接销售产品

　　C.多占主动权，介绍产品　　　　　　D.销售商品先销售自己

3.说服客户时进行纵深提问，是为了（　　　）。

　　A.与客户闲聊　　　　　　　　　　　B.介绍产品

　　C.了解客户深层次需求　　　　　　　D.做到知己知彼

三、判断题

1.与客户沟通时不能寒暄。　　　　　　　　　　　　　　　　　　　（　　　）

2.与客户交流时要适时对其赞美。　　　　　　　　　　　　　　　　（　　　）

3.与客户沟通时要同一时间问多个问题。　　　　　　　　　　　　　（　　　）

4.与客户沟通时要直白。　　　　　　　　　　　　　　　　　　　　（　　　）

四、简答题

1.与客户沟通时要注意哪些礼节？

2.接近客户时的接近话语有哪些？

3.与客户沟通时应禁忌哪些行为？

📖 **课中实训**

实训任务一　探究与客户沟通技巧

任务一　对比效果

任务描述：以小组为单位，分角色进行情景模拟，对比下面两组对话，感受与客户沟通的不同效果。

场景一：

销售人员 A："有人在吗？我是大林公司的销售人员陈大勇。抱歉在百忙中打扰您，我想向您请教有关贵商店目前使用收银机的事情？"

商店老板："哦，我们店里的收银机有什么毛病吗？"

销售人员 A："并不是有什么毛病，我是想是否已经到了需要换新的时候。"

商店老板："没有这回事，我们店里的收银机状况很好呀，使用起来还像新的一样，嗯，我不想考虑换台新的。"

销售人员 A："并不是这样哟！对面李老板已更换了新的收银机呢。"

商店老板："不好意思，让您专程而来，将来再说吧！"

场景二：

销售人员 B："郑老板在吗？我是大华公司销售人员王维正，在百忙中打扰您。我是本地区的销售人员，经常经过贵店。看到贵店一直生意都是那么好，实在不简单。"

商店老板："您过奖了，生意并不是那么好。"

销售人员 B："贵店对客户的态度非常的亲切，郑老板对贵店员工的培训，一定非常用心，我也常常到别家店，但像贵店服务态度这么好的实在是少数；对街的张老板，对您的经营管理也相当钦佩。"

商店老板："张老板是这样说的吗？张老板经营的店也是非常的好，事实上他也是我一直为目标的学习对象。"

销售人员 B："郑老板果然不同凡响，张老板也是以您为模仿的对象，不瞒您说，张老板昨天换了一台新功能的收银机，非常高兴，才提及郑老板的事情，因此，今天我才来打扰您！"

商店老板："喔！他换了一台新的收银机呀？"

售人员 B："是的。郑老板是否也考虑更换新的收银机呢？目前您的收银机虽然也不错，但是如果能够使用一台有更多的功能、速度也较快的新型收银机，让您的客户不用排队等太久，因而会更喜欢光临您的店。请郑老板一定要考虑这台新的收银机。"

思考题：

1. 这则案例是有效沟通还是失败沟通？

2. 销售人员是如何运用接近话语的 6 个步骤的？

任务二　卖奶

任务描述：根据下列案例进行销售模拟训练。

三人为一组自行组合，给 5 分钟时间准备，分别扮演大李、小李和老李推销奶制品。

有一家奶制品专卖店，里面有三个服务人员：小李、大李、老李。

当你走近小李时，小李面带微笑，主动问长问短，一会儿与你寒暄天气，一会儿聊聊孩子的现状，总之聊一些与卖奶无关的事情，小李的方式就是礼貌待客。

而大李呢，采取另外一种方式，他说，我能帮您吗？您要哪种酸奶？我们对长期客户是有优惠的，如果气温高于 30℃，您可以天天来这里喝一杯免费的酸奶。您想参加这次活动吗？大李的方式是技巧推广式。

老李的方式更加成熟老到，他和您谈论您的日常饮食需要，问您喝什么奶，是含糖的还是不含糖的？也许您正是一位糖尿病人，也许您正在减肥？而老李总会找到一种最适合您的奶制品，而且告诉您如何才能保持奶的营养成分。老李提供的是个性化的沟通模式。

测试题：

1. 在卖奶中你喜欢谁的销售方式？

2. 在销售中是如何运用接近话语的？

实训任务二　模拟与客户沟通禁忌

任务　服装店的早晨

任务描述：以小组为单位角色扮演，完成测试题。

周六早晨开门后，店长带领员工整理周五刚到的货品。一位顾客进店，员工回头看到顾客后边陈列货品边打招呼："欢迎光临。"

顾客翻弄着叠着的衣服，一员工跟在顾客身后，顾客离开后，员工整理好顾客看过的货品。

顾客问有她穿的码吗，员工说，"你穿多大码？"

顾客回答："L 码"，员工说："稍等，我看一下。"

员工帮顾客拿了一件衣服并礼貌指引试衣间方向，邀请顾客试衣。

顾客从试衣间出来，照镜子问员工，"我穿这件衣服是不是显得脸色有点黑。"

员工回答，"你穿这件衣服衬得你皮肤挺白啊。"

顾客问："这衣服多少钱？"员工答"300元。"

顾客说："贵了点。"员工答："不贵呀，物有所值。"顾客说："××品牌的才160元钱。"员工说："我们的也不错啊。"

顾客无言，转身离去。

测试题：

1. 本案例中员工的行动有何不妥之处？

2. 员工在与顾客的语言交流中，哪些地方有待改进，怎么改进？

3. 面对顾客，你作为这个员工会怎样推销货品？

📝 实训项目评价

序号	技能点评价	佐证	评价方式		
			自评（30%）	互评（30%）	师评（40%）
1	分析与客户沟通接近话语的运用	能够准确分析与客户沟通接近话语要素			
2	分析与客户沟通禁忌	能够准确分析禁忌要点			

序号	素质点评价	佐证	评价方式		
			自评（30%）	互评（30%）	师评（40%）
1	创新意识	能够在与客户沟通中有自己的新沟通方式			
2	分析问题能力	能够与客户沟通成功与否的原因			
3	自我表现能力	能够主动倾听，尊重他人意见；礼貌待人，表达得体			
4	与他人合作能力	能够与其他组员分工合作；能够提出合理的见解和想法			

🎯 复盘反思

1. 知识盘点：通过对与客户沟通项目的学习，你掌握了哪些知识？请画出思维导图。

2. 方法反思：在完成本项目的学习和实训的过程中，你学会了哪些分析和解决问题的方法？

3. 行动影响：在完成本项目的学习和实训的过程中，你认为自己还有哪些地方需要改进？

提升任务一　彭奈的销售技巧

在美国零售业中，有一家很有知名度的商店，它就是彭奈创设的"基督教商店"。

彭奈常说，一位一次订 10 万元货品的顾客和一位买 1 元沙拉酱的顾客，虽然在金额上相差甚远，但他们在心里对店主的期望，却并无二样，那就是"货真价实"。

彭奈对"货真价实"的解释并不是"物美价廉"，而是什么价钱买什么货。他有个与众不同的做法，就是把顾客当成自己的人，事先说明次等货品。关于这一点，彭奈对他的店员要求得非常严格，并对他们施以短期训练。有时候，店员甚至还告诉顾客，其他店里有他们没有的货品。他们会说："这是一种新出的品牌，我们还没有深入了解它的品质，所以还没有供应。"

当彭奈要实行这一接待技巧时，有很多人表示反对，他们认为这样做无疑是给他人的新产品作宣传，但彭奈却认为如果事先不告诉顾客，他们回去后，听到其他人说，新出的东西如何如何好，他一定会有一种后悔的感觉；但如果事先说明了情形就大不相同，他一定会暗笑那位告诉他的人，买了一件不知好坏如何的东西。

彭奈的第一个零售店开设不久，有一天，一个中年男子到店里买无线门铃。

店员问："先生，你是想要好一点的，还是要次一点的？"那位男子听了显然有些不高兴："当然是要好的，不好的东西谁要？"

店员就把最好的一种"能者牌"无线数码门铃拿了出来给他看。男子看了问："这是最好的吗？"

"是的，而且牌子是最老的。""多少钱？""120 元。"

"什么！为什么这样贵？我听说，最好的才六十几块钱。"

"六十几块钱的我们也有，但那不是最好的。""可是，也不至于差这么多钱呀！"

"差得并不多，还有十几元一个的呢。"男子听了店员的话，马上面现不悦之色，想立即掉头离去。彭奈急忙赶了过去，对男子说："先生，你想买无线门铃是不是，我来介绍一种好产品给你。"

男子仿佛又有了兴趣，问："什么样的？"

彭奈拿出另外一种牌子来，说："就是这一种，请你看一看，式样还不错吧？"

"多少钱？""54 元。"

"照你店员刚才的说法，这不是最好的，我不要。"

"我的这位店员刚才没有说清楚，无线门铃有好几种牌子，每种牌子都有最好的货色，我刚拿出的这一种，是同牌中最好的。"

"可是为什么比能者牌的差那么多钱？"

"这是制造成本的关系。每种品牌的机器构造和核心技术不同，所用的材料也不同，所以在价格上会有出入。至于能者牌数码遥控门铃的价钱高，有两个原因，一是它的牌子信誉好，二是它的质量好，寿命长，适合家居用。"彭奈耐心地说。

男子脸色缓和了很多："噢，原来是这样的。"

彭奈又说："其实，有很多人喜欢用这种新牌子的，就拿我来说吧，我就是用的这种牌子，性能好。而且它有个最大的优点，音质好听，距离也长，无干扰和无串响，外形也美观大方，用起来方便，一般家庭最适合。您房子有几层呢？"

男子回答："5层。"

"那再适合不过了，我看你就拿这个回去用吧，担保不会让你失望。"

彭奈送走顾客，回来对他的店员说："你知道不知道你今天的错误在什么地方？"

那位店员愣愣地站在那里，显然不知道自己的错误。

"你错在太强调'最好'这个观念。"彭奈笑着说。

"可是，"店员说，"您经常告诫我们，要对顾客诚实，我的话并没有错呀！"

"你是没有错，只是缺乏技巧。我的生意做成了，难道我对顾客有不诚实的地方吗？"

店员默不作声，显然心中并不怎么服气。

"我说它是同一牌子中最好的，对不对？"店员点点头。

"我说它美观大方，适合一般家庭用，对不对？"店员又点点头。

"既然我没有欺骗客人，又能把东西卖出去，你认为关键在什么地方？"

"说话的技巧。"

彭奈摇摇头，说："你只说对一半，主要是我摸清了他的心理，他一进门就是要最好的，对不？这表示他优越感很强，可是一听价钱太高，他不肯承认他舍不得买，自然会把不是推到我们做生意的头上，这是一般顾客的通病。假如你想做成这笔生意，一定要变换一种方式，在不损伤他优越感的情形下，使他买一种比较便宜的商品。"

店员听得心服口服。

彭奈在80岁自述中，幽默地说："在别人认为我根本不会做生意的情形下，我的生意由每年几万元的营业额增加到10亿元，这是上帝创造的奇迹吧！"

想一想：

1. 彭奈在80岁自述中，幽默地说："在他人认为我根本不会做生意的情形下，我的生意由每年几万元的营业额增加到10亿元，这是上帝创造的奇迹吧！"你如何理解这句话？

_____

_____

2. 在这个案例中运用了哪些沟通技巧？请归纳总结。

_____

_____

3. 职场中我们该如何与客户有效沟通?

_____

_____

提升任务二　林忠再尊重客户获双赢

　　林忠再是一名律师，2007 年 10 月创办浙江君策律师事务所。2014 年 10 月，杭州一家从事能源开发的科技公司需要回收大批货物的尾款，该公司的老总不清楚林律师所在事务所的工作成效，就提出先收几笔尾款试试看，承诺如果效果好，就把所有工作都委托林律师代理。

　　林忠再律师认为，这些业务工作烦琐却收益不大，但自己应该争取每个潜在的客户，就同意建立代理关系。经过认真细致的调研和分析，竭尽全力帮助客户收回了尾款。科技公司对此非常满意。科技公司的老总提出由于多种原因，需要把一部分工作分离出来给其他人员办理。林忠再律师认为，尊重客户的选择比自己的不悦更加重要，就很客气地终止了双方的代理关系。之后，科技公司的老总仍旧多次就其他相关法律问题咨询林忠再律师，林忠再律师也依旧遵守执业操守和纪律，认真解答法律问题。

　　科技公司把其他一部分尾款委托其他人办理之后，由于多种原因造成尾款回收效果不理想，最后又联系林忠再律师要求继续建立委托代理关系。林忠再律师考虑到客户需求的重要性，且认为客户再次提出建立代理关系是基于对自己的信任，就同意了客户的要求。之后，客户还多次给林忠再律师介绍其他客户。

　　林忠再律师认为，应该真诚对待每一位客户，尊重客户的需求，因为每一位客户都是自己最好的代言人。

想一想:

1. 林忠再律师是以什么方式赢得客户尊重，获得双赢的?

_____

2. 这个案例给我们什么启示?

_____

_____

3. 如何与客户建立信任关系?

_____

_____

项目四
会议沟通

思维导图

```
                              ┌── 会议目标
              ┌── 会议沟通认知 ┤
              │               └── 会议类型
              │
会议沟通 ──────┤               ┌── 会议的组织原则
              │               │
              │               ├── 会议的组织准备
              └── 会议沟通技巧 ┤
                              ├── 会议日程安排
                              │
                              └── 会议人员
```

课前自学

知识任务一　会议沟通认知

1. 会议目标

明确会议目标直接关系到会议成效。一般会议的目标主要有以下几项：

（1）分享信息。企业通过会议这种形式，可以使全体员工了解上级政策、指令，新的管理理念和方法，还可以通过会议了解市场动态、产品信息等。下级也可借此将问题、建议等信息及时反馈给上级。

（2）做出决策。企业可以通过会议共同商讨，对企业的长远发展规划、新政策的实施、新产品的开发、新技术的运用等重大事项进行决策。

（3）解决问题。企业内部可以通过会议，对久而未决的问题、全体员工关注的问题、团队内部因工作产生的意见不统一，让大家建言献策、畅所欲言，达到化解矛盾、统一意见、解决问题的目的。

（4）激励成员。企业内部通过会议，能使公司员工凝气聚神，形成上下团结一致、共同努力的局面，激发企业员工的工作热情和提高对企业的忠诚度。

（5）创新思维。会议是企业内集思广益的一个好方法。所有参加会议的人员互相交流，就某些问题相互探讨，每个人的思维都会从他人那里得到启发，激发出新的思想火花，从而产生新的创意。

2. 会议类型

按规模分，会议可分为大型会议、中型会议、小型会议；按举行的时间分，会议可分为定期会议和不定期会议；按内容和性质分，会议具体可分为以下几种：

（1）股东大会和董事会。股东大会和董事会是股份制企业召开的一种会议类型。参加的人员是全体股东或股东代表；会议内容一般涉及公司重大事项，如公司章程的修订、新项目的启动、律师的聘用、利润的分配等。

（2）常规性员工会议。公司新政策的颁布、传达上级文件、表彰先进员工、公司年终总结及新的工作计划的传达等都可以通过常规性员工会议实现。常规性员工会议的参加者一般是公司全体员工或员工代表，举行的时间可以是定期或不定期。

（3）部门会议。部门会议最常用，一般由部门负责人召集本部门成员，通报部门情况，交流信息，解决与本部门有关的工作中的问题。部门会议一般规模小，参加人员少，但成效较好。

（4）座谈会（包括客户咨询会）。座谈会是企业既可对内又可对外的一种会议沟通方式。座谈会参加人员可以来自各阶层、各方面，也可以是与本企业有关系的业务伙伴。会

议组织者可以通过座谈的形式，了解一些看法，收集意见。座谈会的时间虽短，但目的性较强。

（5）展销会和业务洽谈会。展销会是一种开放式的会议，主要目的是宣传和销售产品，树立企业形象；业务洽谈会更主要的是以谈判的形式出现，要求较高，会场的布置、谈判人员的接待、谈判过程中策略的运用等都要掌握好。两个会议类型有前后之间的联系。

（6）新闻发布会。新闻发布会是一种企业对外的开放性会议类型。当企业出现危机或有新产品面市等重大事项时，采用这种会议形式，可以消除负面影响，通报信息。

（7）一对一会议。一对一会议又称"虚拟会议"，是一种特殊的会议类型。在企业里一般以聊天、聚餐、谈心、娱乐活动等形式出现。这种松散的会议模式在企业管理中往往能起到发现问题、收集信息、凝聚力量的重要作用。

知识任务二　会议沟通技巧

1. 会议的组织原则

（1）目的要明确。任何会议的举行都有明确的目的。传达上级的指示精神，解决工作中的问题，讨论年度工作计划，请相关人员为企业的产品、发展提出合理化建议等，都应目的明确。

（2）决策要果断。会议是否有必要召开，请谁参加会议，会议的规模大小，会议需要讨论的问题有哪些，诸多问题需要在会议召开之前由相关的组织者考虑清楚，做好决策。

（3）反应要灵活。会议举行的前后，有可能会遇到突发事件或一些意外情况，会议的组织者应该学会灵活变通，积极采取应对措施，以保证会议的顺利进行。

（4）职责要分明。任何会议的组织者、参与人、主持人等，一定要明确自己的职责，做好分内之事，保证会议正常、高效地进行。

（5）相互要配合。会议的相关人员要明确自己的职责，一个成功的会议，离不开各部门、各岗位人员的相互协调和配合。

（6）节省而高效。《十八届中央政治局关于改进工作作风、密切联系群众的八项规定》第二条明确提出"要精简会议活动，切实改进会风""提高会议实效，开短会、讲短话，力戒空话、套话"。政府机关和各类企事业单位，会议的举行应该本着必须召开而设，充分考虑时间、人力、财力成本，尽可能地节约。

某企业成功的会议组织

2021年3月2日，某企业年度营销启动大会顺利召开，近300位供应商合作伙伴、企业员工共同参与。

本次会议从1月上旬开始筹备，刘莉和部门一位同事以项目执行人的身份，参与全程策划和组织。

一、项目策划会，敲定会议基调

2021年1月上旬，在由公司领导和会议相关部门负责人参加的会议中，明确了会议的形式、内容、会场选择、参加人数及总体费用预算等事项。本次会议以论坛的形式，围绕企业品牌宣传、合作互信两个方面，通过播放"企业宣传片"、企业自有品牌产品现场体验、主题分享和重要供应商代表战略合作签约等环节，增进双方的了解、激发合作的信心、实现建立联系的目的。

二、落实关键事项，绘制项目甘特图

会场租赁费、照片直播和iPad电子签约是本次会议中最大的3笔开支，分别汇总了3个不同价位的报价信息，供领导选择。同时，用3个"评判指标"将会场选择结果，以"★"数量进行量化，并结合会场图片，方便领导在实地考察后快速确定。

综合以上信息，完成了议程的设计，并绘制筹备进度甘特图。依据甘特图，同事们进行了简单分工。

三、围绕议程，巧借SOP细化筹备操作流程

（一）从会议前中后，梳理文档清单

（二）根据议程内容，细化操作步骤

（1）将议程拆分成几个阶段，借用学习活动设计"五线谱"思路，将具体操作细化，并根据细化内容，撰写主持稿（具体内容略）。

（2）将"员工风采展示"撰写成SOP，提供给各领队，组织队员提前彩排。

（3）各工作小组当天的任务按会议前中后进行梳理，召开专题会议，并根据要求在现场落实。

（4）设计"工作备忘录"，促进各项工作有序推进，并以此为核验依据。

资料来源：作者根据网络资料整理

2. 会议的组织准备

会议的组织工作千头万绪、纷繁复杂，一个会议的成功与否与准备工作做得是否充分直接相关。高效而成功的会议组织准备主要有以下几个方面：

（1）成立会议筹委会或秘书处。大中型的会议要成立临时性专门的会议组织机构——筹委会和秘书处。机构内的成员、各自的任务、职责等都要明确，并且成员之间既要各司

其职，又要统筹协调。这是会议按序、有效召开的前提和保证。小型会议一般由部门主管负责即可。

（2）明确会议的目的。会议的目的多种多样，如传递信息、激励士气、解决问题等。只有明确了会议的目的，才会在会议规模、人员邀请、文件拟定、日程安排等细节方面做好相应的准备。因此，会议的目的是举办会议的基础。

（3）确定与会人员。与会人员应根据会议的内容、重要程度、讨论的议题及规模等方面来确定。有的公司在举行销售人员庆典大会时，参会人员的数目是没有限制的。但是，决策性的会议，参会人数则不宜多，否则会造成"人多嘴杂"而意见难以统一的局面。根据目标，会议的理想人数见表3-4-1。

表3-4-1　会议目标与会议人数

目标	理想人数
集中解决问题	5人或5人以下
明确问题	10人或10人以下
信息回顾和演示	30人或30人以下
激励性会议	不限

（4）拟定会议的相关文件。在会议准备阶段，需要拟定的与会议相关的文件有会议通知或会议请柬、会议日程安排、会议记录、会议预算报告等。会议通知应交代清楚会议的时间、地点、名称、参会人员（数量、身份等）、主要议题、报到的时间和地点、需要的费用、联系人和电话等。一些复杂的会议（如展销会等）还需要拟写会议策划方案。

（5）布置会场。会场布置是保证会议有序进行的物质条件。会议组织者应根据会议性质、规模、内容等需要精心布置会场。具体要注意的事项有以下几项：

1）会场交通要畅通，方便与会人员的出行。

2）会场的环境要干净整洁，无噪声干扰，闹中取静是最佳的选择。

3）会场应大小适宜、通风良好、光线明亮，这样可以使与会人员精神振作，提高会议效率。

4）会议所需设备要齐全，包括白板、白板笔、投影仪、话筒、电源等。

5）会场的安保措施要保证。

6）安排好会场的座位。会场的座位安排既是会议内容的需要，也是礼仪的需要，更是保证会议效果的需要。根据会议内容和要求的不同，会议座位的摆放可以考虑以下几种形式：

①礼堂形。众多的椅子排列成几排，面对主持人。一般适用于大型的会议，会议以介绍发言、传达上级文件或领导报告为主，如图3-4-1所示。

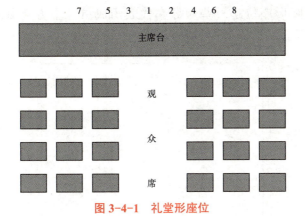

图 3-4-1　礼堂形座位

②圆桌形。把座位排列成圆形，表明参与人员之间的平等，最适用于多边会谈，如图 3-4-2 所示。

图 3-4-2　圆桌形座位

③长桌形（椭圆形、U 形）。椭圆形和 U 形座位基本相似，只在局部地方有些不同，是最常用的会议座位安排方法。其适用于规模较小、参加人数不多的会议，如洽谈会、讨论会、座谈会等类型。这种座位沟通效果比较理想，如图 3-4-3 所示。

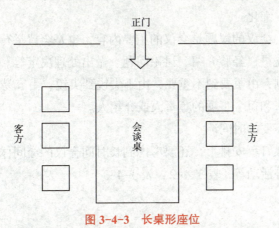

图 3-4-3　长桌形座位

④半圆形。半圆形座位是一些领导率代表团成员与主方会见时采用的座位安排方法，如图 3-4-4 所示。

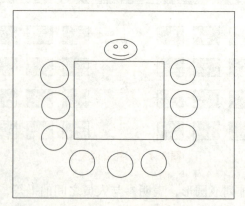

图 3-4-4　半圆形座位

会议的座位安排除上述四种外，还有"Ｖ"形、课桌形、马蹄形等形式，每种座位形式都是根据会议内容需要而设定的，并且在安排座位时，还应该遵循"面门为上，居中为上，前排为上，以右为上"的原则。

3. 会议日程安排

会议日程安排能保证会议按议定的日程有序进行，使与会人员对会议内容和进程有清晰的了解，为与会人员提供方便。会议日程是否安排得合理有序，直接关系到会议的成效。所以，会议日程安排是否紧凑、合理、科学，能够反映出会议组织者的组织沟通能力。

会议日程安排应包括以下内容：

（1）会议的名称，如"××大学××学院与××公司校企合作座谈会"，有些代表大会要写清"届""次"等。

（2）会议举行的时间和地点。会议时间的安排要根据具体情况选择合适的时间段，而且时间和地点要具体、细化。

（3）会议的议题。会议的议题是会议的主要内容，也是会议举行的目的所在。议题可以是传达文件、表彰先进、经验介绍、讨论问题、做出处理决定等。在安排所讨论的问题时，可以遵循以下原则：由重要到不重要；由不尖锐到尖锐；由容易到困难。

（4）会议的主持人和每个事项的负责人或介绍人。

（5）每个事项所需要的时间。

除上述内容外，在日程安排上，还要考虑到长时间会议的会间休息，持续多天的会议要安排与会人员的会外活动等（表 3-4-2、表 3-4-3）。

表 3-4-2　××证券公司 202×年投资策略报告会日程安排

时间：202×年 12 月×日
地点：××市香格里拉大酒店（××市××路 288 号）

日期	时间	内容	主讲人	主持人	地点
202×年12月×日	9：30—9：40	公司领导致辞——202×年宏观经济形势点评	总裁李××博士	吴××	酒店 2 楼 2 号宴会厅
	9：40—10：10	202×年投资策略点评	总经理刘××博士		
	10：10—10：50	危机后的我国战略贸易调整	××对外研究所所长张××		
	10：50—11：00	茶歇			
	11：00—11：40	202×年中国经济分析与展望	××研究中心主任张××		
	11：40—12：10	202×年投资策略	策略研究小组余××		
	12：20	午宴			酒店 2 楼 3 号宴会厅
	14：00—17：40	能源、材料行业专场	各专场见表3-4-3	江××	香格里拉 3 楼 1 厅
	14：00—17：40	金融、房地产行业专场		洪××	香格里拉 3 楼广东厅
	14：00—17：10	零售、医药与食品饮料、旅游酒店行业专场		××	香格里拉 3 楼 2 厅
	14：00—18：30	工业与运输专场（机械、电力设备、汽车、建筑、建材、交运）		××	香格里拉 3 楼四川厅
	14：00—18：30	TMT 专场（计算机与军工、电子元器件、通信设备、创业板）		××	香格里拉 3 楼江苏厅

表 3-4-3　某证券公司 202×年投资策略报告会分会场安排表

日期	分会场	行业	时间	内容	负责人	地点
202×年12月×日	分会场一	能源与材料行业专场	14：00—14：10	煤炭行业 202×年投资策略	林××研究员	香格里拉 3 楼 1 厅
			14：10—14：30	煤炭行业上市公司见面会——西山煤电	公司高管	
			14：30—14：40	有色金属行业 202×年投资策略	肖××研究员	
			14：40—15：00	有色金属行业上市公司见面会——金钼股份	上市公司高管	
			15：00—15：20	有色金属行业上市公司见面会——海亮股份	上市公司高管	
			15：20—15：30	钢铁行业 202×年投资策略	马××研究员	
			15：30—16：00	钢铁行业上市公司见面会——韶钢松山	上市公司高管	
			16：00—16：10	化工行业 202×年投资策略	吕××研究员	
			16：10—16：40	化工行业上市公司见面会——浙江龙盛	上市公司高管	
			16：40—16：50	电力行业 202×年投资策略	谢××研究员	
			16：50—17：20	电力行业上市公司见面会——穗恒运 A	上市公司高管	
			17：20—17：40	电力行业上市公司见面会——广州控股	上市公司高管	

续表

日期	分会场	行业	时间	内容	负责人	地点
202×年12月×日	分会场二	金融、房地产行业专场	14：00—14：10	保险行业202×年投资策略	曹××研究员	香格里拉3楼广东厅
			14：10—14：40	保险行业上市公司见面会——中国平安	上市公司高管	
			14：40—14：50	证券行业202×年投资策略	王××研究员	
			14：50—15：00	银行业202×年投资策略	高××	
			15：00—15：30	银行业上市公司见面会——深发展A	上市公司高管	
			15：30—16：00	银行业上市公司见面会——交通银行	上市公司高管	
			16：00—16：10	房地产行业202×年投资策略	沈××	
			16：10—16：50	房地产行业上市公司见面会——北辰实业	上市公司高管	
			16：50—17：20	房地产行业上市公司见面会——中天城投	上市公司高管	
			17：20—17：40	房地产行业上市公司见面会——深振业A	上市公司高管	

4. 会议人员

（1）会议主持人。会议主持人是组织和召开会议的灵魂人物。会议能否实现预期的目标，会议进程能否有序稳定地推进，会场气氛是否理想，讨论的问题是否能拿出解决意见等都与会议主持人的沟通能力密切相关。一名成功的会议主持人，应做到以下八个方面：

主持人沟通技巧

1）成功地开始会议。主持人首先要保证会议准时开始，在预定的时间内，主持人用3～5分钟向与会者表示欢迎，简单介绍会议的议程及会议要遵守的基本规则。

2）控制好会议中的冲突。如果会议的议题比较复杂，与会成员可能出现意见分歧，或对议题的解决方案有争议，就可能出现会议冲突。如果发生了冲突，最好的方式就是要鼓励不同意见的人完整地解释他们的见解，然后复述双方的意见并征求赞同或反对的声音。在全体成员达成一致意见以前再次斟酌决策或寻找其他可行的方法。

3）稳步地推进会议。在会议进行中，应当对会议要点和决议进行总结，在每项议题或发言结束后，用简单的语言总结，使会议按日程中的安排逐项进行。

4）鼓励平等参与。尽量保证所有参与者都发表自己的观点，不要让一个人长篇大论地发言。如果一个人不断地发言，主持人可以提醒说："谢谢××的观点，让我们来听听其他人有什么看法。"这种技巧同样会鼓励比较安静的与会者发言。

5）控制会议进程。会议进行中可能会出现与会人员争吵、话题偏离主题、会场中人员来回走动、噪声过大、主讲人发言超过规定的时间等情况，一旦出现这种情况，主持人应该及时控制。"请大家保持会场的安静！""同志们，我们现在偏离主题了。请原谅我打断这个话题，我们要讨论的中心问题是……""这些事项和会议主题不相关，可以等会后再讨论。"这样的话语都能及时控制偏离会议主题的情况。

6）学会运用正确的提问方式。会议中要想得到与会者对问题所持的观点，可以采用提问的方式，但提问时也要根据目的采取不同的方式，见表 3-4-4。

表 3-4-4　主持人提问的类型和方式

类型	方式	
棱镜型	把他人提出的问题反问给他人	"你认为我们应该怎样做呢？"
环型	向所有的人提问，然后轮流回答	"请大家想想，我们怎样才能减少浪费呢？"
广播型	向所有的人提问，然后等待回答	"请大家想想，我们该怎样减少浪费呢？每个人都思考一下，都要发言啊！"
定向型	向所有的人提问，然后指定一人回答	"我们该如何处理顾客的投诉？王部长，请谈谈你的意见。"

7）将决议付诸表决。决策性的会议或解决问题的会议，需要对所决策的事项及解决问题的方法统一意见，当意见有分歧时，主持人应该主动征询与会者意见，对决策的事项及问题决议运用恰当的表决方法进行表决。表决的方法多种多样，具体采用何种方法，主持人应该做到心中有数。

8）圆满地结束会议。善始还要善终。作为主持人应在规定的时间内结束会议，并且在会议的最后，回顾会议的议程，对会议进行评价，总结会议的主要决定和行动方案；对于会议尚未解决的问题也要说明，在积极的气氛中结束会议。一般小型的会议还可以在结束之前，请每位与会者用简单的话做总结。

（2）会议的参加者。大型会议参加者一般多是倾听、记录，但日常工作中，更多的是人数不多的小型部门会议。小型会议为参加者提供了表达个人意见和建议的机会。一名成功的会议参加者，应掌握下面的技巧：

1）会前有所准备，提前达到会场。参加会议时带上会议日程和所发放的其他材料，会前认真阅读所发材料，研究会议议题，同时准备好要提出的问题、想表达的意见和观点。提前到会既是对组织者的尊重，也是个人展示遵守纪律良好习惯的机会。

2）带着积极的态度参加会议。使用积极的身体语言，发言要给人充满活力的感觉，尤其是发言的内容要有含金量。

3）与会期间保持礼貌。不要抢着发言，不要打断他人的讲话，显示自己对他人的尊重和良好的修养。希望发言时使用语言和非语言向主持人暗示，如目光投向主持人、清嗓子、举手等都是有效的暗示。

4）妥善表达观点。不要在会后做"补充报告"来批评他人或发表其他评论，会议上直言有助于建立他人对你的信任。在同事和领导面前美言你的同事，这样可以争取到他们的信赖和支持。

5）开会时要集中精力，认真倾听，做好记录。不要在会议期间与他人交头接耳、玩弄手机、东张西望，这些行为不仅影响对会议精神的理解，也是个人素质不良的一种表

现。同时，要保持对会议的关注，认真倾听，记录会议内容和发言者的精彩讲话。参加会议看似简单，实际有很多细节需要参会人员牢记。与会者应该根据会议的规模、性质、议题等方面，在会议举行过程中按照会议要求运用沟通技巧，做到积极参会沟通。

（3）会议秘书。会议秘书是会议整体有序进行的人力保障之一，是会议不可或缺的一个重要角色。会议秘书的职责非常重要，一名称职的会议秘书必须具备一定的素质和沟通能力。

1）会议秘书的素质。

①道德思想修养高。道德思想修养高是会议秘书的首要素质。身为会议秘书，要忠于职守，忠于国家利益、人民利益，忠于本机关、本单位的政治利益和经济利益；在集体利益、个人利益与国家利益、人民利益发生矛盾时，要服从国家利益、人民利益；对工作一丝不苟，认真负责，恪守本分；拟写文稿、引用材料、汇报情况都要实事求是，不能弄虚作假；要严守党和国家机密，不泄露或出卖本单位的政治、经济、军事、科技情报，也不议论他人的隐私；同时恪守信用，工作耐心细致；举止大方，谈吐优雅，文明礼貌，与人谈话专心聆听，不傲慢，不阿谀奉承；廉洁奉公，不以权谋私，不接受贿赂。

②思维敏捷。会议秘书首先要拥有敏捷的思维，对会议领导人交代的工作反应要快，并且对会议过程中出现的问题能迅速想到解决的方法，对与会人员提出的问题，能迅速解答。

③记录速度快。会议秘书要有快速记录的能力。

④专业素质好。会议秘书在参加会议的过程中或做记录时，会遇到专业知识或专业术语，如果专业素质好，就不会因为陌生而记录不下来或写错而产生误会。这是会议秘书的必备硬素质。

⑤记忆力超强。会议秘书要能记住发言者所说事情的前因后果，遇到复杂又冗长的问题时，更需要超强的记忆力。

⑥倾听能力强。会议秘书在会议全程中要保持专注的倾听，这样不仅能记录会议过程，也能清楚地记录发言人的发言。

⑦协调能力强。会议秘书在会议全程中应该能协助会议领导和相关工作人员的工作；当出现意外情况时，会议秘书也能及时协调处理，帮助领导减轻压力。

⑧总结能力强。会议秘书在会议进行中，要善于及时总结所记内容，突出记录的完整性和重点，为会议简报的编发和后期会议纪要的拟写奠定基础。

2）会议秘书的职责。从整个会议过程看，秘书的职责主要如下：

①拟写会议材料，并分发到与会人员手中。与会议有关的材料较多，会议秘书在会议准备阶段需要拟写或准备好这些材料，并保证会议开始时将材料分发到与会者手中，减少与会人员的盲目性。

②做好会议通知的下发和请柬的送达。会议日期、地点及相关的事项确定后，秘书应该详细查看，拟写好通知和请柬，及时通知与会者。

③记录会议内容。会议期间，会议秘书的一项重要工作就是清楚、全面地记录会议内

容，并保证所记内容客观、原始和真实。

④及时汇报准备之外发生的事情。在会议进行中，如果发生了意料之外的事情，秘书应该及时协调处理，并及时向会议负责人汇报。

⑤及时整理会议记录，写好会议纪要并发放。会议结束后，秘书要及时整理会议记录，核对必要的事实和数据，并根据记录写好会议纪要分发给相关的部门和人员。

☼ 自学自测

一、单选题

1. 下列不属于会议主持人沟通能力的是（　　）。

　A. 成功地开始会议　　　　　　　　B. 根据需要选择不同的提问方式

　C. 控制好会议的进程　　　　　　　D. 让与会代表相互争论直至意见统一

2. 下列关于会议秘书职责理解正确的是（　　）。

　A. 会议秘书是整个会议不可或缺的重要角色

　B. 会议秘书要思维敏捷，知识面广

　C. 会议秘书要能清楚地记录会议内容并能及时整理

　D. 会议秘书要有超强的记忆力和理解力

3. 下列关于会议组织原则理解不正确的是（　　）。

　A. 会议组织要有目的性　　　　　　B. 会议决策要干脆果断

　C. 会议组织人员要相互配合　　　　D. 会议的经费应该多预算

4. 国际重要问题讨论会往往采用的桌形是（　　）。

　A. 椭圆形　　　　　B. 圆形　　　　　C. 半圆形　　　　　D. 长桌形

5. 下列不包括在会议日程内容里的是（　　）。

　A. 会议的时间　　　B. 主持人　　　　C. 发言人　　　　　D. 住宿安排

二、多选题

1. 下列属于虚拟会议的有（　　）。

　A. 工间餐　　　　　B. 交谈闲聊　　　C. 聚会　　　　　　D. 旅游活动

　E. 座谈会

2. 长桌形（椭圆形或 U 形）适用的会议类型有（　　）。

　A. 小例会　　　　　B. 培训会　　　　C. 洽谈会　　　　　D. 新闻发布会

　E. 部门会议

3. 作为会议的参与人员体现其积极参与行为的有（　　）。

　A. 准时参加会议

　B. 会前认真阅读材料，做好发言准备

　C. 发言前用非语言或语言向主持人暗示

　D. 不随意地打断别人的发言

E. 开会时集中精力记录

4. 会议参与人员准备发言时，向主持人用非语言暗示的行为有（　　）。

A. 直接说自己要发言　　　　　　　　B. 将目光投向主持人

C. 清嗓子　　　　　　　　　　　　　D. 向支持人举手示意

E. 与其他人小声交流引起主持人的注意

5. 下列能体现会议主持人沟通能力的有（　　）。

A. 成功地开始会议　　　　　　　　　B. 控制好会议进程

C. 稳步地推进会议　　　　　　　　　D. 做好会议记录

E. 确定参加会议的人员

三、判断题

1. 圆桌形的座位适用于任何会议类型。　　　　　　　　　　　　　　　（　　）

2. 会议座位安排应该遵循"面门为上，居中为上，前排为上，以右为上"的原则。

（　　）

3. 会议主持人应该尽量鼓励那些善于长时间发言的与会者以免出现冷场。　（　　）

4. 会议参加者要认真准备以尽量使自己的发言有"含金量"。　　　　　（　　）

四、简答题

1 会议正式开始前要做好哪些准备工作？

2. 作为会议主持人应做到哪八个方面？

3. 会议的参与者应有的沟通技能是什么？

4. 会议日程安排的主要内容有哪些？

📖 课中实训

实训任务一　认识会议沟通

任务　分析会议沟通基本要素

任务描述：阅读下文，请根据会议的内容和时间拟定一份会议日程安排。

××省餐饮协会定于××××年×月×日在××市×××大酒店召开全省各市餐饮协会分会负责人会议，会期一天。会议主要内容：总结上一年全省餐饮协会的工作；讨论全省餐饮行业在菜品上的创新；为先进的酒店授牌，并请先进酒店介绍经验；观摩名厨菜肴制作表演。

实训任务二 探究会议沟通技巧

任务 开展有效会议

任务描述：角色扮演模拟会议。

某市的 ×× 企业将过期霉变的食品回收后重新打上新的出厂日期又投向市场，此事经举报后被电视台曝光。一时间，全国多地媒体记者纷纷前来采访报道此事。该企业经研究决定召开记者招待会，向全国的消费者表示歉意并决定以此为鉴狠抓产品质量和企业管理。将学生分成 20 ～ 30 人一组，分别扮演企业发言人、主持人、媒体记者等各类角色，模拟记者招待会。

📝 实训项目评价

序号	技能点评价	佐 证	评价方式		
			自评（30%）	互评（30%）	师评（40%）
1	分析会议沟通的特点	能够准确分析会议沟通的特点			
2	根据会议组成要素组织会议	能够分析会议成功与否的决定因素			

序号	素质点评价	佐 证	评价方式		
			自评（30%）	互评（30%）	师评（40%）
1	创新意识	能够在会议沟通情境中提出自己的沟通方式			
2	分析问题能力	能够分析有效会议沟通成功和失败的原因			
3	自我表现能力	能够主动倾听，尊重他人意见；礼貌待人，表达得体			
4	与他人合作能力	能够与其他组员分工合作；能够提出合理的见解和想法			

◎ 复盘反思

1. 知识盘点：通过对会议沟通项目的学习，你掌握了哪些知识？请画出思维导图。

2. 方法反思：在完成本项目的学习和实训的过程中，你学会了哪些分析和解决问题的方法？

3. 行动影响：在完成本项目的学习和实训的过程中，你认为自己还有哪些地方需要改进？

▣ 课后提升

提升任务一　群体会议提高工作绩效

　　某服装公司决定加快工艺流程改造，并进行工艺重组。但以前在进行工艺重组时，工人的反应非常强烈，对工艺的改造持敌对态度。为了实施改革计划，公司管理层采用了三种不同的策略。

　　策略一，与第一组工人采取谈话的方式，向他们解释将要实行的新标准、工艺改革的目的及这么做的必要性和必然性，然后，给他们规定一个反馈的期限。

策略二，告诉第二组工人有关现在工艺流程中存在的问题，然后进行讨论，得出解决的办法，最后派出代表来制定新的标准和流程。

策略三，对第三组工人，要求每个人都讨论并参与建立、实施新标准和新流程，每个成员都参与，如同一个团队一样。

结果令人惊奇。虽然第一组工人的任务最为简单，但结果他们的生产率没有任何提高，而且对管理层的敌意越来越大，在 40 天内有 17% 的工人离职；第二组工人在 14 天里恢复到原来的生产水平，并在此后有一定程度的提高，对公司的忠诚度也很高，没有人离职；第三组工人在第二天就达到原来的生产水平，并在一个月里提高了 17%，对公司的忠诚度也很高，没有人离职。

（资料来源：黄漫宇.商务沟通［M］.2 版.北京：机械工业出版社，2010.）

想一想：

1. 策略三为什么起到了事半功倍的效果？

_____

_____

_____

2. 说一说有效会议沟通的意义是什么。

_____

_____

_____

3. 会议沟通在职场中有什么作用？

_____

_____

_____

提升任务二　七个和尚分粥的故事

有七个和尚住在一起，每天共喝一桶粥。由于僧多粥少，难以满足每个人都吃饱的要求，因此怎么分配这桶粥，就成了一个令人头疼的问题。一开始，他们商量确定轮流分粥，每人轮流一天。结果每周下来，他们都只有一天是饱的，就是自己分粥的那一天——负责分粥的和尚有权力为自己多分一些粥。

大家对这种办法不满意。于是，大家推选出一个公认的道德高尚的和尚负责分粥。但权力导致腐败，大家挖空心思去讨好他、贿赂他，最终搞得整个小团体乌烟瘴气。

最后大家又确定了一个方法：仍是轮流分粥，但条件是：分粥的人要等其他人都挑完后，才能吃剩下的最后一碗。结果，为了不让自己吃到最少的，每个负责分粥的人都尽量分得平均。这一次，大家都没意见了。

想一想：

1.这个故事给我们哪些启示？

_____

_____

_____

_____

_____

_____

_____

2.如果你是主持人，请你为七个和尚主持一次会议，圆满解决和尚分粥的问题。

_____

_____

_____

_____

_____

_____

_____

3.如果你是会议的组织者，该做哪些准备工作？请写一篇策划案。

_____

_____

_____

_____

_____

_____

_____

项目五
电子媒介沟通

教学目标

知识目标

1. 了解电话沟通的概念；
2. 了解网络沟通的概念。

能力目标

1. 能够分析和运用电话沟通技巧；
2. 能够分析和运用网络沟通技巧。

素质目标

1. 建立与客户电话沟通的基本思维、爱岗敬业、文明礼貌、诚信友善、宽和待人的沟通意识；

2. 熟练使用电话沟通技巧，培养耐心、细致的职业素养；能以电话礼仪与他人和谐沟通。

思维导图

```
                                    ┌─ 电话沟通技巧
                        ┌─ 电话沟通 ┤
                        │           └─ 电话沟通的基本礼仪
                        │
                        │           ┌─ 即时通信礼仪
   电子媒介沟通 ────────┤           │
                        │           ├─ 电子邮件沟通礼仪和技巧
                        └─ 网络沟通 ┤
                                    ├─ 微博、博客与网络论坛礼仪和技巧
                                    │
                                    └─ 网络沟通的特点
```

课前自学

知识任务一 电话沟通

1. 电话沟通技巧

现代社会，电话是世界上最普遍、最迅捷的信息交流工具之一，也是现代社会常用的沟通媒介。

电话不仅能反映接打电话者的情绪、文化素养和礼貌礼节，同时，也能反映一个组织的员工素质和组织形象。

电话沟通小技巧

（1）接打电话的基本技巧。电话机旁边应准备记事本和笔，可以及时记录；拨打电话前应先整理电话内容再拨打电话，这样能防止丢三落四；还要注意态度要友好，微笑通话；要使用适当的语速和语调，不能连珠炮似的快速通话，也不能一字一顿地说话；不使用简略语或专用语，让人费解；对于重点内容要重复几遍，以使对方加深印象。

（2）接打电话的程序。电话铃一响，应尽快接听，最好不要让铃声响过三遍。拿起电话应先自报家门："您好，××公司。"电话用语应文明、礼貌，态度应热情、谦和、诚恳，语调应平和，音量要适中。特别注意声调、语速和表达的准确度。接听电话时，对对方的谈话可进行必要的重复，重要的内容应简明扼要地记录下来，如时间、地点、联系事宜、需解决的问题等。电话交谈完毕时，应尽量让对方结束对话，若确实需要自己来结束，应解释、致歉。通话完毕后，应等对方放下话筒后，再轻轻地放下电话，以示尊重。接听电话的程序如图3-5-1所示。

拨通电话后，首先说明自己的姓名、身份。必要时，应询问对方是否方便，在对方方便的情况下再开始交谈。通话完毕时应道声"再见"，等对方放下电话后再轻轻放下电话。拨打电话的程序如图3-5-2所示。

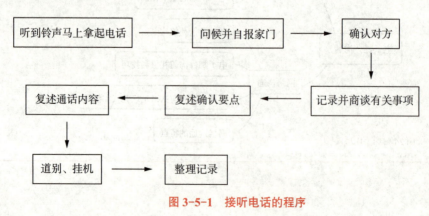

图 3-5-1 接听电话的程序

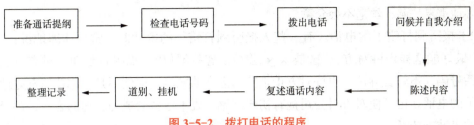

图 3-5-2　拨打电话的程序

（3）接打电话的注意事项。

1）选择恰当的通话时间。恰当的时间是指不会干扰他人休息和工作的时间，如早晨8点之前，晚上9点之后，中午12—14点，一般不拨打他人的电话。周末休息时间一般不打公事电话，遇有特殊情况应予以说明并致歉。

2）用语要简洁。正常情况下，采用"通话三分钟"原则，可使用简单、直接的语言，如"是的""好的""谢谢您"等。字要咬清，如辨清"黄"和"王""董"和"总"等发音相近的字。

3）拨错电话要致歉。拨错电话是难免的，如果拨错电话就一定要注意向对方道歉。拨错电话浪费了他人的时间，不道歉是有违礼仪要求的。

4）代接电话要记录。接到代接或代转的电话，要注意尊重对方的隐私，不能打听对方不愿说的事情。注意准确记录来电者的单位、姓名、来电时间、通话要点、电话号码、回电时间等内容，及时告知对方要找的人。常将"请""谢谢""对不起"挂在嘴边，常用"您"取代"你"，不单独说"讲""说"等带有命令的字。

（4）正确使用移动电话。移动电话又称手机，其便捷、高效的特点受到人们的普遍青睐。许多手机使用者常常忽视手机使用时应注意的事项，难免会影响自身形象。

1）要遵守公共秩序。遵守公共秩序，即在公共场所通电话时要顾及他人。不要在开会时间、听课时间使用手机，否则会让人觉得工作、上课不专心，或分散他人注意力。在某些特定的公共场所，如剧院、音乐厅、图书馆、会议室、课堂等严肃、安静的场合，应将手机关闭或调至静音，以免手机铃声突然响起影响他人，同时也影响自己的形象。

2）要注意通话方式。有他人在场的情况下，通话时，说话声音要轻，特别是公共场合不能旁若无人地大声说话，更不能高声喊叫。若有条件，可找一个僻静的场所接听，以免干扰他人。由于无线通信的质量还不稳定，有些场合手机信号不佳，很多人习惯对着手机大声说话，其实这毫无必要，只需要保持打固定电话时的声调即可。

3）要自觉维护安全秩序。做到在驾驶汽车时不使用手机，否则会造成安全隐患，且违反交通法规；也不要在病房、加油站等地方使用手机，免得手机信号干扰仪器的精准度，或引发火灾、爆炸等；乘坐飞机时应关闭手机。

（5）应对特殊事件的技巧。

1）听不清楚对方的话语。当听不清楚对方讲话时，可以进行反问但不能失礼，且必须方法得当。客客气气地反问："对不起，刚才没有听清楚，请再说一遍好吗？"对方一定

会耐心地重复一遍，丝毫不会介意。

2）接听到打错了的电话。有一些人接听到打错了的电话时，常冷冰冰地说："打错了！"最好能这样告诉对方："这是××公司，您找哪位？"如果自己知道对方所找公司的电话号码，不妨告诉他，也许对方正是公司潜在的顾客。即使不是，你热情友好地处理打错了的电话，也可使对方对公司抱有初步好感，说不定就会成为公司的客户，甚至成为公司的忠诚支持者。

3）遇到自己不知道的事。有时候，对方在电话中一直谈论自己不知道的事情，而且没完没了。遇到这种情况，应尽快理清头绪，了解对方的真实意图，避免被动。

4）接听到领导亲友的电话。领导对下级的评价常常会受到其亲友印象的影响。打到公司的电话，并不局限于工作关系。领导的亲朋好友常打来与工作无直接关系的电话。但他们对接听电话的你的印象会在很大的程度上左右领导对你的评价。

5）接到投诉电话。接听投诉电话，应保持平和的态度，多听少说，尤其不能推脱责任。要避免向投诉者表露自己的不耐烦的情绪，避免与投诉者纠缠以往的不快，避免向投诉者陈述组织内部的运作细节和内部人员之间的矛盾。对于确实因本单位、本部门造成的工作失误或产品质量问题而带给对方不满或不便，无论是否与你有直接关系，都应该给予对方真诚的道歉，并同时认真做好记录，按程序逐级反映。

2. 电话沟通的基本礼仪

（1）重要的第一声。当我们打电话给某单位，若一接通，就能听到对方亲切、优美的招呼声，心里一定会很愉快，与对方对话便能顺利展开，对该单位也会有较好的印象。因此要记住，接听电话时，应有"我代表单位形象"的意识。

（2）要有喜悦的心情。打电话时，我们要保持良好的心情，这样即使对方看不见你，但是从欢快的语调中也会被你感染，给对方留下极佳的印象。由于面部表情会影响声音的变化，所以即使在电话中，也要抱着"对方看着我"的心态去应对。

（3）清晰明朗的声音。打电话过程中绝对不能吸烟、喝茶、吃零食，即使是懒散的姿势对方也能够"听"得出来。因此打电话时，即使看不见对方，也要当作对方就在眼前，尽可能注意自己的姿势。

（4）迅速准确地接听。办公桌上往往会有两三部电话，听到电话铃声，应准确迅速地拿起听筒，最好在三声之内接听。若长时间无人接听电话或让对方久等，会给对方留下不好的印象。如果电话铃声响了五声才拿起话筒，应该先向对方道歉。

（5）认真清楚地记录。随时牢记"5W1H"技巧，在工作中这些资料都是十分重要的，对打电话、接电话具有相同的重要性。电话记录既要简洁，又要完整。

（6）了解来电的目的。每个电话都十分重要，不可敷衍，即使对方要找的人不在，切忌只说"不在"就把电话挂了。接电话时也要尽可能问清楚事由，避免误事。首先应委婉地探求对方来电目的，如自己无法处理，也应认真记录下来，既不会误事又能赢得对方的好感。

（7）挂电话前的礼貌。要结束电话交谈时，一般应当由打电话的一方提出，然后彼此客气地道别，说一声"再见"，再挂断电话，不可只管自己讲完就挂断电话。

与目标客户对话

吉米："喂！"

汤姆："吉米，我是温斯特公司的汤姆·贝柯。温斯特公司是专门为企业经理定制西装的公司。请问你知道温斯特公司吗？"

吉米："不知道。贵公司是卖什么产品的？"

汤姆："我们是专门为企业高级管理人员定制西服的公司。有许多企业对我们颇为赞赏。这些企业包括××银行、××建设公司、××集团等。我希望下个星期能拜访你，当面向你作详尽的介绍。我想在下星期三上午8点15分或星期四下午2点45分拜访你，你觉得方便吗？"（汤姆提到了几家著名的大公司，希望借此能引起吉米的兴趣，要知道权威的影响力是非常大的。在这里汤姆使用了选择式的问句，这使吉米拒绝汤姆的可能性变小了。）

吉米："嗯，让我想想……就安排在下星期二上午7点钟吧。"

资料来源：作者根据网络资料整理

知识任务二　网络沟通

网络沟通是通过基于信息技术（IT）的计算机网络来实现信息沟通的活动。目前，国内常见的网络沟通形式有即时通信（QQ、微信、钉钉等）、电子邮件、微博、网络论坛等。

网络沟通应常记在心的原则有：尊重他人的隐私，不要随意公开私人邮件、聊天记录和视频等内容；尊重他人的知识，人都会有犯错误的时候，不要好为人师，不要自诩高人一等；尊重他人的劳动，不要剽窃、随意修改或张贴他人的劳动成果，除非他人主观愿意；尊重他人的时间，在沟通提问之前，先确定自己无法解决，且对方是正确的人；自信，但是要注意谦虚，做好细节，不要刻意放低身段，但是如果对某方面不熟悉，不要冒充专家，发送消息前，要仔细检查语法和用词，不要故意挑衅或使用脏话。

1. 即时通信礼仪

即时通信（QQ、微信、钉钉等）相对比较随意、轻松，但是在职场上使用时，还是要遵循不少礼仪，以便树立良好的职业形象。其礼仪主要包括以下几个方面：

（1）对于客户、领导或其他不是非常熟悉的尊者要先有称呼再用表情，不可以单独用表情取代称呼，但寒暄可以简短些。

（2）在得到对方允许后再发离线文件。

（3）不能不经过对方允许就发送很大的视频或文件。

（4）不能发些不太健康的图像以表示娱乐。

（5）不能不明对方是否在线就乱发图过去。

（6）一定要回复对方的留言。

（7）如果你很忙，就不要显示在线。

（8）不要打扰忙碌的人。

（9）尽量及时回复他人的信息。

（10）不要在 QQ 上设置自动回复。

（11）发网址的时候附上标题或简介。随意发送链接地址是一种很粗鲁的行为，属于强制推送内容给对方，而且容易让他人的计算机感染病毒。

（12）不要刨根究底，必要时使用聊天记录。

（13）退出那些被你屏蔽已久的 QQ 群。

（14）不要忘记在 QQ 或微信上备注对方姓名及单位职务等。

（15）内容发送要注意及时性，在发送内容之前，要"三思而后行"。

（16）要注意礼貌。

（17）学会正确使用状态说明。

（18）不要传播谣言、不可靠或恶俗的东西。

2. 电子邮件沟通礼仪和技巧

（1）礼仪。

1）主题应当精确，不要发送无主题和无意义的电子邮件。

2）邮件的开头要恰当地称呼收件人；如果对方有职务，应按职务尊称对方；不熟悉的人请使用恰当的语气、适当的称呼和敬语，不宜直接称呼其名，对级别高于自己的人也不宜称呼其名。

3）电子邮件的开头结尾最好要有问候语。最简单的开头写"Hi"，中文写"你好"；结尾写"Best regards"，中文写"祝你顺利"。

4）注意邮件正文拼写和语法的正确，避免使用不规范的语言和表情符号。使用简单易懂的主题以准确传达你的电子邮件的要点。

5）由于邮件容易丢失，因此应当小心查问，而不是无理猜测并在心里暗暗责怪对方。在自己做到及时回复邮件的同时，不要对他人回复信件的时效性做过分期许。

6）不要随意转发电子邮件，尤其不要随意转发带附件的电子邮件，除非你认为此邮件对于他人的确有价值。在病毒泛滥的今天，除非附件需要，否则应该避免 Word、PPT 附件，多使用 PDF 附件。在正文中，应当包含附件的简要介绍。邮件要使用纯文本或易于阅读的字体，不要使用花哨的装饰，最好不使用带广告的电子邮箱。

7）如果不是工作需要，尽量避免群发邮件。尤其不要参与发连环信这种活动（如把这条消息发送给 10 个好友之类），群发邮件容易使收件人的地址相互泄露，因此，最好使用邮件或暗送。两个人所商量的事情牵涉第三方时，应该将邮件抄送给第三方。

8）在给不认识的人发送邮件时，应先介绍自己的详细信息，或在签名中注明自己的身份，没有人愿意和不明底细的人讨论问题。

9）如果对方公布了自己的工作邮箱，那么工作上的联系请不要发送到对方的私人信箱，没有人愿意在与朋友们联系的信箱中看到工作上的问题。

10）及时回复电子邮件，有针对性地进行回复，回复不得少于10个字。

（2）写电子邮件的技巧。

1）标题。

①标题要提纲挈领，切忌使用含义不清的标题。

②标题要简短，不宜冗长。

③标题要能反映邮件的内容和重要性。

④一封信尽可能只针对一个主题，不在一封信中谈及多件事情。

⑤可适当使用大写字母或特殊符号来突出主题。

⑥回复对方邮件时，可根据回复内容需要更改标题。

2）正文。

①电子邮件正文要简明扼要，行文通顺。

②注意电子邮件的论述语气。

③电子邮件正文多用1、2、3、4之类的序号。

④每次发邮件都要将信息交代完整。

⑤尽可能避免拼写错误和错别字，注意使用拼写检查。

⑥合理提示重要信息。

⑦合理利用图片、表格等形式来辅助阐述。

⑧不要轻易使用表情字符。

⑨如果邮件带有附件，应在正文里提示收件人查看附件。附件文件应按有意义的名字命名。正文中应对附件内容做简要说明，附件数目不宜超过4个，数目较多时应打包压缩成一个文件。如果附件是特殊格式的文件，应在正文中说明打开方式。如果附件过大，应分割成几个小文件分别发送。

⑩只在必要的时候才使用英文邮件。

⑪尊重对方的习惯，不主动发送电子邮件。

⑫对于一些信息量大或重要的邮件，建议使用中文。

⑬选择便于阅读的字号和字体。

3. 微博、博客与网络论坛礼仪和技巧

微博、博客与网络论坛礼仪和技巧如下：

（1）表明自己的身份，遵守"面对面"原则。

（2）不要分享敏感信息，避免争议话题。

（3）遵守国家法律，遵守社会公德，别指望免责声明。

（4）进行必要的隐私设置。

（5）尊重他人的劳动，不要随意转载，或否定对方的知识层次。不要自诩高人一等，或使用侮辱性质的词句。

（6）不要做鉴定师和价值判断人，不要断章取义，不要留下一句"鉴定完毕"等鉴定式语言，不要抓住对方的某一句话进行评论，要认真阅读后再发言。

（7）说出理由，但不要说出不文明用语。

4. 网络沟通的特点

网络改变了人们的生活和思维方式，使人与人之间的关系出现了新的特点，给人际关系带来了新的冲击。它扩大了人与人之间的交往范围，使人际交流能够双向互动或多向互动，交流更直接、更快捷，但它同时也产生了负面影响。

（1）优点。网络提供了人际交往的特殊空间，正是这种特殊性，决定了网上人际交往不同于现实社会生活的新特点。相对于传统社会而言，网络沟通具有以下优点：

1）开放性与多元性。网络化的交往超越了时空限制，消除了"这里"和"那里"的界限，拓展了人际交往和人际关系，使人际关系更具开放性。随着网络技术的发展，基于网络的沟通方式层出不穷，人们可以通过互发电子邮件代替传统信件；可以通过采用一些即时通信工具代替打电话，如 QQ、微信等；若你的计算机配有摄像头和小话筒，你甚至可以当面与对方进行沟通。

2）自主性与随意性。网络中的每个成员都可以最大限度地参与信息的制造和传播，这就使网络成员几乎没有外在约束，而更多地具有自主性。同时，网络是基于资源共享、互惠互利的目的建立起来的，网民有权利决定自己干什么、怎么干，但由于缺乏必要的约束机制，网民必须"自己管理自己"。

3）间接性与广泛性。网络改变人际交往方式，就是它使人与人面对面的交流变成了人与机器之间的交流，带有明显的间接性。这种间接性也决定了网络交流的广泛性，基于网络的沟通行为比传统的打电话或写信、发电报具有更加广阔的使用范围。

4）非现实性与匿名性。网络社会的人际交往和人际关系的定义，已经突破了传统人际交往和人际关系的内涵。在网上，人们可以"匿名进入"，网民之间一般不发生面对面的直接接触，这就使网络人际交往比较容易突破年龄、性别、相貌、健康状况、社会地位、身份、背景等传统因素的制约。

5）平等性。由于网络没有中心，没有直接的领导和管理结构，没有等级和特权，每个网民都有可能成为中心，因此，人与人之间的联系和交往趋于平等，个体的平等意识和权利意识也进一步加强。

6）沟通成本低廉性。现在除在购置计算机、网络支持等方面一次性投入较大外，网络建成后的每次信息交流相比其他的传统沟通方式都更为便捷和成本低廉。以要与某人商量一件事为例，进行一次面对面的交谈将包括交通费、路上往返的时间等；打电话包括电话费；传送资料还需要打印费和快递费。而利用网络你只需登录 QQ 或微信，连接视频，就类似于面谈，再附上一封带资料附件的电子邮件，完成整个过程不仅节约了你收拾好资料物品再出门打出租车的时间，而且对于宽带包月的用户来说，上网费用几乎可以忽略不计。

（2）缺点。

1）失范性。网络世界的发展开拓了人际交往的新领域，也形成了相应的规范。除一些技术性规则（如文件传输协议、互联协议等）外，网络行为与其他社会行为一样，也需要道德规范和原则，因此出现了一些基本的"乡规民约"，如电子邮件使用的语言格式、在线交谈应有的礼仪等。

2）人际情感的疏远。网络的全球性和发达的信息传递手段，使人与人之间的交往没有了空间障碍，同时，也使现实社会中人与人之间的情感更加疏远。人们面对面交流的机会越来越少，实际使沟通行为趋向单一化，即更多地依赖于网络。沟通方式的单一化损失的不仅是情感，还有正义感、良知和公德心。

3）信任危机。网络虚拟化的人际交往方式，使许多网民往往抱着游戏的心态参与网上交往，致使网上的信任危机甚于现实社会。与此同时，一些网民在现实生活中遇到挫折时，又会采取"宁信机器，不信人"的态度，沉溺于"虚拟世界"，不愿直面现实生活。

针对这些缺点，我们应采取以下措施：建立健全法律制度，树立良好的网络道德观，树立正确的人际交往观，树立正确的价值观。

☼ 自学自测

一、单选题

1. 电话沟通应注意（　　）。

    A. 随声应答　　　　　B. 用语礼貌　　　　　C. 调节情绪　　　　　D. 以上都是

2. 通话者的（　　）、态度和使用的语言被人们称作"电话三要素"。

    A. 内容　　　　　　　B. 情感　　　　　　　C. 声音　　　　　　　D. 谈吐

3. 在电话礼仪中一个国际上通行的原则，叫（　　），体现打电话以剪短精炼为佳。

    A. 1分钟原则　　　　B. 3分钟原则　　　　C. 5分钟原则　　　　D. 10分钟原则

4. 下列关于电话接听基本礼节，表示不正确的是（　　）。

    A. 保持正确的姿势　　　　　　　　　B. 复诵来电要点

    C. 道谢后，随即挂上电话　　　　　　D. 保持悦耳的声音和良好的表情

5. 电话服务中的语音要求（　　）。

    A. 家乡话，语速过快　　　　　　　　B. 口齿不清晰，断断续续

    C. 音高恰当、有度　　　　　　　　　D. 语气亲切、温和

二、多选题

1. 网络沟通的优点有（　　）。

    A. 开放性与多元性　　　　　　　　　B. 自主性与随意性

    C. 间接性与广泛性　　　　　　　　　D. 平等性

2. 电话沟通时的注意事项包括（   ）。

  A. 正确使用敬语

  B. 对容易造成误会的同音字和词要特别注意咬字清楚

  C. 接听电话，语言要简练、清楚、明了，不要拖泥带水、浪费客户时间，引起对方反感

  D. 接听或打电话时，无论对方是熟人或是陌生人，尽量少开玩笑或使用幽默语言

3. 电话沟通应注意的事项包括（   ）。

  A. 电话的频率（不宜频繁打电话给客户）

  B. 电话沟通的时点（什么时候打电话）

  C. 电话沟通的内容（不宜问东问西、东拉西扯）

  D. 电话沟通的时长（不宜耗时过长）

4. 使用电话沟通的优势包括（   ）。

  A. 工作效率高   B. 获取大量客户信息

  C. 营销成本低   D. 计划性强、方便易行

三、判断题

1. 通话过程中，不要大声回答问题，否则将造成双方疲劳。   （ ）

2. 接电话的对象不同，礼貌用语的使用都是相同的。   （ ）

3. 接电话的开头语为：您好，绿瘦酒店，请问有什么可以帮助到您？结束语为：感谢您的来电，再见。   （ ）

4. 为了节省通话时间并获得良好的沟通效果，打电话之前和之中都需要斟酌通话内容。   （ ）

四、简答题

1. 电话沟通的礼仪有哪些？

2. 接打电话时应注意哪些事项？

3. 网络沟通时应注意哪些礼仪？

📖 课中实训

实训任务　探究电话沟通技巧

任务一　对比分析电话沟通礼仪

任务描述：电话沟通中的一些不应有的行为，对照自己的电话沟通习惯，检查自己的行为并改正错误行为（表3-5-1）。

表 3-5-1　电话沟通中的行为改正

问题情境	不良表现	实际表现	改正要点
接听电话时	1. 电话铃响了很久才拿起话筒		
	2. 对着话筒大声说："喂，找谁啊？"		
	3. 一边接电话一边吃东西		
	4. 一边和同事说笑一边接电话		
	5. 当需要记录重要的信息时，总是手忙脚乱地找纸和笔		
拨打电话时	1. 拿起电话时不知从何说起，语无伦次		
	2. 使用超级缩略语，如"我是二所的"		
	3. 挂断电话才想起还有问题没说		
	4. 抓起电话粗声粗气地说："喂，我找刘经理。"		
转达电话时	1. 抓着电话大声地说："小刘，你的电话。"		
	2. 态度冷淡地说完"王总不在"后就挂断电话		
	3. 让对方稍等，结果对方却等待了很长时间		
	4. 答应帮助对方转达，却未询问对方的姓名		
遇到突发事件时	1. 简单地告诉对方"这事不归我管"或"我不知道"就挂断电话		
	2. 接到投诉或索赔电话，极力为公司辩解并且态度生硬		
	3. 接到打错的电话后很不高兴地说"打错了"，随即挂断电话		
	4. 电话听不清楚或噪声很大时，大声地"喂，喂"，然后挂断电话		

任务二　模拟探究电话沟通技巧

任务描述：通过情景模拟，进一步感受接打电话的技巧，以便在工作中更好地运用电话沟通。

无法按时供货怎么办？

A 纸业公司是环球百货公司的长期供应商。小赵是 A 纸业公司销售部员工，老王是环球百货公司采购部经理，小李是环球百货公司采购部员工。由于天气原因，A 纸业公司无法按时向环球百货公司供货。这时小赵要与环球百货公司采购部经理联系，以说明情况，接电话的是小李。

1. 请三位同学分别扮演小赵、老王和小李，进行电话沟通情景模拟。

2. 请写下你获得的启示。

📝 **实训项目评价**

序号	技能点评价	佐证	评价方式		
			自评（30%）	互评（30%）	师评（40%）
1	分析电话沟通礼仪	能够准确分析电话沟通礼仪			
2	分析电话沟通技巧	能够分析出电话沟通技巧			

序号	素质点评价	佐证	评价方式		
			自评（30%）	互评（30%）	师评（40%）
1	创新意识	能够在电子媒介沟通情境中提出自己的新沟通方式			
2	分析问题能力	能够分析有效沟通和失败沟通的原因			
3	自我表现能力	能够主动倾听，尊重他人意见；礼貌待人，表达得体			
4	与他人合作能力	能够与其他组员分工合作；能够提出合理的见解和想法			

◎ **复盘反思**

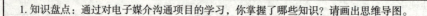

1. 知识盘点：通过对电子媒介沟通项目的学习，你掌握了哪些知识？请画出思维导图。

2. 方法反思：在完成本项目的学习和实训的过程中，你学会了哪些分析和解决问题的方法？

3. 行动影响：在完成本项目的学习和实训的过程中，你认为自己还有哪些地方需要改进？

提升任务一　姜经理的电话沟通技巧

"陈先生吗？您好！我姓林，是大华公司的业务代表。您是成功人士，我想向您介绍……"

陈先生直率地说："对不起，林先生。你过誉了，我正忙，对此不感兴趣。"说完就挂断了电话。

小林放下电话，接着又打了半个小时，每次和客人刚讲上两三句，客人就挂断了电话。

姜经理问他："小林，你知道为什么客人不肯和你见面吗？"

小林想，约见客人难，大家都知道，我约不到，有什么奇怪。

姜经理见他不吱声，便解释起来："首先，你应该说明来意，是为会面而打电话的。其次，捧场话讲得太夸张不行。你开口便给对方戴了个'成功人士'的大高帽，对方会立刻产生一种抗拒感。与陌生人见面，太露骨的奉承令人感到你是刻意推销，也容易给人急功近利的感觉。最后一点也是最重要的，电话是方便我们约见客人。你要'介绍'产品，见面是最佳途径。隔着'电线'，有些事情是说不透的。就算客人肯买，难道能电传支票给你吗？"

姜经理说完亲自示范给小林看。

"邹先生？您好！我姓姜。我们没见过面，但可以和您谈一分钟吗？"他有意停一停，等待对方理解了说话内容并做出反应。

对方说："我正在开会！"

姜经理马上说："那么我半个小时后再给您打电话好吗？"

对方毫不犹豫地答应了。

姜经理对小林说，主动挂断与被动挂断电话的感受不一样。尽可能主动挂断，可以减少失败感。

半个小时后，姜经理再次接通电话，说："邹先生，您好！我姓姜。您叫我半个小时后来电话……"他营造出一种熟悉的回电话的气氛，以缩短距离感。

"您是做什么生意的？"

"我是大华公司的业务经理，专为客人设计一些财经投资计划……"

邹先生接口说："教人赌博，专搞欺骗？"两人都笑了。

"当然不是！"姜经理说，"我们见见面，也许不会立刻做成生意。但看过资料后印象会深些，今后你们有什么需要服务的，一定会想到我啊！"

邹先生笑了笑，没说什么。

"这两天我在您附近工作。不知您明天还是后天有时间？"姜经理问。

"那就明天吧。"

"谢谢！邹先生，上午还是下午呢？"

"下午吧！4点。"邹先生回答。

想一想：

1. 姜经理与小林两人各自打电话的方式有什么不同？

_____

_____

2. 姜经理用了哪些电话沟通技巧？

_____

_____

3. 职场中我们应规避哪些不良的电话沟通方式？

_____

_____

提升任务二　一次失败的电话销售

数月以前，一家国内 IT 企业进行笔记本电脑的促销活动，我是接到推销电话的一个他们认为的潜在客户。

"先生，您好，这里是 HR 公司个人终端服务中心，我们在搞一个调研活动，您有时间配合我们回答两个问题吗？"

一个月以前，应该有不少人会接到类似的电话。这是 ×× 公司在做笔记本电脑的促销活动，我就是其中接到电话的一个他们认为的潜在客户。

我说："你讲。"

销售员："您经常使用电脑吗？"

我说："是的，工作无法离开电脑。"

销售员："您用的是台式机还是笔记本电脑。"

我说："在办公室，用是台式机，在家就用笔记本电脑。"

销售员："我们最近的笔记本电脑有一个特别优惠的促销阶段，您是否有兴趣？"

我说："你就是在促销笔记本电脑吧？不是搞调研吧？"

销售员："其实，也是，但是……"

我说："你不用说了，我现在对笔记本电脑没有购买兴趣，因为我有了，而且，现在用得很好。"

销售员："不是，我的意思是，这次机会很难得，所以，我………"

我问："你做电话销售多长时间了？"

销售员："不到两个月。"

我问："在开始上岗前，HR 公司给你们做了电话销售的培训了吗？"

销售员："做了两次。"

我问："是外请的电话销售的专业公司给你们培训的，还是你们的销售经理给培训的？"

销售员："是销售经理。"

我问："培训了两次，一次多长时间？"

销售员："一次大约就是两个小时吧，就是说了说，也不是特别正式的培训。"

我问："你现在做这个笔记本电脑的电话销售，成绩如何？"

销售员："其实，我们遇到了许多的销售中的问题，的确，销售成绩不是很理想。"

想一想：

1.看了这个案例，你觉得有必要进行电话销售培训吗？

_____

_____

_____

_____

_____

2.通过此案例你有何感想？

_____

_____

_____

_____

3.请归纳总结出电话销售的技巧。

_____

_____

_____

_____

_____

模块四

管理沟通

【模块导入】

管理沟通在组织运营中起着至关重要的作用。它可以帮助管理者和员工明确目标、提高工作效率，并建立积极的工作关系。通过有效的沟通，管理者能够更好地了解员工的需求和问题，从而提供支持和指导。同时，员工也能更好地履行职责。管理沟通还能促进团队之间的合作，增强团队的凝聚力和向心力。本模块以管理沟通为主要内容，包括与上级沟通、与下级沟通、与同级沟通。

项目一
与上级沟通

教学目标

知识目标

1. 理解与上级沟通的含义；
2. 明确与上级沟通应有的态度；
3. 掌握如何与上级有效沟通；
4. 掌握与上级沟通的技巧；
5. 掌握如何应对领导问责；
6. 掌握挽救与上级矛盾的五大原则。

能力目标

1. 能够判断领导个性；
2. 能够灵活运用沟通技巧与上级有效沟通。

素质目标

1. 培养学生独立思考、解决问题和科学严谨的求知态度；
2. 培养学生尊重上级、遵守组织规范、敬业乐业、尽职尽责的良好职业素养，为组织的发展做出贡献；
3. 在职场中能摆正自己的位置并拥有良好的心态。

⭐ **思维导图**

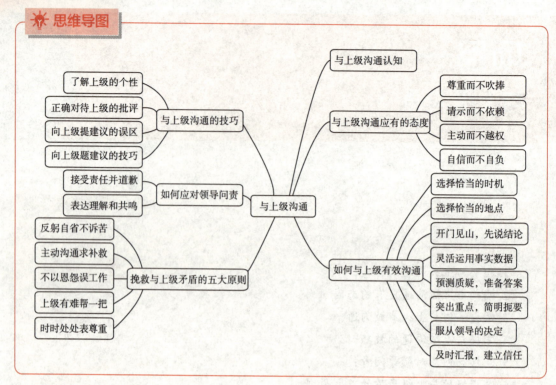

🔴 **课前自学**

在职场中，与上级有效沟通是非常重要的。与上级有效沟通，建立并保持良好的上下级关系，对个人在组织中的成功与发展具有重要的意义。积极、主动、及时与上级沟通，使领导知道自己在做什么、做到什么程度、有何想法、采取了怎样的工作方式，是在职场中谋求发展、不断晋升的必要条件之一，也是保证日常工作有序推进的主要因素。

知识任务一　与上级沟通认知

与上级沟通是指组织中的成员、群体通过一定的渠道与决策层进行的信息交流，如下级向领导定期或不定期地汇报工作，进行情况或问题的反映，征求意见等，即自下而上的沟通。

知识任务二　与上级沟通应有的态度

1. 尊重而不吹捧

领导要有威信，没有威信，很难对下级进行管理。领导的威信主要源自他的人格魅力，但下级对他的尊重，也是提升其威信的一个重要方面。

领导沟通风格

有的下级经常自以为比他人聪明，在与领导的沟通中，自觉或不自觉地流露出某种优越感，动辄与领导称兄道弟，或随便揭露他的短处，让领导感到很没面子，这种与领导沟通的效果可想而知。

作为下级，一定要充分尊重领导，维护领导的权威，支持领导的工作。在难题面前应勇于主动出面化解矛盾、承担责任，为领导排忧解难。

但是尊重领导不是一见领导就极尽奉承予以吹捧，以讨领导的欢心。这种行为很容易引起同事的反感，他们会在心里瞧不起你，不想与你合作，有的还会对你嗤之以鼻。而且领导本人对于虚伪的热情，也未必领情。

2. 请示而不依赖

作为下级，在自己职权范围内大胆负责、创造性地工作是应该的，这也是领导所喜爱的。千万不可事事请示，遇事没有主见，大小事不做主，这样会给领导留下办事不力、能力一般的印象，更不会被委以重任了。

3. 主动而不越权

下级在工作中要积极主动，敢于直言，善于提出自己的意见，但忌讳过分主动，自以为是，自作聪明，置领导的意见和决策于不顾，完全按照自己的意图行事。下级最忌自恃高明，与上级对着干。这样的下级不仅不能协助上级工作，长此以往还会威胁到公司的生存。

下级的积极主动、大胆负责要以有利于维护领导的权威、维护团队内部团结为前提，切不可擅自越权或越级上报等。

4. 自信而不自负

作为下级，在面对自己的领导时，应学会用自信去感染领导，但是不能自负，不能在沟通中表露自己目空一切。在日常的沟通中，原本也没有必要时时刻刻表现自我。

知识任务三　如何与上级有效沟通

1. 选择恰当的时机

建议与上级沟通最好选择在上午10点左右进行，因为此时领导可能刚刚处理完早晨

的业务，下级适时提出问题和建议，会比较容易引起他的重视和思考。而早上刚上班时上级最繁忙，快下班时又是他疲惫的时候，显然都不是好的沟通时机。还需要注意的是，无论什么时间，如果上级心情不太好，下级最好不要打扰他。

2. 选择恰当的地点

上级的办公室是适合谈论工作的地点。但是如果上级经过你的座位，想要就某个问题与你探讨，或者你们刚好同坐电梯，而他又表现出对你工作的兴趣时，也可以与其好好沟通。

3. 开门见山，先说结论

一般来说，上级都比较忙，没有时间听下级的长篇大论。如果你的汇报过于冗长，很可能会引起领导的反感，这样就会得不偿失。所以你要先说结果，而不是去描述过程。最好这样汇报工作："经理，我联系的那个大客户已经顺利地与我们签订合同了。"

4. 灵活运用事实数据

提出改进现有工作制度、程序的建议或推广一项新的提案等，一定要有足够的说服力，千万不可只凭嘴讲，这会给上级留下一个头脑发热、主观臆断的印象。作为下级，要想说服领导，最好事先收集整理好有关数据和资料，做成书面材料提供给领导，因为事实胜于雄辩。

5. 预测质疑，准备答案

对于下级提出的建议和设想，上级可能会进行各种质疑，如果下级毫无准备，吞吞吐吐、自相矛盾，则成功的概率会大大减小，同时，还会给上级留下逻辑性差、思维不够缜密的印象。下级最好充分预想上级可能有的疑虑，并一一准备答案，这样就可以胸有成竹地站在领导面前了。

6. 突出重点，简明扼要

先弄清楚上级最关心的问题，再想清楚自己最想解决的问题。在与上级交谈时，一定要先说重点，简单明了，而不要东拉西扯，分散领导的注意力。因为上级的时间难以把握，很可能下一分钟就有一个电话进来或出现一件重要的事情打断你们的谈话，使这一次交谈机会白白浪费。

如果上级感兴趣或时间允许，可以挑精彩的部分陈述。如"我去那个大客户下榻的酒店，一共去拜访了 6 次，那个客户终于被我的诚心感动了。"

> **见多识广**

工作汇报

小马是一位职场新人，也知道工作一定要勤汇报，小马刚刚就签订协议这件事情给领导是这样汇报的："王总，您昨天让我去见那个客户签订协议，我八点半就去了，我去的时候他还没到。后来他来了，可是他说很忙，要开会，让我等一会儿，结果没想到我一等就等到中午一点多，连午饭都没吃，肚子现在还咕咕叫……"

资料来源：作者根据网络资料整理

7. 服从领导的决定

作为一名下级，首先要有服从的态度。下级服从领导，是开展工作、保持正常工作关系的前提，是融洽相处的一种默契，也是领导观察和评价下级的一个尺度。一个团队中，如果下级不能无条件地服从领导的命令，在达成共同组织目标的过程中，就会产生一些不必要的障碍。所谓服从，就是领导的命令必须服从，下级没有权力判断领导指令的对错，领导的对错只能由他的领导来裁定。下级绝不能自作聪明，认为领导的指令不正确、不合理，就不去执行（明显违法违规不在其列）。

领导毕竟是领导，无论你认为你的建议多么完美，你也只是站在自己的角度上进行考虑，而领导要统筹全局，要协调和考虑的角度是你不曾涉及的。

（1）服从面前没有面子。服从要强调的第一点就是服从面前没有面子。面对上级，下级的理由要少一点，行动要多一些。在工作中经常会遇到这种情况，当接受一项工作任务时，不是马上跑去把事情做了，而是先要想一想，要让交代任务的人先走开，似乎是要留下一段时间让自己想一想。

（2）服从要直截了当。在工作中，需要直截了当的、没有阻力的任务传递，这是一个非常重要的参数或指标，是沟通效能、管理效能高的体现。服从是直截了当的，是持开明和接纳态度的。当上级向你交代工作，而你讲出许多理由的时候，这只是表明你对上级的交代持保留态度，这显然是不可取的，而只有服从才是最谦虚、最直截了当的。

（3）先接受再沟通。先接受再沟通也是服从上级指示的一个要求。这个要求主要针对那些马上推辞命令的人。当领导在会议上宣布一项工作或安排工作时，如果你马上就列出一大堆理由证明你有多大的困难，这个时候的你必然是不受欢迎的，这不是一种好习惯，任何上级都不会喜欢这样的人。

比较好的做法是无论你觉得有多大的困难，先把分配给你的任务接受。如果真有什么困难，可以在会后与上级沟通。

（4）马上按指令行动。马上按指令行动体现的是一种服从的精神。就像军队里的士兵一样，人随命令而行，不能有一时一刻的延误。

例如，经理责备你一张报表都会写错，你应该马上承认错误并且马上改正错误，这就叫"马上按指令行动"。

总之，服从对任何组织来说都是至关重要的。没有服从就没有领导，一个优秀的员工从不在工作中寻找任何借口，他们总是出色地完成上级安排的任务，替上级解决问题。他们总是把每项工作尽力做到超出上级的预期，最大限度地满足上级的要求，而不是寻找各种借口推诿。

8. 及时汇报，建立信任

一般来说，上司都比较看重两件事情：一是他的上司是否信任他；二是他的下级是否尊重他。对于上司来说，判断下级是否尊重他的一个很重要因素，就是下级是否经常向他请示、汇报工作。心胸宽广的上司对懒于或因忽视而很少向其汇报工作的下级也许不太计较，会好心地认为是工作太忙，没有时间汇报；也许本身就是他们职责内的事

情，没有必要汇报；或是自己这段时间心情不好，表现在言谈举止上，他们害怕来汇报等。但对于心胸狭窄的上司来说，如果出现这种情况，他就会做出各种猜测：是不是下级看不起我？是不是下级不买我的账？或者是不是下级联合起来架空我？一旦这种猜测成了他的某种认定，他就会利用手中的权力来"捍卫"自己的"尊严"，从而做出对下级不利的举动。要解决上述矛盾，通常的情况是下级应适应上司的愿望，凡事多汇报，这对于资深且能力很强的下级来说，就要解决心理上的障碍，即无论你怎样资深，能力怎样强，只要你是下级，就只能在上司的支持和允许下工作。如果没有这种支持和允许，你将无法工作，更不要说做出业绩了。所以，下级应该学会适当地向上级汇报工作，能让上司肯定你的成绩，对你另眼相看；相反，上司则会无情地否定你的工作成果，甚至你的能力。

向上汇报工作也具有时效性，及时汇报才能发挥效力。

他人发起的活动，在一定时间内，无论我们完成得如何，都要认真反馈，做每件事情或工作都要有这种思维，这叫作闭环思维。如果上级交代了一件事情，作为下级，应该竭尽全力去完成，最后无论完成的质量如何，都应该在约定的时间内给领导一个反馈。

❯ 见多识广

张秘书哪里做错了？

"糟了！糟了！"王经理放下电话，就叫了起来，"那家便宜的东西，根本不合规格，还是原来林老板的好。"王经理狠狠捶了一下桌子，"可是，我怎么那么糊涂，写信把他臭骂一顿，还骂他是骗子，这下麻烦了！"

"是啊！"秘书张小姐转身站起来，"我那时候不是说吗？要您先冷静冷静再写信，您不听啊！""都怪我在气头上，想这小子过去一定骗了我，要不然别人怎么那样便宜。"王经理来回踱着步子，指了指电话，"把电话告诉我，我亲自打过去道歉！"

秘书张小姐一笑，走到王经理桌前："不用了！告诉您，那封信我根本没寄。""没寄？""对！"张小姐笑吟吟地说。"嗯……"王经理坐了下来，如释重负，停了半晌，又突然抬头："可是我当时不是叫你立刻发出吗？""是啊！但我猜到您会后悔，所以压下了。"张小姐转过身，歪着头笑笑。"压了三个礼拜？""对！您没想到吧？""我是没想到。"王经理低下头去翻记事本，"可是，我叫你发，你怎么能压？那么最近发南美的那几封信，你也压了？"

"我没压。"秘书张小姐脸上更得意了，"我知道什么该发，什么不该发……""你做主，还是我做主？"没想到王经理居然霍地站起来，沉声问。秘书张小姐呆住了，眼眶一下湿了，两行泪水滚落，说道："我……我做错了吗？""你做错了！"王经理斩钉截铁地说。

张小姐被记了一个小过，是偷偷记的，公司里没人知道。但是一肚子委屈的张小姐，再也不愿意伺候这位"是非不分"的主管。

她跑去孙经理的办公室诉苦，希望调到孙经理的部门。"不急！不急！"孙经理笑笑，"我会处理。"隔两天，公司果然做了处理，张小姐一大早就接到一份解雇通知。

资料来源：作者根据网络资料整理

知识任务四　与上级沟通的技巧

1. 了解上级的个性

（1）权威型。权威型的领导，善于指挥，决策时通常自己决定，更多地采取单向沟通的方式，且态度强硬，行事果断，上级的沟通讲究效率，对琐事不感兴趣。

与这一类型的上级沟通相处，首先必须尊重他的权威感，认真对待他的命令，多称赞他的成就而非个性或人品；下级不能自卑，要拿出最慎重和一丝不苟的态度与良好的专业素质，在工作的过程中，要展示自己的才华和智慧，使出浑身解数，赢得主动、利益和所有人的称赞。

请示汇报工作，力求简明扼要、干脆利落。如果上级问你："你在工作上还有什么理想？"千万别直接说："我想升职。"但可以不失时机地给上级一个暗示："如果有更多的挑战，我会有更多的创造空间。"这样，等待你的肯定是另有重用。

（2）互动型。互动型风格的领导，通常善于交际，喜欢参与，喜欢接受大家对他的肯定，喜欢与下级当面沟通，喜欢下级开诚布公地谈论问题。

与这一类型的上级沟通相处，尽可能真诚地公开赞美，要多留意自己的肢体语言，尽量选择当面交流，不要在私底下发泄情绪。

（3）严谨型。严谨型的领导，做事讲究逻辑，为人处世有自己的标准，喜欢弄清楚事情的来龙去脉，注重细节，理性思考多，是方法论的最佳实践者。

与这一类型的上级沟通相处，最好直接谈论事情，谈论他们感兴趣的而且具有实质性内容的事情，对于上司提出的问题，最好直接回答，如果汇报工作，对一些关键性的细节可以描述得更多一些，可以多一些补充说明。

当他批评你、谈及你的过失时，其实也是对你的留意和关心。这时，下级要听得进去，要培养自己的耐心。面对上级的批评，应虚心接纳并积极地解决问题，争取给上级一个好印象。如果你的上级是一个非常冷静的人，他不会大笑大闹，而是始终保持常态。与这样的上级沟通就应该尽量保持和上级相同的风格。

（4）糊涂型。"糊涂型"风格的上级，这里的"糊涂"有几种情况，如健忘型，遇到这种情况，当上级与你讲述某个事件或表明某种观点时，要多问几遍，并重复几遍，以获得上级的进一步确认。再如，有一些"糊涂型"上级，布置工作任务时含糊、笼统，下级很难准确理解和操作。对于这种情况，下级在接受工作任务时，一定要多做一些沟通，主动并详细询问具体要求标准，包括时间、人员、质量、数量等尽可能明确，避免按照自己的理解去执行。

（5）怀疑型。有些上级整天怀疑自己的下级偷懒不干活，时常窥视下级的一举一动。面对这类上级最好的办法是经常向他汇报，多与他交流，明确告诉他你干了什么，结果如何，以使他放心。有些上级精力过剩，热衷事业，但对下级很苛刻，遇到这种工作狂，最佳对策是甘拜下风，不断向他请教，使他感到你在他的英明领导下努力工作，这样反而可以得到他的赏识。

（6）能力欠缺型。一些上级自己的能力不强，总是担心下级会超过他，抢了他的位置。这时下级就要收敛起自己的锋芒，做到谦虚谨慎，这样自然会博得上级的信任和赏识，以消除上级的戒心。平时要经常向上级请示汇报，不擅自做主，特别是一些决策性的工作，要等上级表态。另外，不要总是将眼光盯在上级的不足上，应该去尝试发现上级的闪光点，因为职场比拼的是综合素质，而不是专项技能。

2. 正确对待上级的批评

古人云："人非圣贤，孰能无过？"任何人都有可能无意或有意地犯错误。工作中出现差错是在所难免的，出现差错而被上级批评，是经常发生的事情。虽然良药苦口利于病，忠言逆耳利于行，但多数人是很难持积极的态度对待批评的。研究发现，任何教训、指责都会使人感到伤了自尊而处于自我防卫状态，并且往往会激起极大的反感，促使其竭力为自己辩解。可以说，闻过则喜者少。喜表扬、恶批评，是一种普遍存在的心理现象。那么，一个明智的员工对待上级的批评应做到以下几项：

（1）强化组织观念。在组织系统中，上级对下级有着法定的监督、控制、指导等权力。当下级出现与组织的统一运作相背离或不协调，有误差的行为时，上级有责任对其进行批评指正，这是毋庸置疑的。如果任其所为，那就是失职，该上级就会因此而受到更上一级领导的批评、惩处。所以，上级是在履行职责，是对事不对人。作为下级应当具有这种起码的组织观念，被批评时，不应有上级故意找碴儿、跟自己过不去的想法。这种想法不但于改正错误无益，还会形成抵触情绪，影响与上级的正常工作关系和感情。

（2）诚恳地接受并认真对待。一般上级在提出批评时都会非常谨慎，因此须认真对待。对于上级的批评，如果批评得合情合理，则要诚恳接受，并且下次不能再犯类似的错误。

（3）切忌当面顶撞。如果上级批评的时机和地点的选择不太合适，或者你认为上级批评错了，自己不能接受，不够冷静，意气用事，当面顶撞，这是不可取的。

（4）慎用解释。解释在很多时候是为了澄清自己。不要在上级有不良情绪时解释，因为在气头上很难听进去你的解释。解释也要点到为止，抓大放小，避免纠缠于一些细枝末节。有时采取间接解释的方式效果可能会好一些。

（5）换个角度，调整心态。职场中有些员工，在遭到上级批评后，就像霜打的茄子——蔫了，甚至一蹶不振，这样的心态是不可取的。上级的批评中也含有对你的忠告、指示和鼓励，也可以把他的批评看作是对你的重视和鞭策，正因为他的眼中有你这个员工，才会注意到你的错误，希望通过批评促进你的进步和发展。

当上级批评自己时，如果感到难以接受，这时换位思考：如果我是领导，会怎样对待犯了这种错误的下级呢？能够听之任之吗？换位思考，往往就会心平气和，并正视自己的缺点、错误。如果只是局限于从自我的角度考虑问题，常常会感情用事，陷入狭隘、偏执、片面的泥潭而难以自拔。实际上，对于许多问题的思考，适时转换思维角度，会进入别有洞天、豁然开朗的境界。

（6）不要过于计较上级的批评方式。即使在私下，不破坏和谐融洽气氛与亲密合作的批评都是很难做到的。批评确实是件不容易掌握的事情，既要使对方认识到错误的危害性，又要做到不伤其自尊，欣然接受，还要以此增进双方的信任感，往往很难同时做到这一切。由于每个上级的工作方法、修养水平、情感特征各不相同，对同一个问题的批评方式就会表现出明显的差异。和风细雨式的批评，往往容易接受；疾风骤雨式的批评，就让人难以忍受。然而作为下级，不可能去左右上级的态度和做法。应当认识到，只要上级的出发点是好的，是为了工作、为了大局、为了避免不良影响，以免造成更大的损失，为了帮助教育自己，哪怕是态度生硬一些、言辞过激一些、方式欠妥一些，作为下级也要给予理解和体谅。

（7）不推卸责任。有了错误，给工作造成了损失，不从自身找原因，强调客观因素，极力推诿，是最为愚蠢的做法。有些员工一开始就急于为自己辩解，结果会适得其反，给人以避重就轻、逃避责任的印象。妥善的做法是接受批评，并积极着手解决造成的不良后果。待上级进一步调查原因时，认真配合，逐步弄清楚真相。这样，你该承担什么责任，他人该承担什么责任，什么是客观不可避免因素，终会有个公正的结论。要知道，任何问题的处理都要有个过程，应当学会耐心等待，否则，往往是欲速不达。

（8）知错即改，力戒消沉。从错误、失败中吸取教训，及时改正，这样的下级会很快得到领导的谅解、尊重及同事的赞许。据心理学家观察，当人们看到犯了错误的人痛心疾首、懊悔、自责的态度，并且竭尽全力去改正时，大都会因此而产生恻隐之心，减轻对其错误的谴责和反感心理，同时，还会给予热情的关注和由衷的帮助。

犯错误挨批评终归不是件令人愉快的事情。所以，多数人的反应是悔恨不已，心理素质健康的人，能够很快通过提高思想认识，振作起精神，进行积极的自我调适，重新开始起步，以努力工作来弥补过失。但一些性格内向、自尊心过强、敏感多疑、对挫折耐受力低的人，会把问题看得过于严重，担心他人会看不起自己，担心领导会用"有色眼镜"看待自己，觉得前途无望了，从此一蹶不振。

错误并不可怕，批评也不可怕，关键在于怎样去认识错误、对待错误。从错误中吸取教训，从批评中汲取营养，这样，你才会逐步走向成熟，走向成功。

子曰："有颜回者好学……不贰过。"孔子的一个学生叫颜回，从来不犯两次过错。我们没有办法成为颜回，但可以告诫自己："一个人第一次犯错是不知道，第二次犯错是不小心，第三次犯错就是故意的。"

3. 向上级提建议的误区

企业就像一艘航行中的轮船，下级船员服从上级船员，全船服从船长。做一个好的下级，只有服从还不够，还要敢于、善于向上级提出不同意见。一个完全听命于上级、没有自己思想的人，不可能成为一名好员工。

向上级提出意见要出于真诚和善意，做到有主见但不固执，多揽事而不争功，行权不越权，到位不越位。在现实中，上级反对下级的意见时一般可当即提出，下级则不同。下级要在维护上级权威和面子的前提下，讲求方法、注意场合地向上级提出自己的不同意见。企业总经理的权威和面子也是企业的权威和面子，一个部门、一个班组都是如此。

（1）不了解情况直接提建议。这种情况多见于刚出校门新入职的企业员工。一个新人刚到企业，总是踌躇满志，准备大干一番。他们常站在自己的角度考虑企业问题，提建议的目的多半是想得到领导的认可。

（2）直接当众说，不给上级面子。多年前在关于京东的一个战略会议上，刘强东信心满满地宣布京东将要自己建立物流派送体系，这需要投入大量的资金，也就意味着京东会在未来很长一段时间内无法真正赢利。当刘强东说出这个决策的时候，一位高管马上站起来反对，理由非常充分。会上有不少人赞同这位高管的意见，认为刘强东是在玩火。刘强东却说："京东搭建物流配送体系是我的决定，我今天也不是和大家商量，确切地说是通知大家，请各位依照执行就是了。"

（3）一次提很多建议。有些员工认为提建议越多越好，提了一个建议后得到了上级的表扬，于是就一个接一个往下说……似乎上级的工作总有说不完的问题，这会让上级怀疑你提建议的初衷。

4. 向上级提建议的技巧

（1）将提意见转换为提建议。一般人都不喜欢听意见，只喜欢听建议。聪明的下级要学会巧妙地将"意见"转化为"建议"，认识到这一点很重要。下级要做的就是把自己的主张说出来，并让上级做决定，而不是自作主张。同时，提建议时要注意语气语调。

（2）找准时机。上级事情很多，需要找到合适的时机提建议。一般来说，刚上班时，人们的心情普遍都要好些，谈话的效率也会较高。

（3）进入上级的频道。下级应善于从上级的角度思考问题，进入领导的频道，了解他们对什么感兴趣，怎样的谈话方式让他们比较容易接受，从公司或项目整体出发，这样提出来的建议领导很容易接受。

❯❯ 见多识广

"同人不同命，成败皆沟通"——朱元璋的两个朋友

明朝开国皇帝朱元璋，少年时家里很苦，常和一些穷孩子一起放牛砍柴。后来朱元璋做了皇帝，他从前的一些穷朋友还过着很苦的日子，大家听说儿时的伙伴做了皇帝，都想找朱元璋沾点儿光，弄个一官半职。其中有两个与朱元璋小时候相处时间较长的朋友结伴而行，来到南京皇宫中见到了朱元璋。第一位穷朋友当着朱元璋的文武官员的面开口说："还记得我们一起割草的时候吗？有一天，我们在芦苇里偷了些蚕豆放到瓦罐里去煮，没等煮熟你就抢豆子吃，把瓦罐都打破了，豆撒了一地，你抓了一把撒在地上的豆就往嘴里塞，却不小心连红草叶子也送进嘴了，结果一根草棒卡在喉咙里，卡得你直翻白眼，还是我出的主意，弄了一把青菜叶子放在手上一拍，塞到你嘴里叫你硬咽下去，才把草棒子吞了下去，不然，哪有今天啊！"朱元璋一听，顿时变了脸，连忙叫武士把他推出去斩首。可怜他官没做成，却成了刀下之鬼。朱元璋杀完那个穷朋友，又问同来的另一位穷朋友："你有什么说的？"那人连忙答道："想当年，微臣跟随陛下东征西战，一把刀斩了多少草头王。陛下冲锋在前，抢先打破了罐州城，虽然逃走了汤元帅，但却逮住了豆将军，遇着草霸王挡住了咽喉要道，多亏了菜将军帮忙，不然，哪有今天啊！"朱元璋听了，顿时心花怒放，夸奖道："这才是寡人的功臣哩！"随即降旨封他做了将军。

资料来源：崔佳颖 . 360 度高效沟通技巧［M］. 北京：机械工业出版社，2010.

知识任务五　如何应对领导问责

❯❯ 见多识广

晏子智劝齐王

齐景公酷爱打猎，非常喜欢喂养捉野兔的老鹰。一天，因侍臣烛邹不当心，一只老鹰逃走了。齐景公知道后大发雷霆，命令将烛邹推出去斩首。晏子知道此事后，急忙上堂对齐景公说："烛邹有三大罪状，哪能这么轻易就杀了呢？等我公布完他的罪状后再处死不迟。"齐景公点头同意了。晏子指着烛邹说道："烛邹，你为大王养鹰，却让鹰逃走了，这是你的第一条罪状；你使大王为了鹰的缘故要杀人，这是你的第二条罪状；把你杀了让天下人都知道大王重鸟轻士，这是你的第三条罪状。"宣布完三大罪状后，晏子对齐景公说："好啦，大王，请处死他吧！"齐景公听了满脸通红，半天才说："不杀了，我懂你的意思了。"

资料来源：作者根据网络资料整理

1. 接受责任并道歉

当领导对你进行问责时，首先要表现出对责任的接受，并且诚恳地道歉。回应时，可以使用类似于"我理解我的错误，我对此深感抱歉"的措辞，表达出自己的责任感和诚意。

2. 表达理解和共鸣

在回应问责时，不仅要接受责任，还要表达出对领导的理解和共鸣。可以使用类似于"我理解您的关切，我也认识到这次错误给团队带来的影响"的措辞，展现出对领导的尊重和对问题的认知。

与领导沟通时常用到的句型如下：

（1）委婉式。以最委婉的方式传递坏消息句型："我们似乎碰到一些状况……"

你刚刚才得知，一件非常重要的案子出现了问题。如果立刻冲到领导的办公室里报告这个坏消息，就算与你无关，也只会让领导质疑你处理危机的能力，弄不好还惹来一顿骂，把气出在你头上。此时，你应该以不带情绪起伏的声调，从容不迫地说出本句型，千万别慌慌张张，也别使用"问题"或"麻烦"这一类的字眼；要让领导觉得事情并非无法解决，而"我们"听起来像是你将与领导站在同一阵营，并肩作战。

（2）责无旁贷式。领导传唤时责无旁贷式句型："我马上处理。"

冷静、迅速地做出这样的回答，会令领导直觉地认为你是一名有效率、听话的好下级；相反，犹豫不决的态度只会让领导产生不快。

（3）表现团队精神式。表现团队精神式句型："安琪的主意真不错！"

安琪想出了一条连领导都赞赏的绝妙好计，你与其拉长脸、暗自不爽，不如偷沾对方的光。方法如下：趁着领导听得到的时刻说出本句型。在这个人人都想争着出头的社会里，一个不嫉妒同事的下级，会让领导觉得你本性纯良、富有团队精神，因而对你赞赏有加。

（4）说服领导式。说服领导帮忙句型："这个报告没有你不行啦！"

有件棘手的工作，你无法独力完成，非得找个人帮忙不可，于是你找上了那个对这方面工作最拿手的领导。怎么开口才能让领导心甘情愿地助你一臂之力呢？"送高帽、灌迷汤"，并保证他日必定回报。而领导为了不负自己在这方面的名声，通常会答应你的请求。但是，将来有功劳的时候别忘了领导。

（5）巧妙闪避式。巧妙闪避式句型："让我再认真想一想，3点以前给您答复好吗？"

领导问了你某个与业务有关的问题，而你不知道该如何作答，千万不可以说"不知道"。

知识任务六 挽救与上级矛盾的五大原则

工作中由于各自的见解和工作性质的不同，会出现下级与上级意见不一致的情况，有时双方各执己见会产生工作上的矛盾，严重时会因此而影响私人感情，给双方带来不快。为避免这种情况，一旦因工作上的意见分歧产生矛盾，应遵循以下原则，积极化解上下级之间的工作分歧。

1. 反躬自省不诉苦

进行自我分析，要明白他人没办法裁决，诉苦也不能解决问题，甚至居心不良者还可能挑拨离间。所以，最好的策略就是在公开场合掩盖矛盾，以免事态扩大；自己理清问题的症结，找出解决方法。

2. 主动沟通求补救

戴尔·卡内基说过："如果你是对的，就要试着温和地、有技巧地让对方同意你；如果你错了，就要迅速而坦诚地承认。这要比为自己争辩有效和有趣得多。"与上级沟通的过程中，难免会有误会、有委屈。自怨自艾不仅于事无补，而且容易使问题扩大化，甚至影响工作；不妨主动和上级沟通，弄清楚上级误解的原因，耐心解释你的真实想法，这样不仅有助于工作进展，而且有利于建立信任。

3. 不以恩怨误工作

如果你与上级的矛盾一时难以化解，那么在思想上要面对现实，控制情绪，防止矛盾激化；把注意力转移到工作上，等待沟通时机；在行动上，即使上级刁难工作，也不要消极怠工；要始终如一，加倍努力，日久见人心。

4. 上级有难帮一把

上级因为没有采纳下级合理化的建议，一意孤行，结果工作出现了问题。这时，你不能以幸灾乐祸的心理看笑话。应该摒弃前嫌，主动帮助上级渡过难关。

5. 时时处处表尊重

即使上下级有工作上的不同见解，下级还是应该尊重领导的地位，不要因为工作分歧而损害领导形象。在公开场合，见面应该主动打招呼，无论上级的反应如何，都要微笑着与他讲话，使他意识到你的尊重，误解慢慢就会有所消除。下级还可以在背后时时褒扬上级，最好能够通过他人之口替自己表白真心，误解自然逐渐消除。

☼ 自学自测

一、单选题

1. 与上级相处，首先应该了解并掌握上级的心理。上级的心理表现不包括（　　）。

　　A. 自尊心强　　　　B. 依赖下级　　　　C. 考虑整体　　　　D. 不能忍受孤独

2.给上级提建议要讲究技巧，以下提建议的方式不可取的是（　　　）。

  A.注意时间上的控制

  B.顾忌到其他部门的利益和整体立场

  C.尽量简洁

  D.尽量使用模糊的词语，比如大概、估计等

3.下级提交给上级的提案很有可能会遭到上级的拒绝。发生这种情况时，下级应该（　　　）。

  A.马上放弃提案   B.与上级争论

  C.找出拒绝的原因所在   D.坚持自己的提案

4.向上级提建议的时间宜为（　　　）。

  A.刚上班时   B.快下班时   C.上午10点左右   D.午休前

5.下列选项不属于与上级沟通途径的是（　　　）。

  A.意见箱   B.小组会议   C.反馈表   D.布告

二、多选题

1.在与上级说"不"时，应掌握的原则有（　　　）。

  A.注意上级的情绪   B.选择合适的时间、地点和环境

  C.站在上级的角度考虑问题   D.上级问时再提供意见

2.关于与上级沟通的要点，下列表述正确的有（　　　）。

  A.理解上司   B.让上司做问答题

  C.多称赞上司   D.管理上司的期望

3.与上级沟通应有的态度是（　　　）。

  A.尊重而不吹捧   B.请示而不依赖

  C.主动而不越权   D.自信而不自负

4.与上级有效沟通有（　　　）。

  A.注意沟通的时机   B.注意沟通的地点

  C.开门见山，先说结论   D.灵活运用事实数据

5.被上级批评时，我们应（　　　）。

  A.强化组织观念   B.诚恳地接受并认真对待

  C.切记当面顶撞   D.换个角度，调整心态

三、判断题

1.对上级的建议不赞同时，下级保持沉默就可以了。   （　　）

2.向上级提忠告的时候，下级一定要用体谅的口吻和委婉的语言。   （　　）

3.向上级进言的时间应越早越好，其他都是次要因素。   （　　）

4.向上级提建议时，无须了解情况。   （　　）

5.汇报工作时，如果对内容不确定，一定要用"大概""差不多"等词语。 （　　）

四、简答题

1. 上级沟通的障碍有哪些？如何改善与上级沟通的方式？

2. 与上级沟通的技巧有哪些？

3. 如何化解与上级之间的矛盾？

📖 **课中实训**

实训任务一　认知与上级沟通

回答下面的问题，测一测你与上级沟通的能力。

1. 能够自始至终保持自信的笑容，并且音量适中。

2. 善于选择上级心情愉悦、精力充沛时的谈话时机。

3. 已经准备好了详细的资料和数据以佐证你的方案。

4. 对上级将会提出的问题胸有成竹。

5. 语言简明扼要，重点突出。

6. 与上级交谈时亲切友善，能充分尊重上级的权威。

计分方法：

每题选择"一贯如此"计3分，选择"经常如此"计2分，选择"很少如此"计1分。

解析：

1. 总分为14～18分：你能在工作中自觉地运用沟通技巧，是一个非常受欢迎的人，你的上级很赏识你。

2. 总分为7～13分：你已经掌握了很多沟通的技巧，并已经尝试着在工作中运用，你的上级认为你是一个有潜力的人，但你还需努力。

3. 总分为0～6分：你应该抓紧时间学习和上级的沟通技巧了。因为你现在和上级的关系很不融洽，适当地改善沟通技巧，可以帮助你充分发挥自己的能力，去争取更为广阔的发展空间。

人人都有自己的上级。你的上级就是你面临的一种环境，你应该去适应这种环境。与上级沟通是一种技巧，也是一种技能，需要不断地提升。

实训任务二　摆正与上级沟通的态度

假如你是某公司的员工，上级把一项临时性的工作任务安排给你，而你又不愿意干这

项工作。在这种情况下，你应持有怎样的态度与上级进行沟通，才能说服上级把这项工作安排给其他人而又不会对你产生不好的印象？

实训要求：两位同学一组进行情境模拟。

实训感悟：

1. 体会在沟通中心态的重要性。

2. 应保持怎样的态度与领导沟通才能达到沟通的目的。

实训任务三　提高与上级沟通的能力

实训活动：情景模拟。

实训目的：提高与上级沟通的能力。

实训道具：桌椅。

实训过程：

1. 学生自由组合，4 人一组。

2. 教师给出题目"下级向上级请示、汇报工作"，要求每组由 2 人扮演上级，2 人扮演下级，依次进行 2 个题目的情景扮演。

3. 模拟结束后，小组成员讨论下级扮演者在向上级扮演者请示、汇报工作时，哪个同学的沟通方式较好，好在哪里，同时找出存在的问题。

4. 讨论结束后，角色互换（刚才扮演下级的小组成员扮演上级），重复上面的游戏程序。

5. 小组内部讨论，并选择 1 位代表总结心得。

实训反思：

1. 与上级沟通时哪种方式最有效？

2. 与上级沟通时需要注意哪些问题？

3. 如何与上级有效沟通？

4. 如何提高与上级沟通的能力？

实训任务四　应对领导问责

实训背景：小王刚得知一件重要的工作出现了问题，是因自己的疏忽导致的，此时小王应该如何应对领导的问责呢？

实训模拟：两位同学一组，分别模拟小王和领导。

实训反思：领导是否对小王的应对方式感到满意，为什么？

实训任务五 提升挽救与上级矛盾的能力

领导听说你在背后议论他的私事，很生气。因此对你比较有成见。你该怎么化解彼此之间的误会呢？你会如何面对领导、面对工作？

同学之间互相交流自己的解决办法，教师评价谁处理得最得当！

实训项目评价

序号	技能点评价	佐 证	评价方式		
			自评（30%）	互评（30%）	师评（40%）
1	分析与上级沟通时应有的态度	与上级沟通时能够虚心而又自信			
2	了解并分析上级的个性	能够根据不同上级的个性选择不同的沟通方式			
3	分析如何与上级有效沟通	与上级沟通效果良好			
4	分析与上级沟通的技巧	能运用与上级沟通的技巧有效沟通			
5	分析应对领导问责的方法	领导问责时能恰当应对			
6	分析挽救与上级矛盾的5大原则	一旦与上级出现矛盾，能够妥善解决			
序号	素质点评价	佐 证	评价方式		
			自评（30%）	互评（30%）	师评（40%）
1	自我认知意识	与上级沟通时能摆正自己的位置			
2	大局观	与上级沟通时能从大局出发			

◎ 复盘反思

---

1. 知识盘点：通过与上级沟通认知项目的学习，你掌握了哪些沟通知识？请画出思维导图。

2. 方法反思：在完成本项目的学习和实训的过程中，你学会了哪些与上级沟通的技巧？

3. 行动影响：在完成本项目的学习和实训的过程中，你认为自己还有哪些地方需要改进？

◎ 课后提升

提升任务一　这样与上级沟通存在什么问题？

　　李明是一家公司的销售分公司经理，很长一段时期以来，李明的分公司总是达不到计划的要求。销售员人均销售收入低于公司平均水平，而且李明每月的报告总是迟交。等到年度中期报告后，总公司的总经理决定找他谈谈，并约定了时间。因为分公司离总公司很远，所以李明为了节约时间，选择了电话沟通。

在双方约好的电话沟通时间，总经理打来了电话，然而电话持续了没多久，李明的下级就来找他处理销售部的紧急事务，他不得不挂了电话。等他回来的时候，已经是两个小时后，给总经理再打去电话，之前的谈话内容已经无法接上了。

想一想：

1.李明和总经理的沟通效果好不好？

_____

_____

_____

_____

2.他们的沟通存在哪些问题？

_____

_____

_____

_____

_____

3.李明应该如何改善他与上级的沟通模式？

_____

_____

_____

_____

_____

提升任务二　割草的男孩

一个替人割草的男孩出价 5 美元，请他的朋友为他打电话给一位老太太。电话拨通后，男孩的朋友问道："您需不需要割草？"

老太太回答说："不需要了，我已经有了割草工。"

男孩的朋友又说："我会帮您拔掉花丛中的杂草。"

老太太回答："我的割草工已经做了。"

男孩的朋友再说："我会帮您把草与走道的四周割齐。"

老太太回答："我请的那个割草工也已经做了，他做得很好。谢谢你，我不需要新的割草工。"

男孩的朋友便挂了电话，接着不解地问割草的男孩说："你不是就在老太太那儿割草吗？为什么还要打这个电话？"

割草男孩说："我只是想知道老太太对我工作的评价。"

想一想：

1. 小男孩为什么要请他的朋友帮忙给自己的雇主打电话？

2. 老太太的回答对小男孩有帮助吗？

3. 这个故事对你有什么启示？

项目二
与下级沟通

教学目标

知识目标

1. 了解与下级沟通的含义；
2. 理解与下级沟通的障碍；
3. 掌握与下级沟通的技巧。

能力目标

1. 能够激励下级；
2. 能够有效传达指令；
3. 能够运用有效的批评方式；
4. 能够有效地与下级进行沟通。

素质目标

培养学生宽以待人、作风严谨、尊重他人的优良职业品质，树立诚信意识和团队合作意识，养成主动作为、服务意识等良好的职业习惯。

思维导图

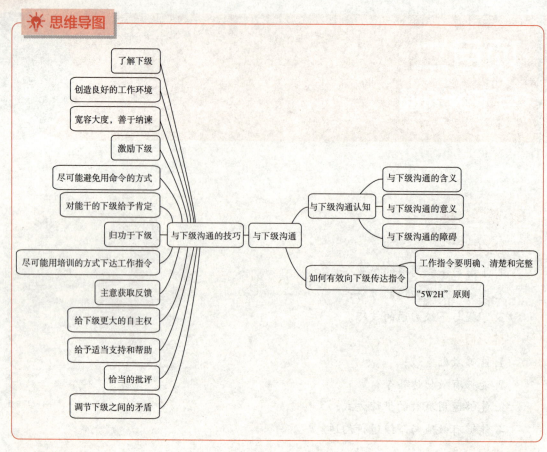

课前自学

知识任务一　与下级沟通认知

1. 与下级沟通的含义

与下级沟通是一种管理技巧，旨在通过有效的交流促进团队合作和提高工作效率。这种沟通不仅仅是传达信息指令，还包括倾听、理解、激励和解决问题。

2. 与下级沟通的意义

（1）上级与下级沟通有助于建立良好的工作关系。在组织中，上级与下级之间的关系直接影响着工作的效率和团队的凝聚力。通过与下级沟通，上级能够更好地了解下级的需求和意见，及时解决问题，提供支持和帮助。同时，下级也能够更好地理解上级的期望和要求，提高工作的准确性和质量。通过双向的沟通，上下级之间能够建立起互信和合作的良好关系，共同推动工作的顺利进行。

（2）与下级沟通有助于提高工作效率。在组织中，信息的传递和理解是工作顺利进行的基础。通过与下级沟通，上级能够及时将重要信息传达给下级，确保工作的顺利进行。同时，下级也能够及时向上级反馈工作进展和问题，及时解决困难和障碍。通过有效的沟通，上下级之间能够更好地协调工作，提高工作效率，实现组织的目标。

> **见多识广**

松下幸之助吃牛排

素有"经营之神"之称的松下幸之助有一次在一家餐厅招待客人，一行6个人都点了牛排。等6个人都吃完主餐，松下幸之助让助理去请烹调牛排的主厨过来，他还特别强调："不要找经理，找主厨。"助理注意到，松下幸之助的牛排只吃了一半，心想一会儿的场面可能会很尴尬。主厨来时很紧张，因为他知道请自己的客人来头很大。"是不是牛排有什么问题？"主厨紧张地问。

"烹调牛排，对你已不成问题。"松下幸之助说，"但是我只能吃一半。原因不在于厨艺，牛排真的很好吃，你是一位非常出色的厨师，但我已80岁了，胃口大不如前。"主厨与其他5位用餐者困惑得面面相觑，大家过了好一会儿才明白怎么一回事。"我想当面和你谈，是因为我担心，当你看到只吃了一半的牛排被送回厨房时，心里会难过。"

如果你是那位主厨，听到松下幸之助如此说明，会有什么感受？是不是觉得备受尊重？客人在旁边听见松下幸之助如此说，更佩服松下幸之助的人格，并更喜欢与他做生意了。

资料来源：作者根据网络资料整理

3. 与下级沟通的障碍

（1）高高在上，目空一切。许多领导在与下级沟通时，最容易犯的就是高高在上。本来领导和下级之间就存在地位、身份上的不平等，有些做领导的还有意无意地扩大这种不平等效应，导致下级在领导面前唯唯诺诺，有话不敢讲，影响了上、下级之间的沟通。常见到许多领导在与下级沟通时心不在焉、摆架子，这些都是高高在上、居高临下的表现。高处不胜寒，居高临下，便无法听到不同的声音和见解。

（2）自以为是，不以为然。领导总觉得自己的思想和决策是对的，每当对待一个问题自己已经有了一定的想法和见解时，就很容易关上自己的心门，不愿意甚至拒绝接受他人的意见。而当听到下级不同的意见和建议的时候，即使口头应承，可内心却根本不当回事，不以为然，我行我素。

（3）先入为主，先声夺人。常见到许多领导同下级沟通时，只见他面对下级如发表演讲般滔滔不绝，口若悬河，容不得下级说话。同时，在沟通时对下级本身的能力存有成见，对下级的能力常产生怀疑，因此，下级的好建议便被忽视了。

（4）领导不善于倾听。倾听是沟通过程中最重要的环节之一，良好的倾听是高效沟通

的开始。倾听不仅需要有真诚的同理心，还应该具备一定的倾听技巧。居高临下，好为人师；自以为是，推己及人；抓耳挠腮，急不可耐；左顾右盼，虚应故事；环境干扰，无心倾听；打断对方，变听为说；刨根问底，打探隐私；虚情假意，施舍恩赐。以上种种都是影响倾听的不良习惯，要注意避免。

（5）缺乏反馈和双向交流。反馈是沟通过程中或沟通结束时的一个关键环节。上级如不注意、不重视或忽略了反馈和交流，沟通效果便大打折扣。没有反馈的沟通，就不是双向沟通，就无法达成共识。其实与下级沟通并不难，以下是成功沟通的3个基本点。

1）对沟通要有真诚的心态。

2）对下级保持开放的态度。

3）主动创造沟通的良好环境。

知识任务二　与下级沟通的技巧

要真正赢得下级的心，管理者首先要了解下级的所思所想。从某种程度上来说，下级的心是"驿动的心"，管理者只有善于察言观色，了解下级的个性、心理，了解下级的实际困难与个人需求，设法给予满足，再与他们沟通时才会得心应手，才会得到他们的支持和配合。

1. 了解下级

（1）善于察言观色。俗话说："出门观天色，进门看脸色。"学会察言观色，是了解员工的最佳方式。上级平时要用心观察下级是如何工作的？他们对自己、对同事的态度是温和的还是生硬的？他们在倾听和说话时是何种表情？什么能使他们愉快，什么能令他们沉默？尤其需要注意观察下级的异常行为，如发现员工情绪不佳、心事重重，应主动询问，然后采取适当措施。

> ❯ 见多识广

王女士怎么了？

一天早上，领班看到一贯情绪乐观的王女士脸色不好，就问她有什么心事？她笑笑说没有。是不是身体不舒服？她说没有，领班不便再追问，于是安排她做卫生。中午用餐时，领班有意喊上王女士一起吃饭，一聊才知道那天早上她和丈夫吵架了。他们夫妻吵架虽然是私事，但王女士工作情绪不佳，会直接影响到对客人的服务。经过领班的劝说开导，王女士很快调整了情绪。

资料来源：作者根据网络资料整理

（2）设计专项调查表。

1）为更好地了解下级，还可设计专项调查表，调查下级感兴趣的话题。一项调查结果显示，下面六条是员工最感兴趣的六个话题，而这也正是企业上级领导最不想公开的六个话题。

①企业的发展计划——我们没有必要告诉下级企业的发展计划。他们只要干好当前的工作就行了，没有必要了解事情的全局，因为我才是整体调度者。

②生产率的提高——怎么提高生产率我自有办法，他们要做的只是依据我的指导行事。

③人事政策和实施情况——我不能告诉他们这些，如果让他们知道了，谁知道会不会引起骚动呢。

④与职责有关的信息——员工自己会去弄明白的。

⑤职位提升的机会——这是管理层的机密，千万不能泄露。

⑥外部事件对自己职责的影响——他们到时就会了解的，不必告诉他们。

2）员工对上级的情感需求。调查发现，员工对上级的情感需求：第一，偶尔拍拍我的后背；第二，多听听我说话；第三，别总逼我；第四，让我提点建议；第五，偶尔笑一笑；第六，问问我的感受；第七，别那么冷漠的对我；第八，对我的工作多看两眼；第九，别总向我证明你有多聪明。

（3）经常与手下员工保持联系。有学者认为：跟你闲聊，我投入的是最宝贵的资产——时间，这表明我很关心你的工作。

在企业，从总经理到各级部门总监、主管、领班都应经常巡视，关注每位员工的工作；平时也应注意了解员工的兴趣爱好，在奖励员工或在员工过生日时投其所好。作为上级，应当多花点时间去了解每位员工做了什么特别的事情，他们需要怎样的鼓励和肯定。这对于让员工保持积极心态是非常关键的。

上级领导平时要多和下级接触，经常与他们聊工作、生活和学习，让下级感觉到你的关心。尤其是90后、00后员工，上级更需要与他们交谈，了解他们的真实想法，听取他们的意见。90后、00后在很多方面都是非常优秀的，脑子转得快，想问题能举一反三，做事灵活。他们还非常有主见、有想法，对于无法理解的事情不愿意服从，对于错误的问题勇于直言，这些都是90后、00后的特点。

2. 创造良好的工作环境

善于管理的领导者注重营造工作环境，会让员工在轻松愉快的氛围中充分发挥自己的特长和潜能，将工作绩效提高。

整洁、富有吸引力、团结、合作的空间，使人心情舒畅，乐于工作。下级在工作中偶尔会出现一些小问题，如果采取严厉责备的态度，就会造成双方的对立，下级心里受了委屈，对立的情绪很难消除，在今后的工作中心理上就有了排斥情绪。对下级没有了起码的尊重，领导和下级的关系就只有命令和无奈地接受，充满火药味的工作关系迟早会爆发危机。

对下级的建议，要听之，善之。实践证明自己错了，应当实事求是承认错误，绝不可文过饰非，诿过于人。

当领导要扬人责己，以功归人，这样做才能众望所归，才能聚集天下英才。这样才能真正营造一个和谐的议事环境，维护团队团结，增强战斗力和凝聚力。

3. 宽容大度，善于纳谏

作为领导，不仅要对下级予以认可，而且要向他们显示自己的大度，尽可能原谅下级的过失。对于那些无关大局的事情，不要同下级锱铢必较，这是凝聚向心力的重要方法之一。

> **见多识广**

张飞之死

刘备听到关羽被杀害的消息，悲伤得昏倒在地上，醒来之后发誓要为关羽报仇。诸葛亮劝他不要冲动，但他不听，每天只顾着操练士兵，要去攻打吴国。

张飞也伤心得每天喝酒，喝醉之后脾气暴躁，常常鞭打士兵，有的士兵都被打死了。他的手下都很担心，害怕下一个轮到自己。张飞要求部下范疆和张达赶快做出所需要的白色盔甲，在战场上祭奠关羽。时间紧迫，范疆和张达请求宽容几天，张飞大怒，让士兵们把他们绑在树上狠狠地鞭打，然后对他们说："要是明天准备不好，就要你们的脑袋！"范疆和张达两人被打得浑身是血，回去后十分害怕。范疆说："怎么办呢？如果明天完不成，我们肯定会被杀死！"张达说："不如我们先杀掉他！"到了晚上，张飞又喝醉了。范疆和张达两人听说后，偷偷来到张飞的营帐里，正要下手，却看见张飞瞪着两个圆圆的大眼睛，吓得他们两个赶紧趴在地上。过了一会儿，他们发现张飞没有动，而且打呼噜的声音越来越大，原来张飞睡觉的时候也睁着眼睛，两人胆子又大了起来，走上去一刀刺死了张飞。他们将张飞的头砍下来，藏在衣服里，然后偷偷逃离蜀国，投奔吴国去了。

桃园结义的三兄弟一下子就死了两个，只剩刘备一个人了。刘备难过万分，他更加想要消灭吴国来为关羽、张飞报仇。

资料来源：作者根据网络资料整理

4. 激励下级

下级需要被肯定和激励。人都渴望被赞赏，一个人受到激励后，其心理处于兴奋状态，就会由被动转化为主动，由"要我做"转化为"我要做"。了解下级的需要，并针对其情况予以激励，可以收到很好的效果。

激励下级

➤ 见多识广

曹操的赏赐

三国时期，曹操为了统一北方，决定北上征服塞外的乌桓。这一举动十分危险，许多将领纷纷劝阻，但曹操还是率军出击，将乌桓打败，基本完成了统一北方的大业。班师归来，曹操调查当时有哪些人不同意北伐计划。

那些人以为要遭到曹操严惩了，一个个都十分害怕。不料，曹操却给了他们丰厚的赏赐。大家很奇怪：事实证明劝阻北伐是错误的，怎么反而得到赏赐呢？曹操说："北伐之事，当时确实十分冒险。虽然侥幸打胜了，是天意帮忙，但不可当作正常现象。各位的劝阻，是出于万全之计，所以要奖赏。我希望大家以后更加敢于发表不同意见。"之后，大家更加尽心尽力地为他效劳了。

资料来源：作者根据网络资料整理

（1）薪酬激励。薪酬激励是指以物质利益为诱因，通过调节下级的物质利益来激励下级的方式与手段。

（2）荣誉激励。荣誉激励是指把工作成绩与晋级、提升、选模范、评先进联系起来，以一定的形式或名义标定下来，主要的方法是表扬、奖励、经验介绍等。

（3）工作激励。工作激励是指满意于自己的工作，是最大的激励。工作激励包括工作的适应性、工作的意义与工作的挑战性、完整性等。

（4）关怀激励。关怀激励主要是给下级以生活上的关照。

（5）目标激励。根据人们物质和精神利益的正当需求，设置一定的目标作为一种诱因，作为人们对未来的期望，鼓励人们去追求、进取。

（6）参与激励。以让下级参与管理为诱因，调动下级的积极性和创造性。

（7）竞争激励。利用人们普遍存在的争强好胜的心理，结合工作任务，组织各种形式的竞赛，鼓励竞争，进而激发下级的工作热情。

5. 尽可能避免用命令的方式

命令带有组织阶层上的职权关系，它隐含着强制性，会使下级有被压抑的感觉。如果上级经常用命令的方式要求员工做好这个工作、完成那项任务，也许工作会非常有效率，但是工作品质一定无法得到提升。因为直接命令剥夺了下级自我支配的权利，压抑了下级的创造性思考和积极负责的心理，同时，也让下级失去了参与决策的机会。但有时命令是必须的，重要、紧急事项或规章制度、决议的执行必须使用命令。需要注意的是，在下达命令时，必须保持命令的统一性、一致性，注意不要经常变更命令，以免下级无所适从。

（1）微笑。一些领导常常以一种君临天下的姿态对下级耳提面命、指手画脚。有的上级一见到下级便面色端正，不苟言笑，担心自己如果"平易近人"了，会让下级"得寸进尺"，使自己的"威信"打折，影响自己的"权威"地位，因而不对下级"笑一笑"，不让下级"乐一乐"，自己"威风凛凛"，而下级当然只能正襟危坐，不敢多说，不敢多想，主

动工作不敢做，创新工作怕出错。

领导的工作态度与下级的工作效率息息相关，倘若领导始终能带着微笑与下级相处，用自己的笑容去影响、感染和激发下级的积极情绪，领导和下级就可以共同创造愉悦和谐、自主宽松、民主平等、积极向上的工作环境，工作效率就会与日俱增。因此，一位好的领导一定会带着微笑去见下级，用自己的笑容去关注每位下级，肯定每位下级，使下级的潜力得到充分的释放，能力得到更大的发挥，使领导与下级的合作进入最佳状态，切实提高工作效率。

（2）叫出他们的名字。记住下级的名字，甚至"外号"，使其有种被关注和被重视的感觉。记住下级的姓名，并不是一件轻而易举的事情，需要下一点功夫，还得有一套方法，主要有以下几点：

1）当对方介绍姓名时，要聚精会神，并记在心里。有的人虽主动问对方"尊姓大名"，但对方介绍时又心不在焉，对方还未走，就已经忘记了他是谁。有的人记忆力强，有的人记忆力差，如果记忆力差，可以运用拿破仑三世的方法，说："对不起，我没有听清楚。"让他再说一遍，加深记忆。还可以在逐字听的时候，一边用每个字组成一个词或一个词组，来加深记忆。例如，你的下级名叫马胜长，可以联想"马到成功的'马'，胜利在望的'胜'，长命百岁的'长'"。

> ❯ 见多识广

罗斯福叫出机械师的名字

克莱斯勒汽车公司为罗斯福制造了一辆轿车，当汽车被送到白宫的时候，一位机械师也去了，并被介绍给罗斯福，这位机械师很怕羞，躲在人后没有同罗斯福谈话。罗斯福只听到他的名字一次，但他们离开的时候，罗斯福找到这位机械师，与他握手，叫他的名字，并谢谢他到华盛顿来。

资料来源：［美］戴尔·卡耐基. 人性的弱点［M］. 陶矇，译. 天津：天津人民出版社，2014.

2）记住每个人的特征。人有许多方面的特征，有外形的特征，如眼睛特别大，胡子特别多，前额很凸出等；有职业上的特征，如他最擅长某一技术，在某一技术、学识上有受人称道的雅号等；名字上的特征，有的名字故意用些生僻的字，或很少用来作名字的字，有的名字与某几个人的名字完全相同，这本来是没有特征的，但可以把"同名共姓"作为一个特征，再把他们区别，就容易记忆了。

3）准备一个人名本。如果是尊贵的客人，切不可当面拿出人名本，只能背后再记。但对下级，你可以说："我记忆力差，请让我记下来。"下级不但不会讨厌，还会产生一种自重感，因为你真心实意想记住他的名字。为了防止以后翻到名字也回忆不起来，除记下名字外，还要把基本情况，如单位、性别、年龄等记录下来。这个人名本要经常翻一翻，一边翻一边回忆会见此人的情景。这样，即使很长时间以后再遇到此人，你也可以叫出他或她的名字。

4）多与下级接触。百闻不如一见。有不少的领导，一有时间就深入基层，同他的下级一起干活，或一起玩乐，或促膝谈心，或共商良策。这样的领导，不但能叫出下级的名字，连下级在想什么都能说得出来。

6. 对能干的下级给予肯定

与有成绩的下级分享荣耀，虚心听取他们的意见，生活中多聊天，关心他们的身体、家庭，适当参与集体娱乐活动，工作中耐心地指导、帮助、关心与爱护他们，给予精神与经济上的支持，使其意识到自己的每次成功和失败、进步与退步。

▶见多识广

清洁工的单纯动机

韩国某大型公司的一个清洁工，本来是一个最被人忽视、最被人看不起的角色，但就是这样一个人，却在一天晚上公司保险箱被窃时，与小偷进行了殊死搏斗。事后，有人为他请功并问他的动机时，答案却出人意料。他说，当公司的总经理从他身旁经过时，总会不时地赞美他扫的地真干净。要使人们始终处于施展才干的最佳状态，唯一有效的方法，就是激励和奖赏，没有比受到领导批评更能扼杀人们积极性的了。在下级情绪低落时，激励奖赏是非常重要的。身为上级，要经常在公众场所表扬佳绩者或赠送一些礼物给表现特佳者，以资鼓励，激励他们继续奋斗。一点小投资，可换来数倍的业绩，何乐而不为呢？

资料来源：作者根据网络资料整理

7. 归功于下级

归功于下级就能换来下级的信任与真诚；占取功劳，就会导致离心背德，声名狼藉。上级是组织者，无论成败都脱不了责任与关系，要敢于承担责任，敢于承认自己的失误与错误。

8. 尽可能用培训的方式下达工作指令

要求下级做什么的同时要教会他们怎么做。常见的错误做法是：招聘了新员工，未经培训或培训还未合格就让其直接上岗，一旦出现了错误就大声呵斥。

▶见多识广

迪士尼乐园员工培训

在迪士尼乐园，有些扫地的员工是利用暑期打工的学生，虽然他们只工作两个月的时间，但是培训他们扫地要花 3 天时间。

第一，学扫地。第一天上午要培训如何扫地。扫地的扫把有3种：一是用来扫树叶的；二是用来刮纸屑的；三是用来掸灰尘的。这3种扫把的形状都不同。怎样扫树叶，才不会让树叶飞起来？怎样刮纸屑，才能把纸屑刮得很好？怎样掸灰，才不会让灰尘飘起来？这些看似简单的动作都要经过严格的培训。扫地时还要注意：开门时、关门时、中午吃饭时、距离客人15米以内等情况下都不能扫地。

第二，学照相。第一天下午学照相。平时工作时，有很多客人会叫员工帮忙照相，如果员工不会照相，就不能照顾好客人。

第三，学抱孩子和给孩子换尿布。第二天上午学习怎么给小孩子包尿布。在迪士尼乐园里，带孩子的妈妈可能会叫员工帮忙抱小孩，但如果员工不会抱小孩，动作不规范，不但不能帮上忙，反而会给客人添麻烦。抱小孩的正确动作是：右手要扶住孩子的臀部，左手要托住孩子的背，左手食指要顶住孩子的颈椎，以防闪了小孩的腰，或弄伤小孩的颈椎。扫地的员工不但要会抱小孩，还要会替小孩换尿布。

第四，学辨识方向。第二天下午学辨识方向。在游乐园里，经常会有客人问路，如有人要上洗手间，扫地的员工就要说诸如"洗手间在右前方，约50米，第三号景点东，那个红色的房子"；如有人要喝可乐，扫地的员工就要说诸如"左前方，约150米，第七号景点东，那个灰色的房子有卖可乐"……客人会问各种各样的问题，包括扫地员工在内的每一名员工要把整个迪斯尼的地图都熟记在脑子里。

培训3天后，迪士尼乐园会发给这些学生每人3把扫把，让他们开始扫地。

资料来源：作者根据网络资料整理

9. 主意获取反馈

有时，上级往往认为很清楚的事情，员工并不很清楚。经常让学生做一种折窗花游戏，每个学生发一张长方形的纸，要求学生对折三下，然后撕下一个三角。结果学生折法不同，撕出来的窗花各种各样。

同样的一件事情，不同的人对它的理解差别是非常大的，在日常的谈话与沟通中也是这样。当你说出一句话来，自己认为可能已经表达清楚了意思，但是，不同的听众会有不同的反应，他们的理解可能是千差万别的，甚至可以理解为相反的意思。这将大大影响沟通的效率与效果。可见，反馈是必不可少的。

沟通是你被理解了什么而不是说了什么，下达工作指令后，上级应询问下级有什么问题及意见，是否理解了指令的要求，必要时可让员工重复一遍："小王，这个工作，你还有什么问题吗？"

对下级提出的好意见，应积极加以采纳，并给予称赞："关于这点，你的意见很好！"

10. 给下级更大的自主权

上、下级沟通中很重要的一点是上级不要过分干涉下级的工作，应相信下级，给予下级一定的自主权，使其充分调动自己的能动性，发挥个人的创造性，这样才能实现管理目标。

一旦决定让下级负责某项工作，就应该尽可能给其更大的自主权，使其可以根据工作的性质和要求，更好地发挥个人的创造力。

11. 给予适当支持和帮助

即使命令已经下达，下级也已经明白了其工作重点所在，且被相应地授权了，上级也不可就此不再过问事情的进展，尤其当下级在工作中遇到问题和困难，希望上级协助解决时，应该与下级共同探讨解决问题的方法，提出积极的应对策略。更不可以说："不是已经交给你去办了吗？"作为上级，应该清楚地意识到，他之所以是你的下级，就是因为他的阅历、经验不如你。此时，上级应该和下级一起共同分析问题，探讨状况，尽快提出解决方案。

> **见多识广**

主管安慰我"没事，我们一起扛"

2014 年是我进入华为的第三年，因为公司在埃塞俄比亚的项目有所突破，但是项目很棘手，我便主动向领导请求去埃塞俄比亚工作。7 月中旬，我凭着一股热情奔赴埃塞俄比亚现场。

一落地，项目经理就带我去见负责人。可能是看我太年轻，负责人问了我两个问题："多少级？参与过哪些项目？"

"只有 13 级，也只参与过尼日利亚 G 项目。"我老老实实地回答，不知道自己的能力在负责人心里挂上了多少问号。

接着他介绍了客户现状：友商上线 E 运营商的项目 5 年还没拿到 PAC（初验证明一般是上线后就能拿到的）。

当时我们刚开始交付，我也是无知者无畏，根本没有读懂项目经理的质疑之音，未曾意识到即将面临的挑战：在形势如此严峻，同时没有任何信任基础的情况下，如何与客户就验收策略和范围达成一致？我满心想的是只要努力，没啥干不成的事。

8 月 1 日，第一次 PAT 评审开工，三个设计部门的项目经理都参加了会议。一碰头，我发现之前还在国内见过其中一位客户 T，心想着后续工作该是好开展的，而现实却是一个个的投诉，直接"啪啪"打肿了我的脸。

第一个投诉我们的就是 T 客户，他直接发邮件给了客户 CIO（首席信息官），对我们提交的 PAT 初稿反馈了几十个问题。例如，客户要求测试服务器设备风扇的转速（肉眼去数一分钟转了多少圈）、指示灯的告警（构造服务器设备异常时是否有告警）、电池寿命（假如电池寿命写的是 5 年，等 5 年后再回来看是否还能用）等。

看到这些问题，我们都懵了，在历史项目中从未遇到过这类验收，这怎么可能呢？我们不可能等 5 年后再验收，双方陷入僵持阶段，连续两次会议都是空对空，内容没有丝毫更新。

PAT 进展缓慢，近半个月的时间连一个文档都没有谈完，而我们总共有 167 篇文档。我要怎么和项目组交代呢？我心里无比憋屈和郁闷。

这漫长的一天还未结束，晚上主管过来，我做好了挨批评的准备，没想到他却心平气和地让我还原现场，最后还不忘安慰我："我们这边大部分人都被客户投诉过，没事，明天我和你一起去找客户解释一下！"这一瞬间我如释重负，差点流出眼泪。

第二天见到客户后，我们才了解到，客户之所以这么做，是出于谨慎，希望所有的内容都写得清清楚楚，但是这与我们的验收流程不符。知道问题就好办了，回来后我们开起了闭门会议，最后达成一致：确实在需求文档中有提到的，但是又无法验收的内容，就放在承诺函里，总算是推进了进程。

这之后虽然还有摩擦，但我们始终坚持明确原则，软化处理，承诺过的保证完成，哪怕奋战至半夜或通宵；任何问题改动先知会客户再修订，会议绝不迟到、缺席。慢慢地，客户被我们的诚实守信一点点感化，开始信任我们，遇到问题不再是一封"投诉邮件"，而是商量而行。

历时 4 个多月，经历大小会议 80 余次，最终统计的用例数量超过 18 000 个，逐一闭环解决客户提出的问题后，我们才算和客户签署完 167 篇验收文档。至此，客户对我们的信任与日俱增，也逐步认可了我们。

2015 年 2 月 14 日这天，项目顺利完成移动割接。这次经历让我坚定了努力终能成事的信念，也学会了如何站在客户角度考虑问题、如何沟通、如何建立信任关系。很多次觉得快扛不下去时，"奋斗者坚信烧不死的鸟总有一天会变成凤凰！"这句话又让我燃起希望。那些打不倒我的，终究会让我变得更加强大。

资料来源：作者根据网络资料整理

优秀的领导善于调动员工的积极性，在下级遇到困难时能伸出援助之手，在下级被客户批评时也能分清楚事实，鼓励下级，与下级共同承担责任。上面案例中，员工从最初被"投诉"到后来被认可，与主管的支持是密不可分的，上、下级之间的和谐关系更增强了公司的凝聚力。

美国心理学家马斯洛的需求层次理论表明，每个人的需求都是从低层次向高层次发展的。尊重、荣誉感、成就感是一个人高层次的心理需求，当一个人的优点、业绩得到肯定、表扬和赞美时，其心理上的满足感会转化成为行为上的积极、努力，取得更大的业绩。在管理工作中，上级的赞美、鼓励和表扬，可以使下级变得通情达理、心情愉快，更乐于协作，也更自信。但领导的表扬和赞美不能乱用与滥用，要使用得当。

12. 恰当的批评

（1）批评是一门艺术。工作中，下级偶尔犯一些错误，给团队带来一定的影响，管理者要进行批评、指正，甚至追究责任，给予处分。但是"拉弓未必真放箭"，在批评下级时应该掌握一定的方法与技巧。可是很多领导，当下级犯了一个小小的错误，就当众批评下级。被批评的人不仅听不进批评的内容，反倒会因当众被批评而感到屈辱，在这种屈辱感的强烈作用下，内心会愤愤不平。在这种情况下，是不可能平心静气地进行反省的。

批评的目的是在适当的场合、通过适当的方式促使对方发生转变，而当着众人的面对其进行批评，是与批评的目的极不相符的，也根本不可能达到批评的目的。当下级受到这样的批评时，只会认为这是领导在有意给自己难堪，而且在某种程度上还会伤害下级的自尊心。

当你确实要批评下级时，必须注意当时的场合和氛围，在不伤和气、又给人面子的情况下进行批评，并应注意批评的言辞不可过于激烈，这是管理者批评下级的原则和方法。

（2）批评下级的方法。俗话说：金无足赤，人无完人。任何人在工作中都难免有过失和错误，因此，对下级的工作过失和错误进行批评是领导的另一个职责。批评的目的是帮助下级找到问题的症结和解决办法，帮助他们重新树立信心，更好地工作。对下级的不当行为不敢指出，是管理工作上的失职。但是指责下级后不仅没有达到改善下级的目的，反而使下级产生更多的不平和不满，恐怕就是缺乏沟通技巧的缘故了。在对下级进行批评时，需要注意以下几点：

1）弄清事实，分清责任。没有调查就没有发言权，不了解情况就会处处被动。弄清事实是正确批评的前提，分清责任是使对方接受批评的基础。在批评之前了解相关事实，弄清过程原委，既有利于达到批评的目的，也是对双方负责的表现。尽管是对自己的下级进行批评，但也要本着以理服人，用事实说话的原则，切忌以权势压人，凭主观直觉说话。例如，要批评下级一项工作没有做好，那么你先要了解下级在开展这项工作时面临的问题和解决的条件。当了解到下级所遇到的问题或困难远远超出他拥有的条件或权限时，你可能就不会再批评他，反而要检讨自己了。了解了情况，就等于掌握了主动权，你的话语才能言之有理，以理服人。否则，你的批评会使下级不服，这样的沟通行为无疑是失败的。

2）考虑方式，注意效果。批评一个人要比表扬一个人更难，表扬好比是一把万能钥匙，什么样的锁都能开，而批评好比一把普通钥匙，一把钥匙只能开一把锁。

一个平时很优秀的下级偶然犯了过失，也有了比较深刻的认识，批评时可以点到为止，所谓"响鼓不用重锤敲"，对这样的下级，保护他的自尊比给他一顿批评更有教育意义。对性格内向、敏感寡言、承受力较弱的下级，批评时可以委婉一些，耐心地说服他认识自己的过失；对心直口快、生性率真的下级，则可以大刀阔斧、一针见血地指出他的错误所在；对担任一定职位的下级，原则上不要当着下级直接批评他，最好换个合适的场合，以体现你对他的关心和爱护；对事实明确、责任较大、又带有共性特征的人或事，就应该公正、公开地进行批评，其目的是惩前毖后，警示他人。

有些下级所犯的错误令人气愤，或犯了错误还没有一定的认识，这时领导要控制自己的情绪，不要在批评时大发雷霆。因为人在发脾气时往往控制不住自己，说些不中听的、刺耳的话，甚至把下级过去所犯的过失也翻出来，这样，下级就会觉得你粗暴，缺乏风度，而且还怀疑你对他有成见。在批评下级的时候，要尽量做到对事不对人，就事论事，这样会使下级觉得客观公正，觉得领导对他的个人能力和品德是不加怀疑的，不至于因为

批评而挫伤自信心和工作激情。

经过大量的实践检验，以下是颇有艺术性的批评方式，上级应加以灵活运用。

①暗示式。如领导发现某位下级迟到了，就指着对方的手表问道："帮我看一下现在几点了？"这就是典型的暗示式批评。

②模糊式。如在员工大会上，领导为了整顿劳动纪律，便说："最近一段时间，我们单位的纪律总的来说是好的，但也有个别同志表现较差，有的迟到早退，有的上班聊天……"这里就用了不少模糊语言，如"个别""有的"等。这样，既照顾了一些人的面子，又指出了问题所在。

③说服式。领导在批评其他人时，应设身处地地替他人着想，要考虑对方的实际情况和具体情况，同时，需要注意的是，对新员工的要求与老员工也要有所不同，对年轻员工的工作失误也不应只以自己的经验、能力去衡量。

④请教式。如领导对一位下级说："如果按你这种做法，那这个计划都得重新制作吧？"这个时候，被批评者大多会自动修正自己的错误。

⑤安慰式。批评虽严厉，但一定要留有余地，批评之余别忘了给对方一些安慰。作为领导一定不要偏激，要给下级留有余地。当下级承认错误时，适当安慰几句，这才是健康的上下级关系。

⑥三明治式。先表扬，再批评，最后再鼓励，这种方式被称为三明治式批评。这种方式会使受批评者愉快地接受批评。这种现象就如三明治，第一层是认同、赏识、肯定对方的优点，中间一层夹着建议、批评或不同观点，第三层又是鼓励、希望、信任、支持和帮助，使之回味无穷。这种批评法不仅不会挫伤被批评者的自尊心和积极性，而且还会使他积极地接受批评，并改正自己的不足。

⑦启发式。这是一种间接的批评，不直接批评人或事，而是针对错误用例证讲明道理，将批评寓于道理之中，使被批评者心领神会，意识到自己的问题，达到批评的目的。

（3）批评中的忌讳。

1）切忌恶语伤人。每个人都有自尊心，领导批评下级同样应在平等的基础上进行，态度上的严厉不等于言语上的恶毒，只有无能的领导才会去揭人伤疤。因为这种做法除使人勾起一些不愉快的回忆外，于事无补；而且除使被批评者寒心外，旁观的人也一定不会舒服。同时，恰当的批评语言，还可以体现一位领导的心胸和修养。所以，批评下级时绝不可恶语相向，不分轻重。

2）切忌捕风捉影，主观行事。上面已经谈到，领导批评下级，要使下级达到心悦诚服，没有以权压人，以势压人之感，很重要的一条就是要做到实事求是。这就要求领导心胸豁达，最忌讳神经过敏、疑神疑鬼、听信流言、无中生有，必须牢记"没有调查，就没有发言权"。

3）切忌喋喋不休，没完没了。有效的批评往往能一针见血地指出问题的实质，而絮絮叨叨的指责却会增加下级的逆反心理，而且即使他能接受，也会因为你缺乏重点的语言而抓不住错误的症结。所以，如果下级能自我反省，承认错误，就不应太过苛求。

4）切忌针对个人，伤及自尊。正确的批评应该做到"对事不对人"，这也是一条被无数事例所验证的法则。虽然错误与犯错误的人密不可分，但对事不对人的批评更容易被下级所接受。

13. 调节下级之间的矛盾

人与人之间的矛盾是普遍存在的。在一个企业里，下级之间的冲突必然会对工作带来严重影响。处理下级之间的矛盾，是上级经常遇到的事情，也是管理的一部分。处理下级之间的矛盾应注意以下几项：

（1）不偏不倚。在处理具体矛盾时，上级必须做到冷静公允、不偏不倚。单位的领导是下级之间矛盾的最后仲裁者，这个仲裁者要保持权威，必须以公平的面目出现。偏袒会使另一方产生成见，不偏不倚才能团结所有的人。不偏不倚是建立在维护公司利益的基础上的，公司的利益就是衡量谁是谁非的最高标准。

（2）折中调和。上级在处理下级之间的矛盾时，常常有这样的情况：矛盾双方都有道理，但是失之偏颇，很难明确判断谁是谁非。此时调和、息事宁人是最好的解决方法。

◆ 见多识广

鲁迅讲的故事

鲁迅曾经讲过一个故事：大家都闷在一个黑屋子里，一部分人无法忍受，扬言要掀掉屋顶，而另一部分人坚决反对，认为与其挨雨淋，还不如维持现状，于是大家选择折中，决定开一扇窗户。

资料来源：作者根据网络资料整理

（3）"冷处理"与"调离"。处理下级之间的矛盾，需要很高的水平才能处理得好，可以化干戈为玉帛；若处理不当，矛盾会升级至白热化，此时领导就会感到非常棘手。

1）保持镇静。下级之间出现摩擦时，领导首先自己要保持镇静，如果自己火冒三丈，无异于火上浇油。不妨进行"冷处理"，不紧不慢之中给人以此事不值一提的感觉，人们更相信你会秉公处理，这样效果比较好。

2）处理公事纠纷，先稳定下级情绪。如果下级因为公事而发生矛盾，此时不能急于同时向两人问话，因为此时双方矛盾正处于顶峰，此时来谈，双方一定会在你面前大吵，让你也卷入"战争"。很可能谁先说一句话，就会造成争论不休。细节问题也难以确定谁是谁非。不妨倒上两杯茶，请他们坐下喝完，让他们先回去，然后分别接见。

分别接见时，请他们平心静气地把事情始末讲述一遍，最好不要插话，也不要妄加批评，着重在淡化事情上下功夫。细节上也不必证明谁说得对，不可明确支持某一方。

不妨这样说："事情嘛，我已经清楚了。双方没有必要吵得这么凶，事情过去了就不要再提了，关键是你们要从大局出发，以后不计前嫌，精诚合作。"经过一段时间的冷静之后，双方都有所收敛。

3）慎重处理私事纠纷。如果矛盾纯属私事，也应该谨慎处理，切不可袖手旁观，因为私事上的矛盾也会影响工作，也要分别召见双方，但是和公事应该不同。对于私事本身，没必要明察秋毫。因为许多私事看似简单，实则十分微妙，越处理越复杂，甚至会牵扯进来很多旁人。

不妨这样说："我不想知道你们之间的那些事情，但基于工作我要你们通力合作，不允许工作受到私事的影响，希望你们清楚这一点。"有时可以把他们调离，不见面时间长了，矛盾自然会减弱甚至消失。

处理这样的问题，切忌偏袒和自己私人关系较好的一方，一定要公私分开。只有这样才能显示你的公平，赢得下级的信任。

知识任务三　如何有效向下级传达指令

上级领导日常工作的一个重要职能是分配工作任务、下达工作指令。如何使下级按要求完成工作，需要掌握相关技巧。

1. 工作指令要明确、清楚和完整

我们经常做一个抽扑克牌游戏：将 10 个学生分成 A、B 两个组，5 人一组，每组发一副扑克牌。指导教师要求 A 组 5 位学生每人根据自己的喜好挑取一张牌，结果挑出来的 5 张牌花色、数字都有很大的不同。要求 B 组从扑克牌中挑出红桃 10 以上的牌，结果是显而易见的，5 个人挑出牌的花色是一致的，但是数字却有两组不同的组合：一组组合是红桃 10、J、Q、K 和 A；另一组组合是红桃 J、Q、K、A 和 2。抽出红桃 10 的往往是玩 80 分的，而抽出红桃 2 的是玩争上游的。这个游戏说明一个道理，要下级完成特定的工作任务，指令越明确、越具体，被理解贯彻的程度就越高。

2. "5W2H" 原则

上级在发出工作指令尤其是口头工作指令时，可能在楼层、在走道、在电梯间等处。指令可能是一个谈话片段，而且时间比较仓促，因此极易遇到许多沟通障碍。但无论工作指令多么简单，沟通条件多么困难，管理者都需要运用 "5W2H" 原则，明确、清楚和完整地将工作指令发给下级。让下级知道：Who（执行者）、What（做什么）、How（怎么做）、When（什么时间）、Where（什么地点）、Why（为什么）、How many（工作量）。

"小王，将这几间房间打扫一下。"

这不是一条明确、清楚和完整的工作指令。应改为 "小王，请你将 1207、1208、1209 这三间房间打扫一下，下午 2 点前完成，要保证质量，下午 4 点有贵宾入住。"

Who（执行者）——小王

What（做什么）——打扫房间

When（什么时间）——下午 2 点前

How（怎么做）——打扫干净、保证质量

Where（什么地点）——1207、1208、1209

Why（为什么）——有贵宾入住

How many（工作量）——三个房间

清楚的信息还应该是能让下级理解的，用下级能听得懂的语言，选择下级能够接受的方式、方法进行沟通。

例如，"小刘，这次的投标书不仅关系到我们公司能不能争取到这次招标任务，也关系到我们公司下半年的利润能否按计划完成，你一定要好好写，不能有闪失。3 天后你将写好的初稿打印 3 份，交给张经理、王总、鲁会计先看一下，然后我们再商量。辛苦你了！"

从上面的简单话语中，可以清楚地看出"5W2H"原则还可以让下级明白工作的重要性。

是否明白所布置工作的重要性关系到下级在执行任务的过程中投入的时间、精力和对待工作的态度。只有下级明白了工作的重要程度和领导对工作的重视程度，才会投入全力把工作按时、保质保量地完成。

例如，"小方，请通知一下各部门经理下午 2 点在二楼会议室开会，讨论卖场员工被顾客投诉的处理问题，要求各部门经理一定要参加。这次事件如果处理不当，不仅我们公司的声誉会受到影响，很可能还会使销售业绩大幅下滑。"

☼ 自学自测

一、单选题

1. 下列与下级单独沟通时的注意事项不包括（　　　）。

 A. 倾听员工心声 　　　　　　　　　　B. 尽量避开难沟通的下级

 C. 了解员工的情绪 　　　　　　　　　D. 留心员工面临的问题

2. 下列选项中，不属于责骂下级的注意要点的是（　　　）。

 A. 明确责骂的原因 　　　　　　　　　B. 当众进行、以儆效尤

 C. 就事论事 　　　　　　　　　　　　D. 不可骂粗话

3. 下列表扬和批评下级的注意要点中不包括（　　　）。

 A. 应表现出激动的情绪 　　　　　　　B. 越及时越好

 C. 适合的表情模式 　　　　　　　　　D. 原因越清楚、越具体越好

4. 说服下级的技巧有八个，其中不包括（　　　）。

 A. 自信的语气 　　　　　　　　　　　B. 面对面坐

 C. 选择舒适和安静的场所 　　　　　　D. 命令要明确

5. 下列与下级沟通的正确方式中不包括（　　　）。

 A. 尊重下级 　　　　　　　　　　　　B. 站在下级的立场想问题

 C. 完全授权给下级 　　　　　　　　　D. 关注下级的进步

二、多选题

1. 与下级沟通的技巧包括（　　）。

    A. 定期沟通　　　　　　　　　　　　B. 借助闲谈了解下级

    C. 善于倾听　　　　　　　　　　　　D. 借助脾气施加压力

2. 上级与下级的沟通方式，主要包括（　　）。

    A. 下达命令　　　　B. 听取汇报　　　　C. 商讨问题　　　　　D. 个人访谈

3. 与下级沟通的原则是（　　）。

    A. 权限明确不越权　　　　　　　　　B. 平等不摆架子

    C. 态度庄重不油滑　　　　　　　　　D. 公正不谋私

4. 上级对下级艺术性的批评方式有（　　）。

    A. 暗示式　　　　　B. 模糊式　　　　　C. 请教式　　　　　D. 说服式

5. 与下级沟通应做到（　　）。

    A. 了解下级　　　　　　　　　　　　B. 激励下级

    C. 创造良好的工作氛围　　　　　　　D. 叫出他们的名字

三、判断题

1. 在说服下级时，排坐或侧坐的效果最差。　　　　　　　　　　　　　（　　）

2. 在表扬和批评下级时，原因越模糊越好。　　　　　　　　　　　　　（　　）

3. 在与下级的沟通中，对同性格的下级要采用不同的方法。　　　　　　（　　）

4. 领导下级时，没必要让下级了解事情的全局。　　　　　　　　　　　（　　）

5. 在对下级下达书面指示时，规定不应过细，要让下级有发挥的余地。　（　　）

四、简答题

1. 与下级沟通有哪些技巧？有哪些基本方式？

2. 与下级沟通的障碍有哪些？

3. 如何激励下级？

4. 如何批评下级？

5. 如何调解下级之间的矛盾？

📖 课中实训

实训任务一　认知与下级沟通

测试你是否是独裁型领导？

请对以下问题回答"是"或"否"。

1. 对于咖啡厅、餐厅这一类的生意你是否喜欢？

2. 把决定或政策付诸实施之前，你认为有向员工说明其理由的价值吗？

3. 在领导下级时，与其一方面安排工作，一方面监督他们，还不如从事计划、草拟细节等管理性工作。

4. 你的下级最近录用了一位新员工，你不介绍自己而先问他的姓名。

5. 你让下级追求流行风气吗？

6. 你一定把目标及方法在下级工作之前就对他们进行提示。

7. 你认为与下级过分亲近会失去他们对你的尊敬，所以还是远离他们比较好，对吗？

8. 你知道大部分的人都希望星期三去郊游，但是从许多方面来判断你认为还是星期四去比较好，但你认为这个不要自己做主。

9. 无论你想要下级做一件多么小的事情，你一定自己先以身作则，以便他们跟随你做。

10. 你觉得把一个人撤职是件很轻松的事情。

11. 你认为越能够亲近下级，就越能够好好领导他们，对吗？

12. 你的下级挑你做的一个方案的毛病，而这个方案是你花了不少时间来拟定的，你虽然并不生他的气，但是对于方案问题依然没有解决而觉得坐立不安。

13. 你赞成处罚犯规者是防止犯规的最佳方案吗？

14. 当你为某一情况的处理方式受到批评时，你认为与其宣布自己的意见是决定性的，不如说服下级请他们相信你更好。

15. 下级为了他们的私事而自由与外界的人员去会面，你是否允许这样？

16. 每位下级都应该对你抱忠诚之心，你是这样认为的，对吗？

17. 你认为与其自己亲自解决问题，不如任命解决问题的人，对吗？

18. 在一个团体中会产生不同意见是正常的，你赞同这个观点吗？

评价标准：

如果1、4、7、10、13、16道题选择的"是"最多，说明你有成为独裁型领导的倾向。

如果2、5、8、11、14、17道题选择的"是"最多，说明你有成为民主型领导的倾向。

如果 3、6、9、12、15、18 道题选择的"是"最多，说明你有成为放任型领导的倾向。

实训任务二　提升与下级沟通的技巧

实训项目：情景模拟。

实训目的：提升与下级沟通的技巧。

实训内容：对照以下任务，结合与下级沟通的技巧进行传达指令。

1. 让下级复印文件。

2. 将办公室的办公桌重新摆放，让室内更宽敞。

3. 布置今晚加班的工作任务。

实训步骤：

1. 两人一组，分别扮演上级和下级，置身于角色情境，按照以上任务内容依次进行练习。

2. 体会并分享你在模拟过程中运用了哪些与下级沟通的技巧。

3. 通过与下级沟通技巧的运用，是否达到了良好的沟通目的。

4. 你与下级沟通的技巧得到提升了吗？为什么？请写下你从模拟中获得的启示。

_____

_____

_____

_____

_____

实训任务三　提高向下级传达指令的能力

实训活动：拼图。

实训目的：体会如何与下级沟通。

实训道具：两套不同颜色混杂的剪纸图片、桌椅。

实训过程：

1. 学生自由组合，5 人一组，其中一人扮演上级，其余 4 人扮演下级。

2. 上级和下级背对背，并隔开一定距离。教师将一套剪纸图片拼搭成一幅图形放在上级面前的桌子上，在下级面前的桌子上随意堆放另一套剪纸图片。

3.让上级指导下级拼搭一个和自己面前的图形完全相同的图形，数量、颜色、位置、形状都要相同。

4.只允许单向沟通，这意味着上级只能向下级下达指令，而下级不能提问，需要强制执行指令。

5.当下级按照上级的指令拼搭好图形后，教师立即向他们提出下列问题。

（1）你们只能单方面接收指令，有何感受？

（2）你们认为自己拼搭的图形和上级面前的图形有多相近？

6.向发指令的上级提出下列问题。

（1）你认为自己的指令清楚吗？

（2）游戏过程中你有何感受？

（3）你认为下级拼搭的图形和自己面前的图形接近吗？

7.让大家观看后，对两个拼搭的图形进行比较。

8.引导学生就上下级沟通、上级下达命令的技巧等问题展开讨论。

9.再找一组学生，重复游戏，但这次允许双向沟通，下级可以提问。

实训反思：

1.上级如何有效地传达命令？

2.上级与下级沟通时需要注意哪些问题？

实训项目评价

序号	技能点评价	佐　证	评价方式		
			自评（30%）	互评（30%）	师评（40%）
1	分析与下级沟通的障碍	与下级沟通时能避免沟通障碍			
2	分析了解下级的方法	能够了解下级			
3	分析如何激励下级	能根据不同下级采用恰当的激励方式激励下级			
4	分析如何向下级传达指令	能有效地给下级布置工作任务			
5	分析批评下级的方法和禁忌	批评下级时能选择恰当的方法并有效避免禁忌			
6	分析如何调节下级之间的矛盾	能有效地调节下级之间的矛盾			
序号	素质点评价	佐　证	评价方式		
			自评（30%）	互评（30%）	师评（40%）
1	为人平等，懂得尊重	与下级沟通时懂得尊重他人			
2	胸怀宽广，有大局观	处理问题时能以大局为重			

复盘反思

1. 知识盘点：通过对与下级沟通认知项目的学习，你掌握了哪些沟通知识？请画出思维导图。

2. 方法反思：在完成本项目的学习和实训的过程中，你学会了哪些分析和解决问题的方法？

3. 行动影响：在完成本项目的学习和实训的过程中，你认为自己还有哪些地方需要改进？

课后提升

提升任务一　一份丢失的文件

张总不久前遗失了一份重要文件资料，搜遍了办公室的各个角落都没有找到，为此把秘书骂了一顿。一个星期之后，他在自己家中的抽屉里发现了那份文件，按理说，他应该向秘书道歉，但他觉得不好意思。可是经过一番内心挣扎，他还是决定向秘书道歉。因为他考虑到，若是自己不能以身作则，日后会很难管理犯错的下级。当他向秘书道歉后，秘书感动不已，工作更加认真了。

想一想：

1. 如果你是张总，文件找不到了你会怎么做？

_____

_____

_____

2. 秘书为什么工作更加认真了？

_____

_____

3. 从上述案例中你获得了什么启示？

_____

_____

_____

提升任务二　问题出在哪儿？

李经理将老客人联谊会活动现场的布置任务交给了小刘，只说了句："星期五之前必须完成会场布置，我要结果！"然后就什么也没说。

接到任务后，小刘加班加点布置会场……

结果到星期五，李经理非常不满意会场布置，提出异议："为什么将椅子摆放成一排一排的，不便于大家交流呀！为什么只放三排，才20个座位，明天可能会来40多人！为什么没有准备茶点……"

李经理一肚子火，小刘一肚子委屈……

想一想：

1. 李经理有问题吗？

_____

_____

_____

2. 小刘有问题吗？

_____

_____

_____

3. 李经理和小刘谁该承担主要责任？为什么？

_____

_____

_____

项目三
与同级沟通

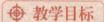 **教学目标**

知识目标

1. 深入理解与同级沟通的作用和原则；
2. 理解与同级沟通的障碍与对策；
3. 掌握与同级沟通的技巧。

能力目标

1. 能够克服与同级沟通的障碍；
2. 能够根据有效沟通获得同级的帮助；
3. 能够赢得同级的尊重。

素质目标

1. 培养学生具有较好的个人品德和沟通心态；
2. 培养学生树立良好的职业品格和行为习惯。

思维导图

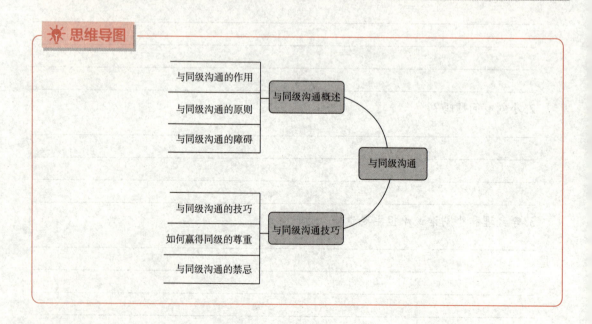

知识任务一　与同级沟通概述

与同级沟通又称横向沟通或水平沟通，是指组织内同层级或部门之间的沟通，同僚、同事之间就跨部门事务工作进行协商、协调，大多属于与同级沟通。

1. 与同级沟通的作用

与同级沟通处理得好坏，直接影响到企业的运行和个人在职场上的发展。良好地与同级沟通有着积极的作用，主要体现在以下几个方面：

（1）它可以使办事程序、手续简化，节省时间，提高工作效率。

（2）它可以使企业各个部门之间相互了解，有助于培养员工的整体观念和合作精神，克服本位主义倾向。

（3）它可以增进员工之间的理解，培养员工之间的友谊，满足员工的社会需要，使员工提高工作热情，改善工作态度。

2. 与同级沟通的原则

（1）沟通从工作出发。如果需要沟通，一定是自己感受到对方对正在进行的工作重视不够，或是对上级的安排理解不够，妨碍了工作顺利进行。如果你认为只要与对方进行一次沟通就能解决问题，应该首先选择互相沟通，以求问题得到迅速、圆满的解决；沟通失败，才考虑报告上级。因此，沟通一定要着眼于工作。

（2）沟通遵循制度和流程。你正在进行的工作遇到了阻碍，问题出在哪个环节，谁是这个环节的负责人，公司的制度或流程一定是有规定的。因此，必须遵循各司其职、各负其责的原则开展工作。如果找一个不相干的人进行沟通，一是对方会认为你无事找事；二是你的目的根本达不到。

（3）开门见山。找准对象，首先征询对方是否有空。如果人家手中正忙于一个上级交办的紧急工作，或正在思考一个创意方案，你贸然打断他人，会让对方感到很突兀。一旦确定对方时间上方便，你就可以直截了当地提出自己的沟通议题、自己的期盼，然后等候对方回应。需要注意的是，拐弯抹角、废话连篇，浪费自己时间不说，也会给对方留下一个不好的印象。

（4）征询对方意见。既然找对方沟通，一定是自己觉得对方在解决问题上举足轻重，那就必须虚心听取对方的意见，了解对方对所沟通的工作不配合的原因或存在的困难，或者是对方有了更好完成任务的创意，正等着进行商议。内部工作沟通不必转弯抹角，但必须尊重他人。听取对方意见时，不宜随意打断对方，以免分散对方的注意力，影响对方表达。同时要注意，如果你是工作上的佼佼者，更不可盛气凌人，一定要放低姿态。

（5）提出个人建议。对方陈述个人意见之后，如果觉得对方言之有理，除完全接受外，别忘了表示感谢。如果对方提出的建议在你看来只有部分可取，那也是一个不错的开端。即便对方的建议在你看来没有一条可行，你也要充分陈述自己的建议并阐明理由。

（6）听取对方的反馈。在提出与对方不同的意见之后，要特别强调指出："你看看在我提议的基础上你有什么补充？"一是让对方把思路调整到你的建议上；二是在情感上表达对对方的尊重，使对方转变观念、接受你的建议。对方的反馈必须耐心听取。

（7）双方求同存异。由于所处的位置不同、个人经历、经验不同，同事之间在工作方式上存在不同态度、不同观点是正常的事情。第一，不必大惊小怪；第二，换个角度从对方的立场考虑，求同存异，同时保证工作正常进行。

（8）问题解决为宜，否则报告上级。遇到以自我为中心的人，很简单的问题都可能被复杂化。当沟通不畅时，除保持冷静外，你必须立即报告你们共同的上级，由上级协调解决。注意，企业内部有分歧很正常，关键要学会运用沟通解决矛盾和分歧。

沟通一定要遵循以诚待人，共同搞好工作，提高效率的原则。

3. 与同级沟通的障碍

与同级沟通促进了各部门之间的交互作用并影响全体，但随着组织扩大范围及复杂性的增加，尽管发展出许多传达信息的工具，但整个组织中真正的团结与合作，还有赖于人们对于信息所含意思的了解能力、分享各种想法的意愿及对其同级的尊重等。

（1）障碍的来源。与同级沟通的障碍来自以下两个方面：

1）部门化。部门化是与同级沟通的最大障碍，要应付的人和信息量增加，员工为了资源、职位和认可互相竞争；部门为目标奋斗，无视对其他部门或整体组织造成影响。

2）员工之间的个人摩擦冲突。与同级沟通中遇到的障碍的特征及表现见表4-3-1。

表 4-3-1　与同级沟通中遇到的障碍的特征及表现

特征	表现
不愿意共享交流	在组织中，同级成员之间很少谈与自己工作有关的话题，生怕与他人交流多了，言多必失；说出自己的经验会被他人学去，总是互相提防
失去权力的强制	在指挥链中，同级的员工或管理者处于水平位置，相互之间除平等的沟通外，不能用命令、强迫、批评等手段达到自己的目的，只能通过建议、辅助、劝告、咨询等方法进行沟通
转移责任给他人	大家经常"踢皮球"，缺乏整体的意识，不能从组织的利益出发，都不愿承担责任，导致工作没效率
没有共同的目标	组织中每个人各有各的目标，对组织的目标不关心，更不用说去努力实现组织的目标
本位利益的考虑	在存在业务竞争的组织中尤为明显，甚至会导致相关部门的员工之间相互保密、互相攀比

（2）障碍的克服。要实现有效地与同级沟通，必须要做到以下几点：

1）沟通从自我做起。只有尊重对方，对方才会给予同样的回报，彼此尊重，这样才能进行有效地沟通。凡事由自己先做起，率先走出第一步，就会达到自己想要的结果。

2）不要只考虑本部门的利益。设身处地地站在对方的立场考虑。分工是为了合作，彼此同心协力才能提升组织的整体业绩。

3）做到互利互惠。在沟通时基于互利互惠的原则，强调自己的责任，增加责任感，双方保持平等互惠的原则，才有利于沟通。

4）促进了解。用诚意来促进对对方的了解，在现实中做一个生活的有心人，注重平时的联系，才能促进彼此的了解，达成有效的沟通。

5）真诚做人。可以圆通但不能过于圆滑，不要给人造成缺乏诚意的印象，这样就很难达到理想的沟通效果。

知识任务二　与同级沟通技巧

1. 与同级沟通的技巧

对于组织而言，与同级沟通是组织顺畅运行的关键，同级沟通与合作，没有"应该"和"必须"，只有相互帮忙和愿意帮助到什么程度、尽多大能力，对于个人而言，同事之间既是合作关系又是竞争关系，与同级沟通要体现出关爱、谅解和互助，言语表达要准确、流畅和生动。要根据不同的人、不同场合选择恰当的沟通方式，使大家相互愉悦接纳，和谐共事。

因此，与同级沟通应该本着主动、双赢、协作、关心、谦让、体谅的原则，并应掌握必要的沟通技巧。

（1）主动表达善意。同级的管理者之间在组织机构中处于同等位置，不能用命令、强迫、批评等手段达到自己的目的，只能通过建议、辅助、劝告、咨询等方法进行沟通，类似于普通人之间的日常交往。

人与人之间在刚开始交往时，都免不了心存一点戒心，担心被他人算计，这是十分正常的。部门之间也是如此，虽然都在一家企业里工作，但各部门也有自己的利益，总怕被其他的部门先占了便宜，抢走了头功。这个时候，心胸开阔、有远见的管理者通常会主动表达善意，减少或打消对方的顾虑，使双方形成良好的互动沟通。

（2）求同存异建交情。做到求同存异，要求管理者要有宽容博大的胸怀和长远发展的眼光，对平级部门非原则性的不同观点不予过多纠缠，将主要精力放在扩大双方都感兴趣的方面，通过增加共识，建立牢固的友谊与合作关系。

在与同级沟通中，要做到人人都满意十分不容易，必须把握好自身一言一行的分寸，应注意以下几点：

1）说话语气平和，用词恰当。常言道，"说者无心，听者有意。"作为一名管理者，必须时刻注意自己的措辞，表达的时候尽量多用"请""谢谢"等中性词或褒义词，少用"你给我……"等命令式语句；表示不同的意见或批评要委婉表达，切忌直接否定或嘲讽。

2）为人低调，不要自吹自擂。同级之间通常都过高看重自己的价值，而忽视其他人

的价值；有功劳，大家都去抢，遇到问题，则尽可能把责任推给他人，这些做法都不利于沟通。要敢于承认自己的不足，从对方的成功中学习经验，聪明的管理者要善于学习他人的长处。对同级部门的支持配合要表示真诚的感谢，有时一个眼神，一声问候，拍一下肩膀，表示一下谢意，都是非常重要的。

3）不要随意与同事唱反调。与同事谈话，发表个人见解是可以的，但不能一味地唱反调以示聪明。有这种习惯的人，朋友、同事多半会疏远他，没有人肯向他提建议，更不敢进忠告。也许他本来是一个很不错的人，可不幸的是养成了爱与人抬杠、唱反调的习惯，结果他人都不喜欢他。当同事提出一个意见时，即使不能表示赞同，也要表示可以考虑，不可马上反驳。

4）适当恭维同事。在与同事进行语言沟通时，恭维的话说得适当，不仅能加强与同事的关系，还可以避免是非，甚至化解是非。爱听恭维话是人的天性，当人们听到对方的赞扬时，心中会产生一种莫大的优越感和满足感，自然也就会高高兴兴地听取对方的意见了。与同事相处，能发现每个人的特长和喜好，恰到好处地恭维，可以起到融洽关系的作用。

（3）相互补台不拆台。"互相补台，好戏连台；互相拆台，一起垮台。"同级部门之间合作的机会要远远多于竞争，按照博弈论的说法，他们合作的收益要大于不合作的收益。决定他们是否能合作的关键在于双方最初的善意举动，如果一开始双方就相互拆台，破坏彼此之间的信任关系，那么他们就会继续争斗，直至两败俱伤；如果双方一开始就表示出合作的态度，逐渐增加彼此的信任感，那么他们就会越来越团结合作。

补台不拆台，要做到"面对面批评，背对背支持"，应从以下三点培养自己：

1）不随意批评同事，是与同事达到友好沟通的首要原则。不得不批评的时候，要出于善意，说话要委婉，对其中有错误的地方应该指出，但做得正确的地方也应该加以赞扬，这样对方就会心悦诚服地接受。

2）严于律己，宽以待人。不斤斤计较个人得失，对人要忠厚、宽让。

3）真诚待人，为对方着想。不要动辄以教训的口吻指责同事，要注意维护对方的自尊。

（4）不要显示太强的优越感。在日常工作中，有人虽然思路敏捷，口若悬河，但总令人感到狂妄，因此，很难接受他的观点和建议。这种人多数是因为太爱表现自己，总想让他人知道自己很有能力，处处想显示自己的优越感，获得他人的敬佩和认可，结果却往往适得其反，失掉了在同事中的威信。

在社会交往中，人与人之间理应是平等和互惠的，正所谓"投之以桃，报之以李"。那些谦虚豁达的人总能赢得更多的朋友，而那些妄自尊大的人会引得他人反感，最终使自己走到孤立无援的地步，他人都敬而远之，甚至厌恶。在交往中，任何人都希望得到他人的肯定，都在不自觉地维护自己的形象和尊严。如果谈话对手过分显示出高人一等的优越感，那么无形之中是对他人自尊和自信的一种挑战与轻视，排斥心理乃至于敌意也就不自觉地产生了。

2. 如何赢得同级的尊重

（1）尊重同级在先。尊重同级是一种工作态度，是一个职业人必备的基本素质。在职场，每个人都觉得自己很重要，倘若能够把同级看得比自己更重要，首先向同级表达尊重，在沟通上给对方留有余地，才会得到同级的尊敬。

如何赢得同级
尊重

（2）主动关心同级。无论同级在工作上取得了成绩，还是遇到了挫折，都应该及时表示关心，这样会使对方感觉到你心里有他，他在你心里有一定的地位。

（3）善于倾听同级。职场上会有人充当"语言的强权者"，无情地打断同级的表达和诉说，不等同级把话说完就主观臆断下结论；也会有人以"过来人"甚至"专家"的身份把自己的看法强加于同级之上，这都可能是没有良好的倾听习惯导致的。没有良好的倾听习惯，无法赢得对方的尊敬。

（4）学会吃亏。常言道："吃亏是福。"得失永远不在一时一事，要学会站得高看得远。人在职场，越会吃亏越会获得更多的成功，越会赢得同级的尊敬。

> **❯见多识广**
>
> **以德报怨赢尊重**
>
> 春秋战国时期，魏国与楚国的边境地带住着两国的村民，他们都喜欢种瓜。这一年，天气干旱、严重缺水，瓜苗长得非常缓慢。魏国的村民为避免影响收成，就在晚上往地里挑水浇瓜。果然，他们的瓜苗长得越来越好。
>
> 楚国村民心里非常嫉妒，一些人开始偷偷踩踏对方的瓜秧。魏国村民看到这种情形大发雷霆，准备拔掉楚国村民的瓜秧，但是被县令阻止了。他耐心劝导大家："如果我们去报复，最多只能解心头之恨，但是那样的后果是很严重的，甚至会引发两国的战争。不如我们帮他们浇地吧，这样或许可以感化他们改邪归正。"
>
> 果然，楚国村民羞愧得无地自容，双方"化干戈为玉帛"。这件事情很快传到楚王那里，本来还对魏国虎视眈眈，看到这种情形颇受触动，于是打消了原有的念头，主动与魏国和好。
>
> 资料来源：张俊杰.做人做事的学问［M］.北京：石油工业出版社，2008.

3. 与同级沟通的禁忌

（1）同级之间不传谣。在办公环境中，同级之间不传播无依据的消息，不在人前人后议论他人的是非，更不要在同级面前传播你听到的不利于他的话，这会影响工作情绪。职场从来都是铁打的营盘流水的兵，曾经无意中说出去的话，不知道什么时候就会给自己带来麻烦。

（2）不要满腹牢骚、逢人诉苦。在同级面前不要经常发牢骚，即使遇到挫折、饱受委屈、得不到领导的信任，也不要牢骚满腹、怨气冲天。发牢骚只是人们表达不满的一种手段，并不能解决什么问题，相反，牢骚满腹只会招致同级嫌弃，或被同级瞧不起。

（3）不要把谈话当辩论。同级之间相处要多一些友善，说话态度要谦和。对于那些非原则性问题，没必要争个是是非非。即使是原则性的问题，也要允许他人持保留意见，切莫喋喋不休、钻牛角尖。一味地好辩逞强，只会让同级"敬"而远之，不少口齿伶俐的人在组织中人缘并不好。

☀ 自学自测

一、单选题

1. 在与同级沟通中，需要注意（ ）。

　A. 彼此尊重，学会换位思考　　　　　B. 互惠互利，创造双赢

　C. 平时多建立关系，而非临渴掘井　　D. 全部都是

2. 与下级沟通的禁忌有（ ）。

　A. 不传谣　　　　　　　　　　　　　B. 不发牢骚

　C. 不把谈话当辩论　　　　　　　　　D. 全部都是

3. 以下行为不符合同级沟通的要领的是（ ）。

　A. "上次开新店，你们派出人手来支援我们，这次你们货物紧缺，我们来帮忙是应该的。"

　B. "市场部反馈我们的产品不能满足客户的需求，我估计可能是现场操作的问题，我们抽空和你们一起去客户现场看一下。"

　C. "把工作做好就可以了，不需要花太多的时间来建立关系。"

　D. "我想和你沟通一下是否有可能加快经销商的培训的反馈？如果有什么我们部门可以协助的，请直说。"

4. 与同级沟通通常发生（ ）。

　A. 在汇报工作进展时　　　　　　　　B. 在协调不同部门之间的任务时

　C. 在向直接上级汇报工作成果时　　　D. 在与外部合作伙伴进行协商时

5. 与同级沟通的技巧是（ ）。

　A. 真诚地表达自己的观点和想法

　B. 避免使用过于专业或复杂的术语，尽量使用通俗易懂的语言

　C. 注意非语言沟通，如面部表情、肢体语言等

　D. 以上都是

二、多选题

1. 同级沟通中，以下（ ）有助于建立良好关系。

　A. 尊重对方的意见　　　　　　　　　B. 频繁打断对方发言

　　C. 积极倾听并回应　　　　　　　　　　D. 分享自己的经验和知识

2. 以下（　　）适用于同级沟通。

　　A. 使用开放性问题　　　　　　　　　　B. 避免直接冲突

　　C. 频繁打断对方　　　　　　　　　　　D. 适时表达赞赏

3. 同级之间在沟通时，有效处理冲突的办法有（　　）。

　　A. 保持冷静和理性　　　　　　　　　　B. 回避问题不处理

　　C. 积极寻找共同点　　　　　　　　　　D. 提出合理的妥协方案

三、判断题

1. 同级沟通是指在同一组织或团队中，具有相同或相似职位的人员之间的沟通。
　　　　　　　　　　　　　　　　　　　　　　　　　　　　　　　　（　　）

2. 在与同级沟通中的信息准确性取决于传递者的表达能力和理解能力。　（　　）

3. 在与同级沟通中，有效反馈是必要的，它可以帮助双方更好地理解彼此的观点和需求。　　　　　　　　　　　　　　　　　　　　　　　　　　　　　　（　　）

4. 在与同级沟通中，相互尊重是基础，双方应该尊重对方的意见和看法，而不是试图压制对方。　　　　　　　　　　　　　　　　　　　　　　　　　　　　　（　　）

5. 在与同级沟通中，双方应该共同明确沟通的目的和期望结果，以避免沟通偏离主题或浪费时间。　　　　　　　　　　　　　　　　　　　　　　　　　　　　（　　）

四、简答题

1. 简述如何与同级进行沟通。

2. 要赢得同级的尊敬，可以从哪些方面做起？

📖 课中实训

实训任务一　了解与同级沟通概述

1. 明确任务。

　　设计一个与陌生的新同事沟通的方案，包括如何打招呼，如何选择话题，如何捕捉他人的心理感受，如何引导对方的注意力，如何赢得对方的信任和认可等，并自由选择交往对象实施方案，检验方案的可行性。

2. 拟订方案。

小组讨论方案：_____

_____

_____

3.角色扮演：与陌生的新同事交朋友。

4.评价反馈。

项目预期	分值	自评	互评	师评	综合
沟通的心态	30				
语言技巧	30				
语言、体态	30				
团队精神	10				

实训任务二 探究与同级沟通技巧

你在"众城"公司担任发展部主管，项目部主管张伟和你私交不错。有一次，他的一个项目计划希望与"民智"公司开展合作；恰好该公司老板与你非常熟悉。于是他请你做中间人向这位老板游说一番，你该怎么做？请为此设计一个沟通方案。

提示：如何才能做到公私分明、职责分明，在维护公司利益的同时又不损害友情？

实训项目评价

序号	技能点自评	佐证	评价方式		
			自评（15%）	互评（15%）	师评（70%）
1	分析与同级沟通的重要性	能够准确分析与同级沟通的重要性			
2	分析与同级沟通的技巧	能够说出与同级沟通的技巧			
3	分析与同级沟通的礼仪	能够说出与同级沟通的礼仪规范			

续表

序号	素质点自评	佐　证	评价方式		
			自评（15%）	互评（15%）	师评（70%）
1	创新意识	能够在沟通情境中提出自己的新沟通方式			
2	分析问题能力	能够分析与同级沟通中有效沟通和失败沟通的原因			
3	自我表现能力	能够主动与同级沟通，尊重他人想法；礼貌待人，表达得体			

◉ 复盘反思

1. 知识盘点：通过对同级沟通项目的学习，你掌握了哪些沟通知识？请画出思维导图。

2. 方法反思：在完成本项目的学习和实训的过程中，你学会了哪些分析和解决问题的方法？

3. 行动影响：在完成本项目的学习和实训的过程中，你认为自己还有哪些地方需要改进？

📖 课后提升

提升任务一　惊魂一刻扭转局势

　　小丽和小莹是一个公司的同事，从进入公司第一天起，她俩在工作成绩上就你争我夺。有一次，公司组织出游，让她俩的关系发生了变化。出游时在车上无聊，几个年轻人决定打牌，小丽想："哼，打牌是我的强项，这次怎么也要为自己赢回面子。"于是在出牌过程中，凡是小莹出的牌，她一概压住，即使她的牌并不一定好。小莹很快觉察到了："你干嘛老压着我呀？"她得意地笑笑；"牌好，没办法。"一边说一边捻着手里那几张最小的牌打肿脸充胖子。突然，司机的一个急刹车，小丽险些摔倒，在这千钧一发之际，小莹对小丽大叫："嘿，小心！"说着快速用手抓住了小丽，这一抓使小丽避免了这次危险。回过神来的小丽一愣，她的手和小莹的手紧紧地握在了一起，相视一笑。从此，一切都改变了，两人互相帮助，取长补短，还成了工作上的好朋友。

　　想一想：

　　1. 上述案例中，小莹的做法给了你什么样的启示？

　　_____

　　_____

　　2. 如果你是小莹，会怎么做？

　　_____

　　_____

　　3. 请写下你获得的案例启示。

　　_____

　　_____

提升任务二　将相和

　　在战国时期，秦国强大，经常侵略其他国家。赵王得到了一件珍贵的和氏璧，秦王得知后表示愿意用十五座城来交换。赵王担心上当，但蔺相如提出愿意带着和氏璧去秦国，如果秦王不守承诺，他将璧归还。赵王无奈之下只能同意。

　　蔺相如到了秦国后，献上了和氏璧，但秦王并没有履行承诺。蔺相如巧妙地拿回了璧，并威胁秦王，如果不交出城池，他将撞碎璧。秦王害怕，只得答应举行典礼将璧归还。

但蔺相如提前将璧送回赵国，并在典礼上指责秦王不守信。秦王无奈，只好放他回国。

几年后，秦王邀请赵王在渑池会面。蔺相如鼓励赵王赴约，并机智地保护了赵王的尊严。会后，秦王知道廉颇在边境做好了准备，不敢对赵王怎么样。

廉颇对蔺相如的升迁感到不满，扬言要给他一个教训。蔺相如为了国家利益，选择避免与廉颇冲突。当廉颇得知真相后，深感愧疚，于是负荆请罪。蔺相如热情地迎接他，两人从此成为好朋友，共同保卫赵国。

想一想：

1. 由"将相和"的故事，你得到哪些启示？

2. 如果你是蔺相如，面对廉颇的言行和态度，你会怎么做？

3. 在职场中我们应该如何与同事相处？

微课列表

项目名称	微课名称
1. 职场沟通认知	沟通过程
2. 自我沟通	踢猫效应
3. 语言沟通	沟通漏斗
4. 非语言沟通	副语言
5. 倾听	有效倾听
6. 提问	提问认知
7. 赞美	赞美的技巧
8. 商务演讲	克服演讲紧张的技巧
9. 求职面试	求职信的写法
10. 与客户沟通	接近客户的技巧
11. 会议沟通	主持人沟通技巧
12. 电子媒介沟通	电话沟通小技巧
13. 与上级沟通	领导沟通风格
14. 与下级沟通	激励下级
15. 与同级沟通	如何赢得同级尊重

参考文献

［1］黄漫宇.商务沟通［M］.3 版.北京：清华大学出版社，2023.

［2］康青，蔡惠伟.管理沟通教程［M］.4 版.上海：立信会计出版社，2019.

［3］肖建中.管理人员十项全能训练 I［M］.北京：北京大学出版社，2006.

［4］惠亚爱，李小鹏.沟通与礼仪［M］.北京：人民邮电出版社，2015.

［5］谢红霞.沟通技巧［M］.4 版.北京：中国人民大学出版社，2022.

［6］王慧敏.商务沟通教程［M］.2 版.北京：中国发展出版社，2017.